MEMOIRES DE LA SOCIETE BELGE D'ETUDES CELTIQUES

1 3

KELTISCH EN GERMAANS IN DE NEDERLANDEN

Taal in Nederland en België
gedurende de Late IJzertijd
en de Romeinse periode

Lauran TOORIANS

Bruxelles

2000

COMITE DIRECTEUR

D   2000/5447/5   I.S.B.N.   2-87285-075-9

MEMOIRES DE LA SOCIETE BELGE D'ETUDES CELTIQUES

1 3

KELTISCH EN GERMAANS IN DE NEDERLANDEN

Taal in Nederland en België
gedurende de Late IJzertijd
en de Romeinse periode

Lauran TOORIANS

Bruxelles
2000

2

INHOUD

4

Vooraf

Woonden er ooit Kelten in ons land? En hoe zit het dan met de Germanen? Twee vragen die regelmatig worden gesteld aan archeologen en aan iedereen die zich met 'de Kelten' bezig-houdt. Het antwoord is complex, alleen al omdat eerst duidelijkheid geschapen moet worden over wat die vragen nu eigenlijk inhouden. Wat zijn precies Kelten en Germanen, en hoe herkennen wij hen in een archeologische context? Dit boek doet een poging daarin helderheid te verschaffen en een antwoord op de gestelde vragen te formuleren. Het is het antwoord van een keltoloog, historicus en taalkundige, op een archeologische vraag.

Dit boek gaat in hoofdzaak over het Nederlandse taalgebied, dus over Nederland en het noordelijke deel van België (Vlaanderen). Dit gebied wordt echter ruim genomen, en met de term 'de Nederlanden' wordt in het vervolg dan ook het geheel van Nederland en België (en soms ook Luxemburg) samen bedoeld. Een andere benaming voor dit hele gebied is 'de Lage Landen'. Omdat het in dit boek nu juist over taalgrenzen gaat - zowel in de tijd als op de landkaart - wordt ook regelmatig over die grenzen heen gekeken.

In het eerste deel worden een aantal archeologische en taalkundige begrippen en termen toegelicht en krijgt de lezer een summiere inleiding in de historische taalkunde. In het tweede deel volgt een meer gedetailleerde uiteenzetting over wat nu precies een taal Germaans of Keltisch maakt. Daarna wordt die kennis toegepast op de oudste informatie over de inheemse taal of talen die ons over de Nederlanden is overgeleverd. Namen van stammen, plaatsen, goden en personen passeren de revue en worden in hun (taal)historische verband besproken.

Vanuit deze tamelijk nieuwe invalshoek krijgen de vragen of er in ons land ooit Kelten woonden, en wanneer de Germanen kwamen, een totaal andere inhoud dan tot nog toe het geval was. De centrale vraag is niet langer 'Kelten of Germanen?', maar 'Keltisch of Ger-maans?'. 'Wat spraken die mensen voor taal?' wordt daarmee net zo'n soort vraag als wat zij aten, wat zij geloofden, hoe zij zich kleedden, hoe zij met hun natuurlijke omgeving omgingen en hoe zij hun samenleving ordenden.

De basis voor dit boek werd gelegd toen de Stichting A.G. van Hamel voor Keltische Studies in november 1992 een symposium wijdde aan de vraag 'Waren er Kelten in Nederland?'. Het denkwerk dat toen in gang werd gezet, resulteerde een jaar later onder meer in mijn bijdrage aan de gids *Kelten in Nederland?* bij de gelijknamige tentoonstelling in het Allard Pierson Museum in Amsterdam. Die kleine tentoonstelling vond plaats in het kader van de manifestatie *Celtica Nederland* en trok onverwacht veel aandacht. Het vraagteken dat toen nog zeer nadrukkelijk onderdeel van de titel vormde, zou ik nu, bij nader inzien, met een gerust hart schrappen. In de binnenkort verschijnende tweede - en geheel herziene - editie van deze gids is dat dan ook met volle overtuiging gedaan.

De ontdekking van de inscriptie met daarin de naam *Hercules Magusenus* in Empel en de vraag van Frans Borm om 'eens naar de naam *Sandraudiga* te kijken' deden de rest. Het beschikbare materiaal bleek rijker dan ik ooit had gedacht, en de benaderingswijze om ook rekening te houden met diverse vormen van 'gegermaniseerd Keltisch' opende vele nieuwe perspectieven.

Met verschillende collega's en specialisten in verwante vakgebieden wisselde ik over aspecten van deze materie van gedachte. Van hen wil ik speciaal Dirk Boutkan, Peter van den Broeke, Nico Roymans en Peter Schrijver hartelijk danken, evenals mijn leermeester in de historisch vergelijkende taalkunde em.prof. R.S.P. Beekes. Verder gaat mijn dank uit naar de verschillende 'meelezers' die mij tijdens het schrijven op het rechte pad van grammaticaal en begrijpelijk Nederlands hebben gehouden. Zij allen droegen bij aan wat goed is aan dit boek. Al wat er nog aan mankeert, komt geheel en al voor mijn rekening.

Peter Schrijver verdient in dit kader een speciale vermelding. Onze eerste schreden op het pad van de Keltische studies zetten wij samen en een aantal van de conclusies en verklaringen in dit boek ontstonden in nauwe samenwerking. De verantwoording van welke ideeën van wie zijn, staat achterin dit boek. Ondertussen werkte Peter ook op eigen gelegenheid en vanuit puur taalkundige hoek op dit terrein. Dat leidde tot enkele belangwekkende publikaties waarvan ik vooral de laatste (over het 'Kust-Brits' ofwel vroegmiddeleeuws Keltisch aan de Nederlandse en Vlaamse kust) nog maar zeer ten dele een plaatsje kon geven in dit overzichtswerk. Belangrijk is dat dit artikel het hier geschetste beeld bevestigt en aanscherpt: er was Keltisch in de Nederlanden en dat bleef een rol spelen tot in de vroege middeleeuwen toe. Ons huidige Nederlands draagt daar nog steeds de sporen van.

Ondanks dat dit boek in eerste instantie is bedoeld voor een breed publiek van geïnteresseerden, zal het ook voor meer gespecialiseerde lezers nieuwe ideeën bevatten. Toch werd besloten af te zien van noten. Dit werd deels bepaald door de uitgever waarvoor een eerste versie van dit boek oorspronkelijk was bestemd. Dàt boek is echter nooit verschenen en het manuscript bleef vervolgens groeien in afwachting van een nieuwe uitgever. Het achteraf toevoegen van een notenapparaat bleek toen haast ondoenlijk en ik heb gepoogd dit gemis te ondervangen door een uitvoerig beredeneerde literatuurlijst. Een extra overweging daarbij is geweest, dat is het bronnenmateriaal voor de leek om diverse redenen vaak erg ontoegankelijk is, terwijl de vakman het meeste materiaal ook zonder verwijzing eenvoudig zal weten te vinden.

Ervaring heeft mij geleerd dat taalkundigen en archeologen of historici elkaars vakgebieden zelden of nooit van nabij kennen. Zij zullen waarschijnlijk vinden dat in dit boek de stukken over hun eigen vakgebied te globaal zijn. Hopelijk hebben zij er begrip voor dat ik lezers in gedachten heb die geen vakgenoten zijn, en ervaren ook zij dat als positief wanneer zij lezen over de andere discipline dan die waarmee zij zelf zo vertrouwd zijn. Wanneer dit boek er alleen al toe bijdraagt dat beide disciplines een klein stukje naar elkaar toe groeien, dan acht ik mijn doel bereikt.

Door het hele boek heen zijn een aantal 'kaderteksten' opgenomen, herkenbaar door een afwijkend lettertype en een ingesprongen tekst. Deze teksten bevatten extra informatie of toelichtingen en zijn ook afzonderlijk van de hoofdtekst te lezen.

Loon op Zand, 1 mei 2000

In de tekst komen regelmatig namen voor van minder algemeen bekende plaatsen in Nederland en België. In zulke gevallen is achter de plaatsnaam tussen haakjes steeds de provincie aangegeven, in een enkel geval met nog een nadere omschrijving van waar de plaats gezocht moet worden. De namen van de provincies zijn daarbij als volgt afgekort:

België:

W-Vl	West-Vlaanderen
O-Vl	Oost-Vlaanderen
A	Antwerpen
B-L	Limburg
H	Henegouwen
Vl-B	Vlaams-Brabant
W-B	Waals-Brabant
N	Namen
L	Luik
Lux	Luxemburg

Nederland:

NH	Noord-Holland
ZH	Zuid-Holland
Z	Zeeland
F	Friesland
Gr	Groningen
D	Drenthe
O	Overijssel
U	Utrecht
G	Gelderland
NB	Noord-Brabant
N-L	Limburg

Bij plaatsnamen in Wallonië (en Noord-Frankrijk) is zoveel mogelijk geprobeerd om zowel de Nederlandse als de Franse naam te geven. Waar de Nederlandse naam volledig is ingeburgerd, zoals bij Luik of Parijs, is die zelfs als enige gebruikt.

De opdeling van Belgisch Brabant in een Waals en een Vlaams-Brabant is tamelijk recent en dus alleen op de allernieuwste kaarten terug te vinden. De grens tussen beide nieuwe provincies volgt de - al eerder wettelijk vastgelegde - taalgrens.

I. Archeologie en taal

a. Waar hebben we het over?

Prehistorie en archeologie

In de meeste boeken over de geschiedenis van de Nederlanden begint het verhaal met de komst van de Romeinen. Dat komt doordat geschiedenis (*historie*) wordt geschreven door historici die hun informatie voornamelijk putten uit geschreven bronnen. Het waren de Romeinen die als eersten de kunst van het schrijven in onze streken introduceerden, en zij hebben er ook zelf over geschreven. Over de periode voor de komst van de Romeinen bezitten we dus geen historische (d.w.z. geschreven) bronnen.

In die zin begint onze geschiedenis inderdaad met de komst van de Romeinen. Het lijkt daardoor soms alsof er voor die tijd in ons land helemaal niets was en niets gebeurde, maar dat is natuurlijk niet waar. Het stuk van het verleden waarin niets werd opgeschreven, is vele malen langer dan de tweeduizend jaar van de komst van de Romeinen tot nu. Het is alleen zo dat de informatie die we over die lange periode hebben van een heel andere aard is dan de geschreven informatie waarmee historici gewend zijn te werken.

In onze streken heeft dat stuk menselijk verleden wel een kwart miljoen jaar geduurd. We noemen het *prehistorie*, of ook wel voorhistorie. Wetenschappers die deze periode onderzoeken zijn prehistorici, en de wetenschap waarmee zij hun informatiebronnen te lijf gaan, heet *archeologie* (wat eigenlijk 'oudheidkunde' betekent). Het is nuttig om die twee termen - prehistorie en archeologie - goed uit elkaar te houden, want de archeologie kan ook worden gebruikt om de geschreven informatie over de historische periode aan te vullen.

Vooral voor de vroege historische tijd (dus de tijd van de Romeinen en de perioden die daar direct op volgen) is ook die laatstgenoemde toepassing van de archeologie erg belangrijk. De geschreven informatie die ons uit die perioden is overgeleverd, is namelijk erg summier en vaak lastig te begrijpen. Aanvullende informatie uit andere dan geschreven bronnen is daar dan ook uiterst welkom. Zo kennen we naast 'prehistorische archeologen' ook archeologen voor de Romeinse tijd, 'middeleeuwse archeologen' en zo meer, tot zelfs mensen die zich bezighouden met 'industriële archeologie' en de periode waarin de eerste fabrieken ontstonden in de late achttiende en de negentiende eeuw.

Er zijn wetenschappers die voor de overgangsperiode van prehistorie naar historie een aparte term gebruiken: *protohistorie*. Dit valt te vertalen als 'vroege (of vroegste) geschiedenis'. Uit de protohistorie hebben we wel geschreven bronnen, maar die zijn steeds geschreven door buitenstaanders, en niet door dezelfde mensen waarover die bronnen gaan. Dat geldt bijvoorbeeld voor Romeinse schrijvers die iets vertellen over de bewoners van de Nederlanden in de Romeinse tijd. Meer algemeen wordt de term protohistorie ook wel gebruikt voor een periode waarin de geschreven bronnen nog zo schaars zijn dat een aanvulling vanuit de archeologie noodzakelijk is.

Zoals historici hun geschreven informatie vaak vinden in een archief, een officiële bewaarplaats van documenten (en natuurlijk in oude boeken in bibliotheken), zo zeggen archeologen wel dat zij het *bodemarchief* raadplegen. Hun bronnen bestaan namelijk uit allerlei zaken die in of op de grond uit het verleden bewaard zijn gebleven. Daarbij valt te denken aan de (restanten van) oude bouwwerken en voorwerpen die mensen hebben verloren, of die zij opzettelijk in de grond hebben gestopt. Maar naast die tastbare voorwerpen zijn ook de zogenaamde *grondsporen* erg belangrijk. Vaak zijn dat niet meer dan verkleuringen in de bodem. Een archeoloog kan daaraan zien dat er bijvoorbeeld een kuil of een waterput is geweest, of dat er een houten paal heeft gestaan. Die paal zelf is vrijwel altijd helemaal weggerot, en het enige wat overbleef is een grondspoor.

Het probleem van een grondspoor is natuurlijk dat we het wel kunnen zien - al vereist ook dat soms enige oefening - en het dus ook kunnen tekenen of fotograferen. Maar bewaren is (bijna) onmogelijk. Aan een los hoopje verkleurd zand in een museum heeft niemand iets, en het is dus zaak dat een archeoloog bij zijn graafwerkzaamheden nauwkeurig vastlegt wat hij allemaal waarneemt. In tegenstelling tot een historicus, die in de meeste gevallen in het archief net zo vaak door zijn bronnen kan bladeren als hij maar wil, kan een archeoloog elk stukje bodemarchief maar één keer bekijken. Terwijl hij het bestudeert (opgraaft), vernietigt hij het. Wat overblijft zijn de voorwerpen die tijdens een opgraving aan het licht kwamen en die wel tastbaar en verplaatsbaar zijn: potscherven, muntjes, sieraden, bewerkte stenen, en soms ook voorwerpen van hout, leer of been. En natuurlijk de documentatie over de grondsporen, die door middel van tekeningen, foto's en beschrijvingen wordt vastgelegd.

Een op het eerste gezicht misschien wat vreemd gevolg hiervan is dat archeologen eigenlijk liever helemaal niets opgraven. Dan wordt ook het bodemarchief niet vernietigd, en wie weet komt er in de toekomst nog eens een techniek waarmee we dat archief kunnen raadplegen zonder het te beschadigen.

De werkelijkheid is echter dat we in een dichtbevolkt land leven. Voortdurend worden er nieuwe woonwijken gebouwd en wegen en spoorlijnen aangelegd. Bij al die activiteiten wordt steeds weer gegraven, en dat dwingt archeologen vaak tot 'noodopgravingen'. Daarmee moet dan de aanwezige archeologische informatie worden gered voordat die ten prooi valt aan de vooruitgang. Op het platteland hebben ruilverkavelingen, steeds dieper ploegen, ontgrondingen en het verlagen van het grondwaterpeil een vergelijkbaar vernietigend effect op het bodemarchief. Ondanks het feit dat archeologen het bodemarchief zo min mogelijk willen beschadigen (en daarom liefst zo min mogelijk graven) komen zij dus voortdurend handen te kort.

Gelukkig is het zo dat de Nederlandse wet het bodemarchief goed beschermt. Voor het opgraven is een bevoegdheid (vergunning) nodig, en het werk mag alleen onder toezicht van een beroepsarcheoloog worden uitgevoerd. Wie per ongeluk bij graafwerk iets vindt, is verplicht dat te melden en moet ervoor zorgen dat een archeoloog er een deskundig oordeel over kan geven. In België heeft het lang aan een dergelijke wetgeving ontbroken, maar ook daar wordt het bodemarchief nu wettelijk beschermd. Verder zijn er nieuwe Europese regels die op dit moment in de nationale wet- en regelgeving worden ingepast. Daarin wordt archeologisch onderzoek bij ingrijpende graafwerkzaamheden zelfs verplicht gesteld.

Interpretatie alleen door samenhang

Erg belangrijk om te beseffen is ook dat het juist de onderlinge samenhang van de stukjes informatie in een archief is, die het mogelijk maakt in die losse feiten een verband te zien. Juist dat verband moet leiden tot het verhaal over hoe die stukjes ooit in elkaar pasten, en daarmee tot het verhaal over de mensen die ons die informatie hebben nagelaten. Dat geldt zowel voor historici als voor archeologen. Alleen, het zal nu duidelijk zijn, in het bodemarchief kunnen we niet terugbladeren en is het herkennen en goed documenteren van het verband van de bodem-sporen extra belangrijk.

Zo is een los grondspoor van een kuil waarin een houten paal heeft gestaan niet erg veelzeggend. Maar een hele reeks van zulke *paalgaten* in een mooi rechthoekig patroon zou wel eens de plattegrond van een huis kunnen vormen. Nog lastiger is het wanneer een zogenaamde 'losse vondst' opduikt, en we vaak alleen maar bij benadering weten waar het voorwerp vandaan komt. Onder het begrip *losse vondst* verstaan archeologen alle vondsten waarvan de oorspronkelijk plaats in het bodemarchief (de *archeologische context*) niet bekend is. Het kunnen muntjes of scherven zijn die bij het ploegen van een akker aan de oppervlakte komen, maar ook bewerkte stenen uit de Romeinse tijd die later in bijvoorbeeld de muur van een kerk werden ingemetseld. En ook van voorwerpen die al lange tijd in een museum hebben gelegen - of bij iemand op zolder - is de archeologische context vaak niet meer te achterhalen. Een voorwerp of een grondspoor dat zich nog in zijn oorspronkelijke positie bevindt, heet in de archeologie *in situ*, en dat betekent dan zoiets als 'op zijn (originele) plaats'.

Vondsten die *in situ* zijn gedaan, en waarin zich een onderling verband laat herkennen, kunnen de basis vormen voor een *reconstructie*. Die reconstructie laat zien hoe de situatie in het verleden was - of in elk geval hoe de onderzoeker zich dat voorstelt. Een reconstructie kan op allerlei manieren worden gemaakt. Zo zijn er op een aantal plaatsen in Nederland en België levensgroot nagebouwde huizen en gebouwen uit de prehistorie te zien, en tonen musea vaak modellen op schaal (maquettes). Maar een reconstructie kan ook een tekening zijn, een beschrijving in een boek, of zelfs een met behulp van een computer geconstrueerd beeld in *virtual reality*. Een indrukwekkend voorbeeld van dat laatste is te zien in de middeleeuwse archeologische vindplaats Ename, bij Oudenaarde in Oost-Vlaanderen. Natuurlijk hoeft de reconstructie niet noodzakelijk over iets tastbaars te gaan. Prehistorici willen ook graag weten hoe mensen in het verleden leefden, hoe ze hun samenleving organiseerden of hoe hun godsdienst was georganiseerd. In dit boek gaat het om de vraag welke taal of talen zij spraken.

Historisch vergelijkende taalwetenschap

Voor het interpreteren van hun bronnen werken zowel historici als archeologen nauw samen met een heleboel specialisten uit andere wetenschappen. Die vakken noemen we in dat geval *hulpwetenschappen*. Bij de geschiedschrijving valt daarbij te denken aan mensen die oude en moeilijk leesbare handschriften kunnen lezen, en weer anderen die de oude talen waarin die bronnen zijn geschreven zo nauwkeurig mogelijk kunnen vertalen. Daarnaast zijn er specialisten die zich bezighouden met zaken als tijdrekenkunde, het bestuur en de rechtspraak, of met de vraag hoe het landschap er in het verleden uitzag en welke namen plaatsen en rivieren en dergelijke in dat landschap hadden.

Die laatste hulpwetenschappen - de historische geografie en de toponymie of plaats-naamkunde - hebben van alles te maken met de archeologie. Om het oude landschap te kunnen reconstrueren is namelijk de archeologische informatie (en informatie uit de geologie = 'aardwetenschap') minstens zo belangrijk als historische informatie. Zeker voor de Romeinse tijd en voor de vroege middeleeuwen beschouwen de archeologie en de geschiedenis ook elkaar als hulpwetenschap. De meeste hulpwetenschappen van de (prehistorische) archeologie hebben echter maar weinig directe raakpunten met de geschiedwetenschap. Het is zelfs zo dat de archeologie op dit punt steeds technischer (natuurwetenschappelijker) is geworden. Zo zijn er niet alleen specialisten bij betrokken die aan een enkel zaadje (of zelfs aan een stuifmeelkor-rel) kunnen zien van welke plant het afkomstig is - of aan een botje van welk dier - maar er komt op dit vlak ook steeds meer scheikunde en natuurkunde bij een opgraving kijken. Wij zullen die ingewikkelde technieken hier niet bespreken. Het gaat ons om de resultaten van al dat onderzoek.

Wel gaan we in dit boek dieper in op een hulpwetenschap die juist voor de protohisto-rie nuttig kan zijn, en die tot nog toe zowel door historici als door prehistorici onvoldoende is gebruikt. Het betreft de taalwetenschap, of om het heel precies te zeggen: de *historisch vergelijkende taalwetenschap*. We doen dat omdat het onderwerp van dit boek - Kelten en Germanen - in feite een taalhistorisch onderwerp is.

Nu is de historisch vergelijkende taalwetenschap een ingewikkeld vakgebied, en dit boek heeft dan ook niet de pretentie daarin een inleiding te vormen. Wel wordt de nodige ruimte besteedt om duidelijk te maken waarom de vraag naar Kelten en Germanen vooral een taalkundige vraag is, en hoe we naar het antwoord daarop zouden kunnen zoeken. Dat antwoord hoeft trouwens niet zoveel ruimte in beslag te nemen: 'Kelten en Germanen' vormt een taalhistorisch onderwerp omdat de eenvoudigste definitie van Kelten en Germanen is dat het mensen zijn die een Keltische, of een Germaanse taal spreken.

Germanen spreken Germaans

Die definitie is 'eenvoudig' omdat mensen nu eenmaal maar één taal als moedertaal hebben, en ook wanneer zij meerdere talen beheersen er toch steeds maar één tegelijk spreken. Het Nederlands is een voorbeeld van een Germaanse taal, en mensen met het Nederlands als moedertaal die in hun dagelijkse leven ook het Nederlands als omgangstaal gebruiken, kunnen we op die manier Germanen noemen. Op dezelfde manier is een moedertaalspreker van het Iers een Kelt. Dat maar weinig Nederlanders of Vlamingen over zichzelf denken als een Germaan(se), maakt ook meteen duidelijk hoe vaag en weinig zeggend deze begrippen 'Germaan' en 'Kelt' zijn. Behalve over de taal zeggen zij verder zo goed als niets. We moeten er dus nadrukkelijk voor waken dat we ook voor het verre verleden niet te veel conclusies over zaken als 'volksaard' of cultuur aan deze taalkundige benamingen zouden willen verbinden.

De definitie 'een Kelt is iemand die Keltisch spreekt', is eveneens eenvoudig omdat er ook voor de oudere perioden heldere taalkundige criteria zijn waarop we kunnen besluiten of een taal Keltisch of Germaans is. Soms is een enkel woord al voldoende, zoals we zonder twijfel kunnen vaststellen dat *mouth* een Engels woord is, en *mond* een Nederlands. Maar dat dit niet altijd lukt, mag blijken uit een voorbeeld als *hand*. Dat kan zonder verdere informatie (de uitspraak bijvoorbeeld) zowel Engels als Nederlands, of zelfs Duits zijn. (Overigens zijn deze voorbeelden, net als de talen Nederlands, Engels en Duits, allemaal Germaans.)

Toch is het bepaald geen algemeen gebruik dat historici en archeologen juist dit taalkundige criterium toepassen wanneer zij spreken over Kelten of Germanen. Om redenen die hierna nog naar voren komen, hanteren zeker Nederlandse archeologen deze begrippen niet graag. En wanneer zij dat toch doen, is dat vrijwel steeds zonder daarbij meteen aan taal te denken. Historici en archeologen denken bij deze termen eerder aan 'volkeren' of 'culturen'. Het probleem is niet alleen dat die begrippen zelf nauwelijks gedefinieerd zijn, maar ook dat de gebruikers ervan zelden tot een heldere afbakening komen van wat zij precies onder dat ene volk of die ene cultuur verstaan. Ook op dat probleem moeten we dus nog terugkomen.

De Germaanse talen

Als gebied waar de Germaanse talen ontstonden, beschouwen taalkundigen het zuiden van Scandinavië en het noordelijke kustgebied van Duitsland. Uit het Proto-Germaans ontstond uiteindelijk een groot aantal talen, waarvan de exacte onderlinge samenhang (de 'stamboom') nog niet volledig duidelijk is. De meest gebruikte hoofdverdeling is die in Oost-, Noord- en Westgermaans.

I. Oostgermaans:

Gotisch. Deze taal kennen we vrijwel alleen uit de (gedeeltelijk bewaarde) bijbelvertaling van bisschop Wulfila (311-382). In de zestiende eeuw woonden er nog Gotisch sprekende groepen op de Krim, het schiereiland in de Zwarte Zee. Van hun taal zijn alleen enkele losse woorden genoteerd. Van de andere Oostgermaanse talen is zo goed als niets bekend.

II. Noordgermaans:

De Scandinavische talen. De oudste overlevering vormen de zogenaamde *runeninscripties*, waarvan de alleroudste dateren uit de derde eeuw na Christus.

Taalkundigen onderscheiden *Westnoor(d)s* (in Noorwegen en op IJsland) en *Oostnoor(d)s* (in Zweden en Denemarken). Met *Oudnoors* bedoelen we de taal die tot ongeveer 1500 zowel in Noorwegen als op IJsland de cultuurtaal was en waarin onder andere de *Edda* en de *saga's* (verhalen) zijn overgeleverd.

III. Westgermaans:

De overige Germaanse talen, waaronder dus ook het Nederlands. Het Westgermaans viel in eerste instantie uiteen in *Hoogduits* en *Nederduits*. Uit het Hoogduits (in het hogere, dus zuidelijke deel van Duitsland) ontstond de moderne standaardtaal van Duitsland, het *Nieuwhoogduits*. Het Nederduits (in de lagergelegen gebieden) viel eerst uiteen in *Fries* en *Saksisch*. De kustgermanen die tijdens de 'volksverhuizingen' naar Engeland trokken, namen deze laatste taal (of talen?) mee. Daaruit ontstond het *Angelsaksisch* (ook wel *Oudengels*), de oudste voorloper van het moderne Engels. De taal van de achterblijvers noemen we *Oudsaksisch* en dit is de directe voorloper van de huidige Noordduitse - en een aantal Oostnederlandse - dialecten die gezamenlijk *Plattdeutsch* heten.

Tegelijk met het Oudsaksisch ontstond ook het *Frankisch*, dat gedeeltelijk met een aantal Hoogduitse klankveranderingen meedeed. Het deel dat dit *niet* deed, noemen we *Oudnederfrankisch* en is de oudste voorloper van het Nederlands. Een andere naam is dan ook wel Oudnederlands. Van ongeveer 1150 tot 1550 spreken we van *Middelnederlands* (met dialecten, dus bijvoorbeeld *Middelvlaams* en *Middelbrabants*) en daarna van *Nieuwnederlands*.

Het Luxemburgs (*Lëtzebuergesch*), naast Frans en Duits de officiële landstaal van het groothertogdom Luxemburg, ontstond eveneens uit een Frankisch dialect: het *Westmoezelfrankisch*. Ook de dialecten van de Duitse Eifel (Aken, Trier) gaan hierop terug en de taal zou ook populair omschreven kunnen worden als een soort zuid-Zuidlimburgs. Ook in een deel van de Belgische provincie Luxemburg wordt nog door enkele mensen Luxemburgs gesproken (bijvoorbeeld in en rond Aarlen / Arlon).

De mate van onderlinge verstaanbaarheid van de Westgermaanse talen is nog steeds groot en was in het verleden nog veel groter. Zo nemen we aan dat Angelsaksische missionarissen als Willibrord en Bonifatius vrij eenvoudig zonder tolk met de sprekers van het Oudfries en het Oudsaksisch konden communiceren. Aangenomen wordt dat in die tijd nog in het hele Nederlandse kustgebied Fries werd gesproken. Later leken het Middelnederlands en het Middelengels nog zo sterk op elkaar dat handelaars gemakkelijk met elkaar konden praten, terwijl met name literatuur in het Middellimburgs (Hendrik van Veldeke) vaak moeilijk van die in het Middelhoogduits is te onderscheiden. Door ontlening en veelvuldige contacten hebben de talen en dialecten elkaar ook steeds beïnvloed. Het hedendaagse Platt- deutsch lijkt nog steeds sterk op het moderne Nederlands, en overal langs de staatkundige grenzen lopen de dialecten vloeiend in elkaar over.

Twee Westgermaanse talen die een bijzondere vermelding verdienen, zijn het *Jiddisch* en het *Afrikaans.* Het Jiddisch ontstond in de middeleeuwen in Joodse gemeenschappen in het Duitse Rijnland. Het was oorspronkelijk een dialect van het Middelhoogduits, dat wordt geschreven met Hebreeuwse letters en dat is doorspekt met leenwoorden uit het Hebreeuws en (later, onder invloed van de vele Oosteurope- se Joden) de Slavische talen. Tot aan de Tweede Wereldoorlog was het Jiddisch de algemene omgangstaal van de Joden in de diaspora en de drager van een rijke cultuur. Tegenwoordig zijn er echter vrijwel geen gemeenschappen meer waarin de taal omgangstaal is. Een uitzondering daarop is de grote orthodox Joodse gemeen- schap in Antwerpen. In de straten rond het centraal station valt daar nog regelmatig Jiddisch te beluisteren.

Enkele Jiddische woorden die (vooral) vanuit Amsterdam deel gingen uitmaken van het Nederlands zijn bijvoorbeeld *Mokum, jatten, mazzel, tof* en *geinpo- num. Jiddisch* zelf is in die taal het woord voor 'Joods'.

Het Afrikaans (ook wel Zuidafrikaans) ontstond in de kleine kolonie die de Nederlanders in 1652 stichtten bij Kaap de Goede Hoop. Het werd de algemene omgangstaal tussen de verschillende bevolkingsgroepen in en om deze kolonie en is waarschijnlijk ontstaan in de monden van de inheemse bevolking. Zij namen groten- deels de Nederlandse woordenschat over, maar vereenvoudigden de grammatica en pasten die deels aan hun eigen talen aan. Later hebben ook het Portugees, Maleis en het Engels hun invloed uitgeoefend. Het Afrikaans wordt tegenwoordig niet alleen gesproken in Zuid-Afrika, maar ook in Namibië en Botswana. In Zuid-Afrika telt de taal ruim vijf miljoen sprekers, waarvan er maar ruim twee miljoen 'blanken' zijn. Naast het standaard-Afrikaans (de schrijftaal), bestaan er diverse dialecten die soms een groot deel van hun woordenschat ontlenen aan een van de vele inheems- Afrikaanse talen.

b. De kracht van de traditie

Nationale mythen

Wanneer we overzichtswerken over de geschiedenis van de Nederlanden hierop naslaan, dan valt op dat sommige auteurs veronderstellen dat de Romeinen in ons land Kelten aantroffen, terwijl dat volgens anderen juist Germanen waren. Merkwaardig genoeg lijkt de keuze in zekere mate bepaald door de nationaliteit van de schrijver. Belgische auteurs hebben het vaker over Kelten, Nederlanders vermijden het om een keuze te maken, of noemen toch Germanen. Hoe komt dat?

Om een antwoord op die vraag te krijgen, moeten we terug naar de periode rond 1600. De noordelijke provincies hadden zich bevrijd van de Spaanse overheersing en zich verenigd in de *Republiek der Zeven Verenigde Nederlanden*. In een tijd van koninkrijken was die Republiek een vreemde eend in de bijt, en zowel die eigenzinnige staatkundige constructie als het recht om het Spaanse (Habsburgse) 'juk af te werpen' dienden te worden verantwoord.

Het waren verschillende ideeën waarmee de jonge Republiek haar bestaan rechtvaardigde, en één daarvan is voor ons van belang. De (Noord-)Nederlanders, zo redeneerde men, waren afstammelingen van de Bataven, een volk dat in de Romeinse tijd in Nederland leefde. En die Bataven hadden, zo meende men, ook een soort republiek gehad - met een stamraad in plaats van één koning. Verder waren die Bataven altijd erg vrijheidslievend geweest en waren zij tegen de Romeinse overheersers in opstand gekomen. De zestiende-eeuwse inwoners van de Zeven Verenigde Nederlanden deden dan ook niets anders dan wat hun voorouders hen vijftien eeuwen eerder al eens hadden voorgedaan. Dit romantische idee bleef populair, en toen in 1795 de Franse tijd aanbrak werd de naam van de republiek zelfs gewijzigd in *Bataafse Republiek*.

Nu woonden er inderdaad in de Romeinse tijd Bataven in het Nederlandse rivierengebied, en die Bataven kwamen inderdaad in het jaar 69 na Christus onder aanvoering van hun leider Julius Civilis in opstand tegen de Romeinen. De uitwerking van die gegevens en het gebruik daarvan ter verantwoording van de Republiek noemen wij nu echter terecht de *Bataafse mythe*. Dat die mythe juist in de zestiende eeuw kon ontstaan, komt omdat niet veel eerder de belangrijkste historische bron over die Bataafse opstand was teruggevonden. Dat is het korte boek *Germania*, dat de Romeinse historicus Publius Cornelius Tacitus (geboren in 56 of 57 na Christus, en overleden na 117) publiceerde in het jaar 98.

Een aantal werken van Tacitus was gedurende de middeleeuwen vergeten geraakt. Pas in de veertiende en de vijftiende eeuw werden handschriften daarvan opnieuw ontdekt, en vervolgens duurde het nog minstens tot 1510 voordat zijn informatie over de Bataven ook in Nederland bekend raakte. Al snel daarna begonnen Nederlandse geleerden zich over deze herontdekte voorouders te ontfermen, en met de opstand tegen Spanje kregen de Bataven meteen ook een propagandistische functie.

Zo werd de Bataafse mythe een algemeen geaccepteerde geschiedenis. In de literatuur werd deze mythe verbreid door verschillende beroemde dichters uit die tijd. Zo schreef Pieter Cornelisz. Hooft (1581-1647), die behalve dichter ook staatsman en historicus was, een lofdicht op *Baeto*, de naam die voor de stamvader van de Bataven was bedacht. Joost van den Vondel (1606-1685) schreef een toneelstuk over de *Batavische gebroeders, of onderdruckte vryheit*.

Toen de Amsterdammers rond het midden van de zeventiende eeuw een nieuw stadhuis bouwden - wat nu het Paleis op de Dam is - planden zij voor de galerij rond de grote burger-zaal op de eerste verdieping een reeks van acht grote schilderijen die de opstand van Julius Civilis zou afbeelden. Rembrandt (1606-1669) kreeg de opdracht voor het schilderij waarop Julius Civilis en zijn mede-opstandelingen het complot smeden en elkaar trouw zweren: *De samenzwering van Claudius Civilis*. (De naam Claudius voor deze aanvoerder was een vergissing die in die tijd algemeen was.) Om onbekende reden werd dat schilderij al snel weer uit het stadhuis verwijderd en teruggebracht naar Rembrandts atelier. Wat er daarna precies mee gebeurde, is niet bekend, maar uiteindelijk kwam het terecht in Zweden waar het nu te zien is in het Nationaal Museum in Stockholm. Wel is dit schilderij in de loop van de tijd een flink stuk kleiner geworden. Er zijn aan alle kanten stroken afgesneden en het schilderij dat nu in Stockholm hangt is waarschijnlijk nog maar een kwart van het origineel.

Het beeld van de Bataven als voorouders van de Hollanders bleef ook nog de hele achttiende eeuw gangbaar. Meer informatie dan die van Tacitus en een enkele losse opmerking bij een andere Romeinse auteur was niet beschikbaar, maar de interpretaties die daarop werden gebouwd, groeiden wel steeds in omvang. Zo werden de oude Bataven in de ogen van de Nederlanders tot een uiterst vrijheidslievende soort 'edele wilden'. Zoiets als archeologie bestond nog helemaal niet, en wanneer er al een bodemvondst werd gedaan die als 'Romeins' werd herkend, dan werd die in dit pseudo-historische (mythische) verhaal ingepast.

Rond 1800 begon dat allemaal te veranderen. Ondanks de Bataafse Republiek, die maar een kort leven beschoren was, raakte de Bataafse mythe op de achtergrond. Tegelijkertijd werden bodemvondsten meer en meer beschouwd als een onafhankelijke bron van informatie over het verleden. Mensen gingen er bewust naar speuren, en langzaam maar zeker ontwikkelde de archeologie zich tot een aparte wetenschap. In Denemarken vond deze ontwikkeling al eerder plaats, en daar werd rond 1815 ook voor het eerst voorgesteld om de prehistorie te verdelen in verschillende perioden die *steentijd*, *bronstijd* en *ijzertijd* werden genoemd. Die namen waren afgeleid van de materialen waarvan in het betreffende tijdperk gereedschappen werden gemaakt. In Nederland drong deze indeling in perioden (*periodisering*) pas erg laat door, maar tegenwoordig wordt hij overal gebruikt voor de Europese prehistorie. Wel hebben de termen sindsdien definities gekregen die niet meer alleen uitgaan van de gebruikte basismaterialen steen, brons of ijzer.

Nu was in de context van de Bataafse mythe eigenlijk nooit de vraag opgekomen of de Bataven Kelten dan wel Germanen waren. De titel van Tacitus' boek *Germania* zal die vraag ook wel overbodig hebben gemaakt. Naar de taal van de Bataven werd al helemaal door niemand gevraagd - al werden er af en toe wel Romeinse inscripties gevonden met inheemse namen die men niet kon thuisbrengen. In de negentiende eeuw ontstond echter behalve de archeologie ook de vergelijkende taalkunde als een moderne wetenschap. Dat leidde tot een compleet nieuwe belangstelling voor oudere taalvormen. Een ander gevolg daarvan was onder meer de herontdekking van de middeleeuwen en van de middeleeuwse literatuur.

Van edele Bataven naar ongeciviliseerde Batavieren

Met de introductie van deze nieuwe wetenschappen liep Nederland bepaald niet voorop. De Nederlandse geleerden lieten zich vooral leiden door het op dit gebied toonaangevende Duitsland, maar hadden geen haast dit voorbeeld te volgen. De vaststelling dat het Nederlands (net als het Duits en het Deens) een Germaanse taal is, en het feit dat de nieuwe inzichten voor een belangrijk deel uit Denemarken (voor de archeologie) en uit Duitsland (voor de geschiedenis en de taal- en letterkunde) kwamen, hebben er beide toe bijgedragen dat men vrijwel automatisch het Nederlandse verleden als Germaans ging beschouwen.

Het beeld dat hier uit voortkwam, is erg hardnekkig gebleken. Het werd tot voor kort door Nederlandse kinderen op alle lagere scholen geleerd: de eerste bewoners van ons land waren Germanen; rond 100 voor Christus kwamen de Bataven (in dit verhaal meestal 'Batavieren' genoemd) op vlotten de Rijn afzakken om zich in ons land te vestigen; in 50 voor Christus veroverden de Romeinen ons land. Zij brachten de beschaving. In zekere zin werd zo de Bataafse mythe opgevolgd door een Germaanse mythe.

In Duitsland bestonden dergelijke mythische ideeën over een Germaans verleden ook. Daar speelden zij een belangrijke rol in de anti-Franse propaganda die vooral opbloeide rond de Frans-Pruisische oorlog van 1870 en rond en in de Eerste Wereldoorlog. Met name onder het bewind van de Nazi's voor en tijdens de Tweede Wereldoorlog nam de verheerlijking van het Germaanse verleden helemaal groteske en dramatische vormen aan. De rampzalige gevolgen daarvan zijn genoegzaam bekend en het is dan ook niet verwonderlijk dat het begrip 'Germaans' na de Tweede Wereldoorlog niet langer bruikbaar was. De term riep de meest verschrikkelijke associaties op, en was zodanig uitgehold dat er in wetenschappelijk opzicht weinig meer mee te beginnen viel. De enige tak van wetenschap waarin het begrip werd gehandhaafd, was de (vergelijkende) taalkunde, waar het begrip zich nu juist wel van een heldere en neutrale definitie laat voorzien.

Onder historici en archeologen geldt het sinds de Tweede Wereldoorlog dan ook als ongepast om termen als 'Germanen' of 'Germaans' te gebruiken. Nederlandse archeologen hebben zich zelfs lange tijd radicaal afgekeerd van elke poging om een archeologische cultuur met de naam van een historisch volk te verbinden. In Nederland lijkt nu de meest neutrale oplossing om een geschiedenisboek te laten beginnen met de komst van de Romeinen. Daarna kunnen dan probleemloos de voornaamste stammen worden opgenoemd waarvan de Romeinen melden dat zij die hier aantroffen. Kelten of Germanen hoeven dan niet te worden genoemd.

Met de volgende woorden begint het boek dat Julius Caesar schreef over zijn veroveringstochten in Gallië: *De Bello Gallico* ('Over de Gallische oorlog'):

Gallia est omnis divisa in partes tres, quarum unam incolunt Belgae, aliam Aquitani, tertiam qui ipsorum linguae Celtae, nostra Galli appellantur. Hi omnes lingua, institutis, legibus inter se differunt. Gallos ab Aquitanis Garunna flumen, a Belgis Matrona et Sequana dividit. Horum omnium fortissimi sunt Belgae, propterea quod a cultu atque humanitate provinciae longissimi absunt minimeque ad eos mercatores saepe commeant atque ea, quae ad effeminandos animos pertinent, important proximique sunt Germanis, qui trans Rhenum incolunt, quibuscum continenter bellum gerunt.

'Het geheel van Gallië valt uiteen in drie delen: in het ene wonen de *Belgae*, in het tweede de *Aquitani*, en in het derde diegenen die in hun eigen taal Kelten heten en die wij [de Romeinen] Galliërs noemen. Zij onderscheiden zich allen naar taal, gewoonten en recht. De Galliërs worden van de *Aquitani* gescheiden door de rivier de Garonne, van de Belgae door de Marne en de Seine. Van al deze [genoemde volkeren] zijn de Belgae het dapperst, en wel omdat zij van de verfijnde levenswijze en van de hoge beschaving van het Romeinse rijk het verst verwijderd zijn. Slechts zelden worden zij bereikt door handelaren met goederen die hun [harde] levenswijze aangenamer zouden kunnen maken. Daarbij leven zij in de directe nabijheid van de Germanen, die over de Rijn wonen en met wie zij voortdurend in oorlog verkeren.'

De Belgische situatie

In België heeft de nationale mythe zich anders ontwikkeld dan in Nederland. De naam van het land is ontleend aan een groep stammen die door de Romeinse veroveraar Julius Caesar (100-44 voor Christus) werd beschreven: de *Belgae*. In de zestiende eeuw werd de Latijnse naam *Belgica* nog wel gebruikt voor het gehele gebied van de Nederlanden, maar later liet men deze naam toch vooral op het zuiden slaan. Toen België in 1830 een onafhankelijke staat werd, dankte het land dan ook daaraan zijn naam.

Uiteraard spreekt uit die naam ook een vereenzelviging met het volk uit de oudheid. De Belgae zouden de voorouders zijn van de huidige Belgen. In schoolboeken en dergelijke worden zij dan ook vaak 'de Oude Belgen' genoemd. En zoals de Noordnederlanders trots omkeken naar de vrijheidszin van hun Bataafse voorouders, zo hebben ook de Belgen hun reden om trots te zijn. Julius Caesar omschrijft de Belgae namelijk als de dapperste van alle Galliërs, ofwel van alle stammen die hij in Noordwest-Europa had onderworpen.

Nu bestaat er weinig twijfel over dat de Galliërs Kelten waren, en dus mogen redelijkerwijs ook de Belgae Kelten worden genoemd. In die zin hebben Belgische historici dus gelijk wanneer zij hun geschiedenis laten beginnen met de Kelten. Probleem is echter dat we niet helemaal precies weten waar die Belgae die Caesar zo dapper noemde, nu precies hebben gewoond. Het zou wel eens zo kunnen zijn dat dit maar voor een klein gedeelte in het huidige België was, en voor de rest net ten zuiden daarvan. Verder woonden er ook Belgae in het zuiden van Engeland. Die zouden tamelijk kort voor de komst van Julius Caesar het Kanaal zijn overgestoken.

Een andere reden voor deze Belgische aanname van Keltische voorouders is wellicht dat de Belgische geleerden veel meer contact hadden met hun Franse dan met hun Duitse collega's. Voor het grootste deel van Frankrijk is er helemaal geen probleem om aan te nemen dat de lokale bevolking ten tijde van de Romeinen een Keltische taal sprak. Franse kinderen beginnen hun geschiedenislessen op school dan ook nog steeds met *nos ancêtres les Gaulois* ('onze voorouders, de Galliërs'). In België zal men over het algemeen weinig reden hebben gezien om dit beeld niet gewoon over te nemen.

Het is dus niet genoeg om zomaar een geschiedenisboek open te slaan om te zien of onze voorouders ten tijde van de Romeinen nu Kelten of Germanen waren. Wat zo'n boek daarover meldt, is voor een flink deel gebaseerd op traditie en 'mythe', en gaat niet uit van een helder beeld van wat nu precies met Kelten of Germanen zou moeten worden bedoeld.

Wij moeten dan ook terug naar de feiten (en naar de bronnen) en dienen onze vraag anders te formuleren: wat voor taal (of talen) werd(en) er ten tijde van Romeinen in de Lage Landen gesproken?

c. Het archeologische beeld

Wie troffen de Romeinen aan?

Voordat we ons uitgebreider in de taalkunde verdiepen, is het goed nog even bij de archeologie te blijven. Hoewel het niet mogelijk is om in dit boek een volledig overzicht te geven van de archeologie van Kelten en Germanen, is het immers wel van belang iets te weten over hoe de Nederlanden er uitzagen in de periode waarover we het hebben. En over wie er woonden.

De oudste informatie over de taal of talen in onze contreien is vanzelfsprekend niet ouder dan de periode waarin voor het eerst werd geschreven. Zoals we al zagen kwamen rond het jaar 50 voor Christus de eerste Romeinen op Belgisch en Nederlands grondgebied. Julius Caesar liet ons een uitgebreid verslag van zijn veldtochten na: *De Bello Gallico*, 'Over de Gallische oorlog' (zoals blijkt uit het citaat hierboven betekent *Gallisch* hier 'Keltisch'). Daarin beschreef hij welke stammen er woonden, en gaf hij ook de namen van een aantal aanvoerders en andere belangrijke personen, evenals van bijvoorbeeld plaatsen en rivieren.

Daarna bleef het weer even stil, maar in de loop van de eerste eeuw na Christus werd het gebied ten zuiden van de grote rivieren ingelijfd in het Romeinse rijk. Pogingen om ook het noorden van Nederland en noordwestelijk Duitsland in te lijven, mislukten. Uiteindelijk kwam de grens (*limes*) langs de Rijn te liggen. De hoofdstroom van die rivier liep toen nog vanaf Wijk bij Duurstede langs Utrecht en Leiden naar Katwijk (de Oude Rijn). In de loop van de derde eeuw trokken de Romeinen zich weer steeds verder naar het zuiden terug. Zij probeerden wel de grens langs de Rijn te handhaven, maar voor de verdediging daarvan vertrouwden zij niet langer op forten langs de rivier. In plaats daarvan organiseerden zij een verdedigingssysteem dat een stuk zuidelijker lag. Daar bouwden zij nieuwe forten van waaruit eenheden te paard snel konden opereren over een groter gebied. Verder kregen een aantal potentiële invallers toestemming om zich als 'bondgenoten' (*foederāti*) te vestigen in het gebied direct achter de grens. Van hen werd dan verwacht dat zij bij eventuele aanvallen als een soort buffer de eerste klappen zouden opvangen. Ook dit nieuwe systeem van grensverdediging kon echter de druk van invallende stammen uit het noorden en noordoosten niet weerstaan, en in de loop van de vierde eeuw kwam er feitelijk een einde aan de Romeinse overheersing van onze streken.

Uit deze periode van ongeveer 450 jaar zijn ons enkele beschrijvingen van dit noordwestelijk stukje Romeinse rijk overgeleverd. Het al genoemde boek *Germania* van Tacitus is daarvan de belangrijkste. Daarnaast is uit deze periode een flink aantal korte inscripties in steen (en in enkele andere materialen) gevonden. Soms zijn dat gedenkstenen of altaren waarop staat vermeld door wie zij zijn opgericht en aan welke godheid zij werden gewijd. Toch zijn deze geschreven bronnen nog zo schaars dat wij vrijwel volledig op de archeologie zijn aangewezen om tot enig begrip te komen van de werkelijke situatie. Voor onze ideeën over de talen die hier werden gebruikt, zijn deze bronnen natuurlijk wel de allerbelangrijkste.

Wat vooraf ging

De periode die aan de Romeinse overheersing voorafgaat, noemen we de ijzertijd. Na de Romeinse tijd spreken we van (vroege) middeleeuwen. In het noordelijke deel van Nederland, waar de Romeinen wel invloed uitoefenden, maar niet heersten, gaat in feite de ijzertijd rechtstreeks over in de middeleeuwen. In de eerste eeuw na Christus zijn de Romeinen wel enige tijd in Noord-Nederland aanwezig geweest. Toen zij er echter niet in slaagden het gebied tot aan de Eems te veroveren, trokken zij zich terug en legden zij de grens van hun rijk vast op de Rijn. Natuurlijk bleef hun nabijheid ook later wel zijn effect hebben op de gebieden direct ten noorden van die grens. De overgang van Romeinse tijd naar middeleeuwen is bovendien problematisch omdat we hierover bijzonder weinig bronnen hebben. Deze overgangsperiode (met name de vijfde en zesde eeuw) staat dan ook wel bekend als de 'donkere eeuwen'.

Het aantal 'echte' Romeinen - dus mensen uit Rome en centraal Italië - zal in ons land nooit erg groot zijn geweest. Alleen de hoogste bestuurders, en gedurende langere tijd ook alle legioensoldaten, waren Romeinen. Lagere bestuurders zullen vaak van plaatselijke afkomst zijn geweest en in het kielzog van de legioenen kwamen - onder andere als hulptroepen - mensen uit allerlei delen van het Romeinse rijk in onze streken terecht. Veel van die 'buitenlanders' zullen ook als handelaar actief zijn geweest.

Het Latijn was de officiële taal in het Romeinse rijk. In het bestuur, in het leger en bij de handel over langere afstanden bediende iedereen zich daarvan. In gebieden waar de Romeinse invloed (de *romanisering*) groot was, werd het Latijn dan ook de omgangstaal van steeds meer mensen. Dit gebeurde in grote delen van het rijk. Het resultaat zien we nog steeds in de zogenaamde 'Romaanse talen', die zich ontwikkelden uit dit door de lokale bevolking overgenomen Latijn. De bekendste Romaanse talen zijn natuurlijk het Italiaans, het Frans en het Spaans. Andere zijn het Portugees, het Roemeens (dat later veel invloeden van de Slavische talen onderging) en het Raeto-Romaans, een taal die in het zuidoosten van Zwitserland wordt gesproken.

Italisch en Romaans

Toen het Romeinse rijk ontstond, werden in Italië een flink aantal verschillende talen gesproken. In Centraal-Italië bevond zich een groep talen die wij *Italisch* noemen en waarvan het *Latijn* de belangrijkste werd. Oorspronkelijk was het Latijn de taal van Latium, een klein gebiedje ongeveer twintig kilometer ten zuidwesten van het latere

Rome. Doordat dit de taal van Rome werd, en daarmee ook de bestuurstaal van het Romeinse rijk, werd het Latijn een wereldtaal.

De naaste verwant van het Latijn was het *Faliskisch*, dat ten noorden van Rome werd gesproken. Meer afwijkend, maar ook Italisch, zijn verder het *Oskisch* en het *Umbrisch* (samen ook wel *Osko-Umbrisch* genoemd). Oskisch werd gesproken in Zuid-Italië en op Sicilië, en Umbrisch in het huidige Umbrië (oostelijk van Toscane). Het aantal inscripties in deze talen is tamelijk gering. Van nog enkele Italische talen die we van naam kennen, is nog minder bekend.

Na het wegvallen van het centrale gezag, bleef het Latijn in de vroege middeleeuwen in grote delen van het voormalige rijk de omgangstaal. De gesproken cultuurtaal van het laatromeinse rijk (zogenaamd *Vulgair Latijn*) werd daarbij steeds meer tevens de schrijftaal. De kerk oefende een grote invloed uit op de ontwikkeling van deze taal, die in een aantal wetenschappen nog tot in het begin van de twintigste eeuw als schrijftaal werd gebruikt. Ook in de veeltalige Oostenrijks-Hongaarse Donaumonarchie was tot in de Eerste Wereldoorlog het Latijn een officiële bestuurs-taal, en in de Rooms Katholieke Kerk is zij dat nog steeds.

Uit de regionale dialecten van het Latijn die zich in het Romeinse rijk hadden gevormd, ontwikkelden zich in de vroege middeleeuwen een groep talen die we *Romaans* noemen. De Romaanse talen zijn: *Frans*, *Spaans* (Castiliaans), *Catalaans*, *Portugees*, *Italiaans*, *Raeto-Romaans* (in het oosten van Zwitserland), *Roemeens* en nog een aantal kleinere talen.

Natuurlijk kennen al deze talen ook weer hun dialecten. Voor het noordelijke deel van het Franstalige gebied, en dus gedeeltelijk ook in België, zijn dat van oost naar west het *Waals* (van de provincies Luik en Luxemburg) het *Artesisch* (in Artesië ofwel Artois) en het *Picardisch*. Overigens zijn er goede gronden om in elk geval het Waals van Luik en Luxemburg niet als een dialect van het Frans te beschouwen, maar als een afzonderlijke Romaanse taal naast het Frans.

In België is het gebruikelijk om al het Frans dat daar wordt gesproken gezamenlijk 'Waals' te noemen, net zoals het Nederlands er 'Vlaams' heet. De terminologie is dan niet taalkundig bepaald, maar het gevolg van een politieke beslissing.

Het zuiden van de Nederlanden maakte dezelfde ontwikkeling door, en werd Romaans-talig. De Franse dialecten die in België worden gesproken zijn daar het resultaat van. Noordelijker (in België) was de invloed van het Latijn blijkbaar niet zo groot, en overheerste de invloed van de Germaanse talen. Toch is de huidige taalgrens in België niet zonder meer het resultaat van veel of weinig romanisering. Het ontstaan van die taalgrens vond pas plaats na het uiteenvallen van het Romeinse rijk. Vooral de invallen en de machtsuitbreiding van de Franken zijn hiervoor belangrijk geweest.

Hier gaat het om de taal die de inheemse bevolking sprak tijdens de ijzertijd en ten tijde van de Romeinse overheersing. Het zal duidelijk zijn dat wij daar in de Nederlanden nauwelijks resten van hebben. Die schaarse restanten vormen echter wel de basis voor dit boek.

La Tène

Over de meer centrale gebieden van het Romeinse rijk zijn wij beter geïnformeerd. Omdat die gebieden dichter bij Italië liggen, kwamen ze al voor de uitbreiding van het rijk in contact met de volkeren aan de Middellandse Zee. Daardoor bezitten wij over hen enkele zeer oude bronnen. De eerste schrijvers die melding maken van 'Kelten' zijn Grieken. Vanaf ongeveer het jaar 500 voor Christus noteerden zij af en toe opmerkingen over de volkeren die ten noorden van de Alpen in Europa woonden. Zij spraken dan van *Keltoi*. Later voegden zich daar ook Latijnse schrijvers bij, en die namen deze term over als *Celti*.

Het is belangrijk te weten dat deze Grieken en Romeinen alle andere volkeren gezamenlijk *barbaren* noemden. Oorspronkelijk betekende dat woord zoiets als 'brabbelaars', dus mensen die een onverstaanbare taal spreken. De beste vertaling is gewoon 'buitenlanders' (of 'vreemdelingen'), al was het vaak wel gebruikelijk om over buitenlanders met vreemde gebruiken nogal laatdunkend te doen. We moeten er bij deze Griekse en Romeinse beschrijvingen dan ook steeds op bedacht zijn dat de schrijvers vol vooroordelen zaten en hun informatie veelal ook niet uit de eerste hand hadden.

Toch zijn die eerste berichten over de Kelten lang niet allemaal negatief. Een aspect waar Grieken en Romeinen vrijwel unaniem bewondering voor hadden, was de grote individuele dapperheid van de Kelten. Ook de technologische prestaties oogstten bewondering, terwijl er vaak met respect werd gesproken over de geleerdheid van de Keltische priesters en geleerden, die meestal *druïden* werden genoemd.

De oorsprong van de Keltische beschaving ligt in het gebied direct ten noorden van de Alpen, waar de rivieren de Rijn en de Donau hun bronnen hebben. Door de handelswegen over de Alpen en over deze grote rivieren te beheersen, verwierf de bevolking hier een grote rijkdom en macht. In de loop van de tijd schoof het centrum van die macht op, en vanaf ongeveer de vijfde eeuw voor Christus lag het in het Midden-Rijngebied en het oosten van Frankrijk. Alles wijst erop dat deze beschaving een grote uitstraling had, en ook in Nederland vinden we duidelijk resten die daarvan getuigen.

Archeologen duiden deze cultuur wel aan met de naam van een belangrijke vindplaats aan het meer van Neuchâtel in Zwitserland: *La Tène*. Deze naam geeft meteen ook een periode aan, die duurde vanaf ongeveer 500/450 voor Christus tot aan de komst van de Romeinen. De cultuurperiode die hier direct aan voorafgaat en die waarschijnlijk ook wel *Keltisch* mag heten (sommige archeologen spreken van *proto-Keltisch*), heet naar een andere beroemde vindplaats: het plaatsje *Hallstatt* in Oostenrijk. De Hallstatt-periode begon al in de late bronstijd.

Dat een periode (of ook wel een stijl of 'cultuur') de naam krijgt van de vindplaats waar die periode voor het eerst werd herkend, is in de archeologie gebruikelijk. De naam La Tène voor bijvoorbeeld een kenmerkende kunststijl wil dus niet zeggen dat die stijl ook daadwerkelijk met de plaats La Tène is verbonden (al werd hij daar dus wel gevonden). Het is slechts een handige naam voor een kunststijl die kenmerkend is voor de periode die archeologen met deze plaatsnaam aanduiden. Om het allemaal nog ingewikkelder te maken, worden in de Nederlandse prehistorische archeologie de termen Hallstatt en La Tène niet vaak als periode-aanduidingen gebruikt. Nederlandse archeologen spreken van ijzertijd. Verder hebben specialisten deze periodes weer in allerlei kleinere stukken onderverdeeld. De precieze afbakening daarvan verschilt van gebied tot gebied. Daarnaast hanteren Nederlandse archeologen een verdeling in vroege, midden- en late ijzertijd. Hoe die indelingen in periodes zich tot elkaar verhouden, is te zien in het schema hieronder.

De belangrijkste kenmerken van de La Tène-samenleving zijn een opvallend verschil tussen rijk en arm (invloedrijk en ondergeschikt) in de bevolking en een verbazingwekkend hoogstaande technologie. Aangenomen wordt dat de samenleving was geordend in groepen, waarbij de ene groep ondergeschikt kon zijn aan een andere. Een aantal leiders kon daardoor erg machtig worden, en zij werden begraven onder grote grafheuvels en met kostbare geschenken. Archeologen noemen deze graven dan ook wel *vorstengraven*.

Waar deze 'vorsten' hun macht precies aan ontleenden, is niet helemaal duidelijk. Waarschijnlijk speelde de handel daarbij een belangrijke rol. Opvallend is in elk geval dat in de rijke graven uit de Hallstatt-periode nauwelijks wapens zijn gevonden. Dat wekt de indruk dat de macht van de leiders niet op geweld was gebaseerd. Pas tijdens de La Tène-periode gaan wapens een belangrijke rol spelen.

In verschillende landen en vanuit verschillende wetenschappelijke tradities worden de volgende indelingen gebruikt voor de late bronstijd en de ijzertijd. De 'Reinecke-chronologie' geldt vooral voor Midden-Europa, die van Déchelette voor West-Europa. Nederlandse archeologen vermijden vaak de termen Hallstatt en La Tène. De *absolute chronologie* ('de jaartallen') is niet voor alle gebieden gelijk en soms ook nogal omstreden. De verdeling in periodes zonder jaartallen noemen we *relatieve chronologie*.

(Nederland)	(België)	Reinecke	Déchelette	
Late		Ha A		
bronstijd		Ha B		13de-8ste eeuw
Vroege	vroege	Ha C 1	Ha I	750/700-600
ijzertijd	Hallstatt	Ha C 2		
	late	Ha D 1	Ha IIa	600-500/450
	Hallstatt	Ha D 2	Ha IIb	
		Ha D 3		
Midden				
ijzertijd	vroege	Lt A 1	Lt Ia	500/450-400
	La Tène	Lt A 2		400-350
		Lt B 1	Lt Ib	350-275
		Lt B 2	Lt Ic	275-200
	midden	Lt C	Lt II	200-100
Late	La Tène			
ijzertijd				
	late	Lt D 1	Lt IIIa	100-50 v.Chr.
	La Tène			
Romeins		Lt D 2	Lt IIIb	50 v.Chr -
				50 n.Chr

(uit: J. Capenberghs (red.), *Gisteren voorbij*, blz. 158)

Op het kaartje hieronder zijn de bekendste vorstengraven aangegeven die in Nederland en België werden gevonden.

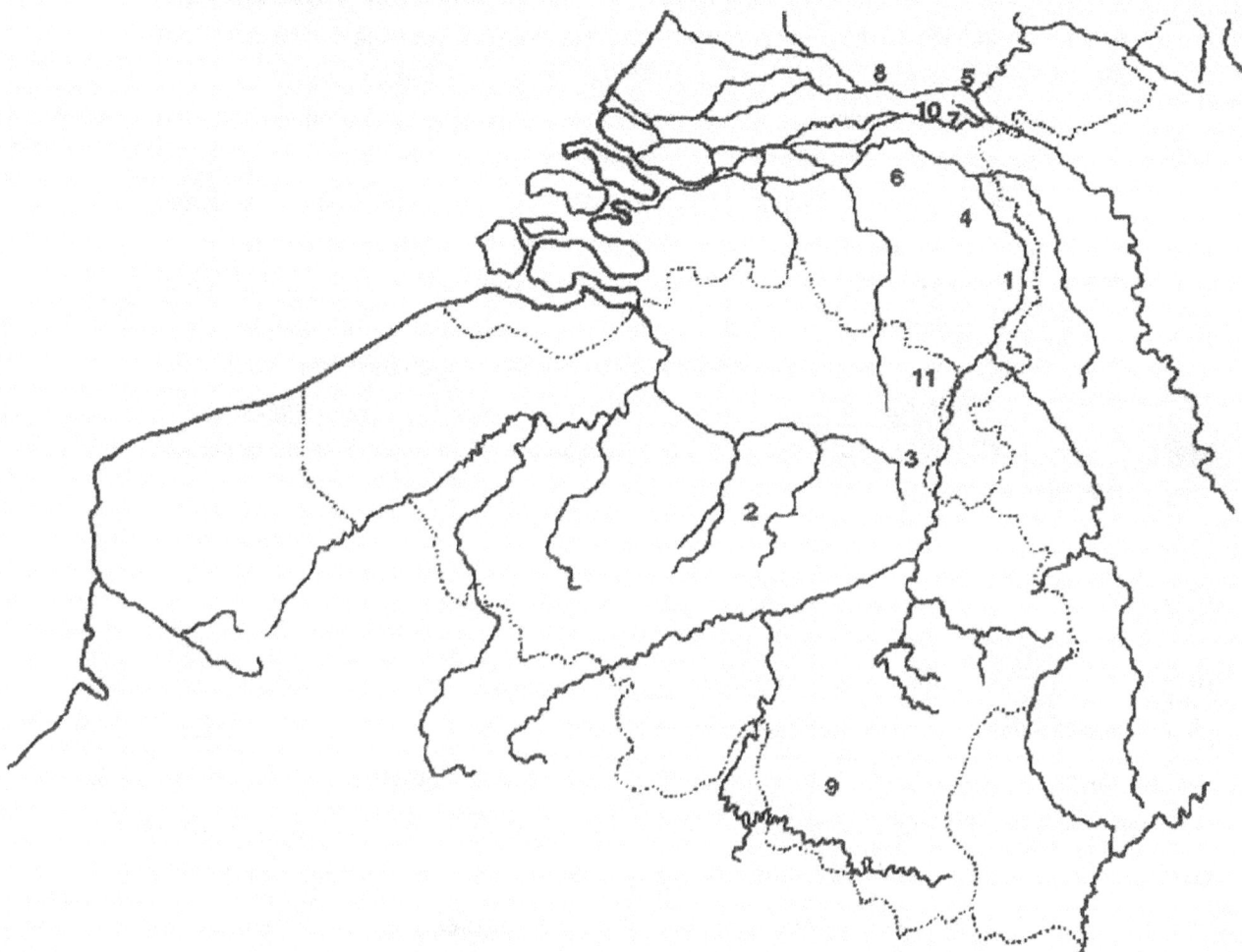

1. Baarlo (N-L)
2. Court-Saint-Etienne (W-B)
3. Eigenbilzen (B-L)
4. Meerlo (N-L)
5. Nijmegen-Trajanusplein (G)
6. Oss (NB)

7. Overasselt (G)
8. Rhenen (G)
9. Warmifontaine (Lux)
10. Wijchen (G)
11. Wijshagen (B-L)

Wat betreft de rijkdom aan bijgaven vallen al deze graven in het niet bij de grote vorstengraven die zijn gevonden in het oosten van Frankrijk en het zuiden van Duitsland en het Alpengebied. Toch springen zij er in hun eigen omgeving duidelijk uit als 'rijk'. Vaak waren deze graven ook bedekt met een uitzonderlijk grote grafheuvel; die in Oss was voorzover bekend de grootste en had een diameter van ongeveer vijftig meter.

Tenminste twee van de Nederlandse graven kunnen worden geclassificeerd als 'wagengraf'. In Wijchen werden de resten aangetroffen van een vierwielige wagen, in Nijmegen kwam een tweewielige (strijd)wagen aan het licht. In België zijn in de Ardennen op enkele plaatsen graven met tweewielige wagens gevonden, onder andere in Warmifontaine. De andere graven bevatten vaak een of twee paardebitten, die eveneens naar een wagen verwijzen. Ook andere delen van paardetuig komen regelmatig voor. Verder vinden we bronzen vaatwerk uit het Alpengebied (emmers in Baarlo, Court-Saint-Etienne, Eigenbilzen, Oss, Overasselt en Wijshagen; een schenkkan in Eigenbilzen) en ijzeren wapens. Het fraaiste voorbeeld daarvan is het met blikgoud versierde slagzwaard uit Oss, dat tevens het oudste ijzeren zwaard is dat in Nederland werd gevonden. In Eigenbilzen werd de gouden versiering gevonden die oorspronkelijk de bovenrand van een drinkhoorn had getooid.

Ook in andere grafvelden wordt soms een rijker graf aangetroffen met daarin voorwerpen die uit zuidelijker streken zijn geïmporteerd. Voorbeelden zijn de ijzeren dolken van een kenmerkend Hallstatt-type die werden gevonden in Haps (NB) en in Havelte (D). Eveneens uit Drenthe komen een bronzen emmer (Meppen) en een reeks bronzen voorwerpen die deel lijken te hebben uitgemaakt van paardetuig (Anloo). Het overgrote deel van deze graven dateert uit een vrij korte periode in de midden ijzertijd, waarbij de graven met tweewielige wagens tot een jongere generatie lijken te behoren.

In de Oostenrijkse Alpen werd al vanaf de late bronstijd zout gewonnen. Een moderne plaatsnaam die dat nog direct laat zien is bijvoorbeeld *Salzburg*, 'zoutburcht', evenals de naam van de rivier de *Salzach* waaraan deze stad ligt. Maar ook namen als *Hallstatt* en *Hallein* bevatten het woord 'zout', deze keer in de Keltische vorm *hal-*. Zout was in de oudheid kostbaar en de handel daarin was dan ook erg belangrijk. Verder exporteerden deze La Tène-mensen waarschijnlijk vlees (ingemaakt met zout, in houten vaten) en andere inheemse produkten, en ook slaven. Wat zij vanuit de landen rond de Middellandse Zee in ruil kregen, waren voornamelijk luxe-produkten. Wijn en het daarbij horende bronzen serviesgoed nam daarbij een prominente plaats in.

De gedachte is, dat de La Tène-leiders deze luxe-produkten weer gebruikten om hun prestige tegenover hun ondergeschikten te bevestigen. Opscheppen en pronken speelde in deze samenleving een belangrijke rol, net als het gul uitdelen van kostbaarheden en het gastvrij ontvangen van ondergeschikten. Een aantal Griekse en Romeinse schrijvers beschrijft deze gewoontes, terwijl we ook veel van deze gebruiken terugvinden in de oudste Ierse en Welse (dus Keltische) literatuur die veel later in de middeleeuwen op de Britse Eilanden werden opgetekend. Een fraai voorbeeld hiervan dat ook in het Nederlands werd vertaald, is het oude Ierse verhaal over *Het feestgelag van Bricriu* (vertaald door Maartje Draak en Frida de Jong).

Op technologisch gebied stonden de La Tène-mensen onder andere bekend als uitstekende smeden (vandaar natuurlijk ook 'ijzertijd'). Maar ook op het gebied van de houtbewerking bezaten zij een hoogstaande technologie. Een specialiteit was het bouwen van wagens. In de La Tène-periode kregen de overleden leiders bijna standaard een strijdwagen mee in hun graf, en recente reconstructies laten zien dat dit uiterst verfijnde produkten waren die getuigen van groot vakmanschap. Uit verschillende bronnen is bekend dat de Grieken, en zeker de Romeinen, deze vaardigheden van de La Tène-mensen overnamen. De 'Romeinse' strijdwagen was dus zeker geen uitvinding van de Romeinen zelf. Verder waren de La Tène-mensen ook de uitvinders van het houten vat, gemaakt van duigen (de gebogen houten planken) en bij elkaar gehouden met ijzeren banden (de zogenaamde hoepels). Behalve tonnen werden in deze zelfde techniek ook emmers gemaakt. Een aantal mooi versierde voorbeelden daarvan is in graven gevonden, bijvoorbeeld in het Groothertogdom Luxemburg.

Tevens werden in deze periode fraaie sieraden vervaardigd, zowel van goud (zilver was veel zeldzamer) als van ijzer en brons. Edelsmeden leerden emailleren en maakten inlegwerk met glas en koraal. In de loop van de La Tène-periode verbreidde de kennis van de glasbewerking zich. Een bekend produkt daarvan zijn de glazen armbanden. Vooral in het Duitse Rijnland en in het oostelijke rivierengebied in Nederland moeten in de eerste eeuw voor Christus glazen armbanden zo gewoon zijn geweest dat waarschijnlijk elke vrouw er een of meer droeg.

Het meest kenmerkende sieraad dat zowel door mannen als door vrouwen werd gedragen, was de zogenaamde *torc* (of in het Latijn *torquēs*). Dit was een stijve halsring die van brons, ijzer of van goud kon zijn, en die soms erg mooi versierd was. Ook in de Romeinse tijd werd de *torc* nog vaak gedragen, zelfs door Romeinen. Dit is onder meer afgebeeld op grafstenen.

Een typisch kledingstuk dat we eigenlijk alleen maar uit dergelijke afbeeldingen en van kleine aardewerken beeldjes kennen, is de wollen mantel met een capuchon. Die capuchon kon opgerold worden en lag dan als een soort sjaal over de schouders, maar hij kon natuurlijk ook over het hoofd worden getrokken. De Latijnse naam voor een dergelijke mantel met capuchon was een leenwoord uit het Gallisch: *cucullus* (of ook *cuculla*). De aardewerk beeldjes worden ook *cucullati* genoemd, '*cucullus*-dragers'. Vooral de zware wollen stoffen uit het Noordfranse en Belgische kustgebied waren in de Romeinse tijd erg beroemd. Op de markt in Rome was dit dan ook een duur en exclusief produkt.

Nog een belangrijk kenmerk van de La Tène-samenleving is dat er voor het eerst ten noorden van de Alpen steden ontstonden. Al in de Hallstatt-periode waren er een aantal grotere versterkingen gebouwd. Meestal werd daarvoor een van nature goed verdedigbare plek uitgezocht, die met muren en grachten werd versterkt. De voorkeur ging uit naar een hoge plaats die een goed uitzicht bood op de omgeving. Deze heuvelforten functioneerden waarschijnlijk alleen in tijden van nood als woonplaats, en dienden in vrediger momenten vooral als ceremonieel centrum voor belangrijke bijeenkomsten en als opslagplaats voor handelsgoederen en voedselvoorraden. In de overgang van de Hallstatt- naar de La Tène-periode zien we dat een groot aantal van deze heuvelforten wordt verlaten en in verval raakt, maar niet allemaal. Wat daarvan de oorzaak was, is nog onduidelijk.

Later, in tweede eeuw voor Christus en dus tijdens de La Tène-periode, zien we opnieuw dergelijke heuvelforten ontstaan. In dit geval lijkt daarbij een invloed vanuit de Grieks-Romeinse wereld rond de Middellandse Zee aanwezig. Deze tweede generatie van heuvelforten noemen we meestal bij hun Romeinse naam: *oppidum* (meervoud *oppida*). Een belangrijk verschil met de Hallstatt heuvelforten is dat in deze oppida zich duidelijk ook de handel en de nijverheid concentreerde. Het oppidum werd daarmee een marktplaats waar ook steeds meer mensen kwamen wonen, vaak in gespecialiseerde 'wijken' waarin groepjes handwerkslieden met hetzelfde ambacht bij elkaar woonden. Enkele van deze oppida in het zuiden van Duitsland en in Frankrijk ontwikkelden zich nog voor de komst van de Romeinen tot echte vroege steden.

In de Nederlanden vinden we een aantal van dergelijke hoogteversterkingen uit de ijzertijd (en uit de Romeinse periode) in de Ardennen. Een echt *oppidum* lag op de Titelberg, niet ver ten zuiden van de stad Luxemburg. Dit was vrijwel zeker de oorspronkelijke 'hoofd-stad' van de Treveren, die later door de Romeinen werd verplaatst naar Trier aan de Moezel (*Civitas Treverorum*). In het gebied dat tegenwoordig Nederlandstalig is, zijn twee tenminste hoogteversterkingen bekend: op de Kesselberg bij Kessel-Lo (dat tegen Leuven aan ligt) en op de Kemmelberg ten zuiden van Ieper. In geen van deze gevallen kwam het tot een echt oppidum met een stedelijk karakter.

Oppida en heuvelforten

Heuvelforten en andere versterkingen uit de ijzertijd zijn in onze streken een zeld-zaamheid. Het bekendste voorbeeld is beslist de Kemmelberg (W-VI), juist ten zuiden van Ieper. Ondanks de grote verwoestingen in de Eerste Wereldoorlog, toen de Kemmelberg in de frontlinie lag, hebben opgravingen hier nog veel wetenswaardigs opgeleverd. De versterking op de Kemmelberg werd aangelegd in de midden ijzertijd (ongeveer 500-350 voor Christus) en de bewoners lijken in contact te hebben gestaan met zuidelijker gelegen machtscentra. Een opzienbarende vondst op de Kemmelberg was een tamelijk onooglijk scherfje van zwart Grieks-Attisch aardewerk dat deel lijkt te hebben uitgemaakt van een wijnschaal, of zelfs wel een heel wijnservies.

De verdediging op de Kemmelberg bestond uit een systeem van (droge) grachten en aarden wallen met een palissade. Waar de helling erg steil was, waren dergelijke verdedigingswerken overbodig. In het binnengebied werden enkele resten van bewoning en van ambachtelijke bezigheden aangetroffen. Doordat dit gebied in de jaren 1914-'18 zo zwaar heeft geleden, is onduidelijk of deze sporen schaars zijn omdat de ijzertijdbevolking zo gering in aantal was, of doordat er zoveel is vernietigd. Bij het dorp Dranouter, direct ten zuidoosten van de Kemmelberg, bevond zich een grote grafheuvel uit dezelfde periode. Opmerkelijk genoeg bleek deze heuvel echter wel een grafkuil maar geen lijk te bevatten. (In het dorp Kemmel aan de voet van de berg bevindt zich een klein Keltenmuseum.)

Aan het westelijke uiteinde van de heuvelrug waarvan ook de Kemmelberg deel uitmaakt (de zogenaamde Vlaamse Ardennen) ligt in Noord-Frankrijk de Cassel-berg. Boven op deze heuvel ligt de plaats Cassel, die zijn naam dankt aan het Romeinse *Castellum Menapiorum* ('versterking van de Menapiërs'). Aangenomen wordt dat ook hier zich al in de ijzertijd een heuvelfort bevond.

De gedachte dat de bewoners van deze heuvelforten hun macht en rijkdom ontleenden aan de zoutwinning aan de Vlaamse kust is omstreden. De archeologi-sche bewijzen voor zoutwinning die hier tot op heden zijn gevonden, dateren allemaal van na het verval van de versterking op de Kemmelberg en het lijkt er dus op dat de macht van de 'heren van de Kemmelberg' alweer verloren was gegaan op het moment dat de zoutwinning een aanvang nam. Ook wijst alles erop dat de zoutwin-ning aan onze kusten steeds een seizoensgebonden neven-activiteit was. In elk geval de kustbewoners zelf zullen er dus nooit volledig afhankelijk van zijn geweest, en er al helemaal niet rijk mee zijn geworden.

Niet ver van de Kemmelberg werden in Kooigem (W-Vl), ten zuiden van Kortrijk, delen van een kleinere versterking opgegraven. In dit geval werd op hetzelfde terrein ook een inheems heiligdom ontdekt. Ook nog uit de midden ijzertijd lijkt de versterking op de Kesselberg bij Leuven (Kessel-Lo) te dateren. Deze is echter nauwelijks onderzocht en door gebrek aan bescherming in de recente tijd zwaar gehavend (onder andere door het crossen met motoren).

Nog een heuveltopversterking in het Nederlandstalige gebied lag op de Belgische kant van de Sint Pietersberg, juist ten zuiden van Maastricht. Houtresten die daar zijn gevonden, konden heel nauwkeurig worden gedateerd en duiden erop dat dit fort werd gebouwd tijdens de aanwezigheid van Caesars troepen in dit gebied. Onduidelijk is nog steeds of het de inheemse bevolking was die deze versterking aanlegde en er veiligheid zocht, of dat dit door een onderdeel van het Romeinse leger gebeurde. Aan de voet van deze versterking ligt het dorp Kanne-Caster (B-L), waarvan het tweede deel van de naam (net als *Kessel*) teruggaat op het Latijnse *castellum* 'schuilplaats, fort'.

In Zuid-Duitsland en elders komen oppida soms ook in vlak terrein voor. In Nederland zijn daar geen voorbeelden van bekend. Wel zijn tot nu toe twee omgrach-te versterkingen van enige omvang ontdekt. De eerste bevindt zich bij Voerendaal in Zuid-Limburg. De tweede werd in 1994 bij Weert gevonden (op de Molenakker, aan de Laarderweg). Daar was sprake van een versterkte nederzetting uit de late ijzertijd, die misschien tot in de Romeinse tijd functioneerde. De versterking bestond uit een stevige aarden wal omgeven door een diepe en brede gracht en was zelf weer gelegen binnen een groter terrein van ongeveer tien hectare dat door een kleinere greppel en wal was omgeven. De bewoning bevond zich in het gebied tussen de buitenste omheining en de fortificatie, die zelf niet werd bewoond. De voorlopige datering luidt eerste eeuw voor Christus en de voorlopige interpretatie is dat het hier een soort vluchtburcht voor tijden van nood betreft. In België is een dergelijke versterking bekend uit Kontich (A).

Misschien vergelijkbaar, maar in elk geval veel kleiner zijn enkele versterking-en uit de late ijzertijd (tweede eeuw voor Christus) die dicht bij elkaar op het Drents plateau werden gevonden. Deze lagen bij Rhee, Vries en Zeijen. De grootste ervan

(Rhee) beslaat slechts een halve hectare en is ook de enige waarin sporen van bewoning zijn aangetroffen. De versterkingen bestonden hier steeds uit een aarden wal en een aantal palissaden. Mogelijk waren dit opslagplaatsen voor de rijkdommen van een familie of een groepje families uit de buurt.

In 1996 ten slotte, werd ook de vondst bekend gemaakt van een vergelijkbare versterking in de Laudermarke in Westerwolde (Gr). In dit geval betreft het een door wallen omgeven terrein van ongeveer twee-en-een-halve hectare in de vorm van een onregelmatige rechthoek. De versterking wordt gedateerd in de periode tussen 500 en 300 voor Christus en was oorspronkelijk gelegen aan een zijtak van de rivier de Eems.

In de Ardennen kon in veel grotere mate gebruik worden gemaakt van natuurlijke hoogteverschillen. Daar bevindt zich dan ook een flink aantal hoogteversterkingen uit diverse perioden. Deze zijn lang niet allemaal even goed bestudeerd en gedateerd. Het bekendst is wel die van Buzenol ('Montauban'; Lux), waar zich een museum bevindt en waar een deel van de stenen omwalling is gereconstrueerd. Niet ver naar het westen ligt Cugnon ('Le Trînchi'), waar eveneens een deel van de muren werd gereconstrueerd.

Eveneens voor een klein deel gereconstrueerd, en spectaculair gelegen op een hoge kam in een meander van de Ourthe is de 'Cheslé' (bij het gehucht Bérismenil, halverwege tussen La Roche en Houffalize). Het versterkte plateau is hier ongeveer 725 meter lang en 290 meter breed en heeft aan drie kanten steile hellingen naar de tachtig meter lager gelegen rivier. Waar nodig werd nog een systeem van dubbele wallen aangelegd, en aan de kant waar het plateau vast zit aan de hoogvlakte werd een dwarswal met gracht en een zwaar verdedigde toegangspoort aangelegd. Enkele dateerbare aardewerkscherven uit deze toegangszone duiden op een ontstaan in de vijfde eeuw voor Christus.

Een gids voor de 'Keltische versterkingen' in dit gebied, vermeldt er in Wallonië maar liefst dertig. Van de meeste daarvan is in het terrein weinig te zien en soms vindt de ongeoefende kijker zelfs helemaal niets. Wie op zoek wil gaan, dient zich dan ook vooraf goed te informeren en vooral ook gedetailleerde kaarten bij zich te hebben.

Behalve al deze kenmerken die meteen in het oog springen, stond in deze samenleving ook de landbouw op een erg hoog peil. We mogen niet vergeten dat in deze periode het overgrote deel van de mensheid boer was, in een gehucht woonde en voor een belangrijk deel in het eigen levensonderhoud moest voorzien. De La Tène-mensen slaagden daar erg goed in. Afhankelijk van hun natuurlijke omgeving concentreerden zij zich op landbouw, veeteelt of op gemengd bedrijf. In veel gebieden wisten zij overschotten te produceren, die dan weer konden worden verhandeld. Doordat zij over goede ploegen beschikten, verstevigd met een ijzeren ploegschaar, waren de boeren in staat vruchtbare gronden te ontginnen die eerder nog niet konden worden bewerkt.

De boerengemeenschappen zelf waren vrijwel altijd erg klein. Archeologen vinden echter veel vaker begraafplaatsen dan woonplaatsen, zodat onze informatie hierover nogal mager is. Dat komt onder meer door de grotere (archeologische) herkenbaarheid van begraaf- plaatsen, en doordat woonplaatsen vaak minder goed bewaard zijn gebleven (bijvoorbeeld omdat er later weer overheen werd gebouwd). Uit de woonplaatsen die wel bekend zijn, weten we dat die bestonden uit niet meer dan vier of vijf boerderijen. Het groepje mensen in zo'n gehucht of dorp was waarschijnlijk familie van elkaar. Om de onderlinge uitwisseling van produkten tussen deze dorpen - en ook over grotere afstanden - te reguleren, zullen leiders zijn opgetreden. Soms onderscheidden die zich door een groter huis, of door een graf met rijkere grafgeschenken.

Nadat de Romeinen het bestuur hebben overgenomen, zien we in sommige nederzet- tingen dat een van de inwoners zijn huis verbouwt en aanpast aan de Romeinse mode. Mogelijk hebben we dan te maken met een inheemse man die als soldaat in het Romeinse leger heeft gediend, en nadat hij is afgezwaaid weer naar huis is teruggekeerd. Het ligt voor de hand dat zo iemand aanzien genoot. Maar het is ook denkbaar dat de lokale leider zijn positie verstevigde door zich aan de Romeinen aan te passen en de Romeinse 'mode' te gaan volgen. Hij toonde daarmee aan zijn dorpsgenoten dat hij een belangrijk man was.

Kelten

Tot zover heb ik steeds de omschrijving La Tène-mensen gebruikt, maar zeker in het kernge- bied van deze beschaving (dus in Zuid-Duitsland, Zwitserland, Oostenrijk en grote delen van Frankrijk) is er geen twijfel over dat deze mensen een Keltische taal spraken. Het verhaal ging dus steeds over Kelten.

Het gebied van de Kelten strekte zich in de latere La Tène-periode uit van centraal Anatolië (het gebied rond Ankara in Turkije) tot Ierland, en van Spanje en Noord-Italië tot in Bohemen en mogelijk zelfs het zuiden van Polen. De cultuur in dit immense gebied vertoonde overal opmerkelijke overeenkomsten. Ondanks dat de Kelten nooit één groot rijk hebben gevormd, is het daardoor wel mogelijk te spreken van een Keltisch cultuurgebied. In dit uitgestrekte gebied is er echter een tamelijk duidelijk herkenbaar onderscheid tussen een oostelijk en een westelijk Keltisch gebied. De grens tussen die twee liep van noord naar zuid door het westen van Oostenrijk. Uiteraard hebben wij hier alleen met de westelijke Kelten te maken.

Het probleem voor de Nederlandse archeologie is dat ons land aan de grens van dit grote gebied ligt, en we niet weten in welke mate de bevolking van de Lage Landen nu precies door de Keltische La Tène-cultuur was beïnvloed. Nog even afgezien van de taal, lijkt die invloed het grootst tijdens de late Hallstatt-periode en de vroege La Tène-periode. Uit die tijd vinden we in Nederland en België op verschillende plaatsen graven met rijke bijgaven, die helemaal in het hierboven geschetste beeld passen. Archeologen beschouwen deze bijgaven vaak als geschenken die een lokale leider had gekregen van een machtige heer uit het zuidelijker gelegen kerngebied van de Keltische cultuur. Als die interpretatie juist is, en veel wijst daarop, dan zeggen deze geschenken wel iets over de onderlinge machtsverhoudingen, maar natuurlijk niets over de taal die onze lokale leider sprak.

Vroeger werd nog wel aangenomen dat culturen zoals die van de Kelten zich over Europa hadden verbreid door grote volksverhuizingen en gewapende veroveringen. Daar zijn echter nauwelijks archeologische aanwijzingen voor te vinden. Tegenwoordig denken we veel meer dat de mensen gewoon op hun plaats bleven, maar dat het de cultuur was die werd verbreid. Het is voor te stellen dat dit net zo ging als met de mode tegenwoordig. Wanneer iets in de mode raakt - en zeker als er een rage ontstaat - wil iedereen die daarmee in aanraking komt, ook meedoen. Zo nemen mensen gebruiken en technieken van elkaar over. Praktisch nut speelt daarbij een rol, maar wat dat betreft is het natuurlijk ook 'nuttig' dat degene die de nieuwste mode volgt daarmee ook aan prestige wint.

Op die manier nemen groepen mensen steeds weer elementen uit elkaars cultuur over, en een cultuur die veel aanzien geniet kan zich zo geweldloos over een groot gebied verbreiden. Een voorbeeld daarvan zagen we hierboven al bij het inheemse dorpshoofd dat zijn huis een Romeins uiterlijk probeerde te geven.

Dit alles betekent niet dat volksverhuizingen en veroveringen niet voorkwamen. Het was bijvoorbeeld de verhuizing van de Keltische stam van de *Helvetii*, op zoek naar nieuwe landbouwgronden, die de eerste aanleiding vormde voor het ingrijpen van de Romeinen in het Keltische Gallië. Het resultaat was de grote veroveringstocht van Julius Caesar die de Romeinen rond 50 voor Christus ook in de Nederlanden bracht. Ook trokken - vermoedelijk in de eerste eeuwen voor het begin van de jaartelling - grote groepen *Belgae* het Kanaal over naar het zuiden van Engeland.

En de Germanen

Tijdens de uitbreiding van hun rijk naar het noordwesten kwamen de Romeinen dus voornamelijk Kelten tegen. De volgende vraag is dan natuurlijk hoe het met de Germanen zit. Waar woonden die? Dat is een lastige vraag, want de bronnen zijn hier veel schaarser dan die over de Kelten. De Germanen komen nu eenmaal pas veel later in geschreven bronnen voor dan de Kelten.

Taalkundigen menen dat de oorsprong van de Germaanse talen in het zuiden van Scandinavië ligt. Dat wil zeggen in het zuiden van Noorwegen en Zweden, in Denemarken en misschien in het noordelijke kustgebied van Duitsland. (Erg sterke argumenten voor deze veronderstelling zijn er overigens niet.) Archeologen hebben wel geprobeerd groepen mensen, die zij onder andere op grond van bepaalde typen aardewerk onderscheiden, met deze 'oergermanen' in verband te brengen. Een vaker genoemde kandidaat lijkt dan de zogenaamde Jastorf-cultuur te zijn, die in de ijzertijd opbloeide in de Noordduitse laagvlakte en in het zuiden van Denemarken (vanaf de vijfde eeuw voor Christus). Ten westen hiervan, en gedeeltelijk ook in oostelijk Nederland, ontwikkelde zich de Harpstedt-cultuur waarvan de dragers eveneens als Proto-Germanen worden beschouwd. Zonder verdere bronnen blijft dat natuurlijk altijd een veronderstelling die op geen enkele manier kan worden bewezen.

Daar komt als probleem bij dat we bij de oudste vermeldingen van 'Germanen' door Griekse en Romeinse schrijvers helemaal niet zeker weten of het wel mensen betreft die (in moderne taalkundige zin) een Germaanse taal spraken. Sommige geleerden hebben wel verondersteld dat die *Germani* uit de bronnen eigenlijk Kelten waren, en dat maakt het er allemaal niet eenvoudiger op. In de beschrijving van zijn Gallische oorlogen noemt Julius Caesar de volkeren ten westen van de Rijn *Galli*, dus 'Kelten', en die ten oosten van die rivier *Germani*. Ondertussen is wel duidelijk dat hij daarmee geen volkenkundig onderscheid maakte (en al helemaal geen taalkundig). Wat het verschil dan wel was, weten we niet precies, maar duidelijk is dat voor Caesar dit onderscheid vooral in politiek opzicht aantrekkelijk was. Hij kon daarmee namelijk bij zijn terugkeer in Rome opscheppen *alle* Kelten (Galliërs) te hebben onderworpen. De volkeren die nog niet waren onderworpen waren immers 'Germanen'.

Het is ook in deze zin dat we de titel *Germania* van het boek door Tacitus moeten begrijpen. Hij beschreef het land en de bevolking van de gebieden die ten noordoosten van de Rijn *buiten* het Romeinse rijk lagen. Onze vraag of die bevolking Keltisch was, of Germaans, speelde voor Tacitus geen enkele rol. Zeker in de vroege Romeinse beschrijvingen blijken de namen van als Germaans opgegeven stammen en personen nogal eens Keltisch te zijn (wat de taal betreft). Misschien nog wel meer dan bij de Kelten, is het hier dan ook nuttig om vast te houden aan de definitie dat Germanen mensen zijn die een Germaanse taal spreken. Dat is tenminste eenduidig. Het enige probleem is dan echter dat we steeds duidelijk moeten aangeven of we het over echte (dus taalkundige) Germanen hebben, of over zogenaamde - of misschien beter 'zogenoemde' - Germanen bij Griekse of Romeinse schrijvers.

Dat de Romeinen ook echte Germanen zijn tegengekomen, staat wel vast. In Romeinse teksten en inscripties zijn talloze namen te vinden die duidelijk Germaans zijn, en die kwamen natuurlijk niet zomaar uit de lucht vallen. De vraag is dus waar de grens tussen Keltisch en Germaans lag. Ideaal zou natuurlijk zijn, wanneer wij die vraag niet allen in de ruimte ('waar'), maar ook in de tijd ('wanneer') kunnen beantwoorden.

Voor archeologen lijkt het verschil tussen Kelten en Germanen vooral gradueel. Naarmate wij ons verder verwijderen van het kerngebied van de La Tène-cultuur, zien we de kenmerken daarvan steeds schaarser worden. Zo zijn er in België nog heuvelforten te vinden, en kennen we in België en in de zuidelijke helft van Nederland nog rijke graven met typische Hallstatt en La Tène bijgaven. Verder naar het noorden komen deze kenmerkende zaken niet voor.

Dat tenminste gedurende een bepaalde (vroege) periode de Germanen een culturele invloed van de Kelten ondergingen, blijkt onder andere uit leenwoorden. Zo is het Germaanse (en dus ook het Nederlandse) woord voor *ijzer* uit het Keltisch afkomstig. Dat die invloed niet altijd materieel was, blijkt uit het feit dat ook bijvoorbeeld de woorden *rijk* (in de zin van koninkrijk) en *ambt* en *ambacht* leenwoorden uit het Keltisch zijn. In archeologisch opzicht (dus zonder direct verband met de taal) zouden we het gebied met duidelijke La Tène-kenmerken 'Keltisch' kunnen noemen, en het gebied waar die kenmerken (nog) niet zijn doorgedrongen 'Germaans'.

Nederlandse archeologen doen dat in grote lijnen ook: zij beschouwen de volkeren ten zuiden van de Nederlanden (dus ook grotendeels ten zuiden van België) als 'Kelten'. De 'Germanen' plaatsen zij ten oosten van de Weser in de Noordduitse kustvlakte. De inwoners van de Nederlanden worden dan omschreven als 'Keltisch-Germaanse volken'. Wanneer het over taal gaat, is dit een nogal onzinnige indeling. Maar voor archeologen die toch vooral met materiële cultuur in aanraking komen, is er natuurlijk niets op tegen. Ter ondersteuning verwijzen zij dan soms nog naar de 'Noordwestblok-hypothese' van Hans Kuhn, die op blz. 63-64 nader wordt besproken. Deze hypothese wordt echter juist vanuit taalkundige kringen weer zwaar bekritiseerd.

Belgische archeologen zijn over het algemeen veel meer geneigd de bevolking in de zuidelijke Nederlanden (tot aan de grote rivieren) als 'Kelten' te bestempelen, en de groepen ten noorden daarvan als 'Germanen'. Hierboven is al duidelijk gemaakt dat het belangrijk is om bij het lezen over archeologie deze 'nationale tradities' goed voor ogen te houden.

In deze zienswijze kan het overnemen van La Tène-kenmerken worden beschreven met de term 'keltisering'. Het lijkt erop dat terwijl elders in West-Europa de Kelten werden 'geromaniseerd', in de Lage Landen tegelijkertijd een proces van 'germanisering' aan de gang was. Bij al deze vormen van aanpassing lijkt ook het niet tastbare element taal een rol te hebben gespeeld. De algemene naam die antropologen voor dit proces van aanpassing gebruiken, is *acculturatie*. (Omdat veel mensen vinden dat dit begrip een negatieve bijklank heeft, wordt in een moderne maatschappelijke context ook wel van *integratie* gesproken.) Het is een proces dat in principe altijd en overal plaatsvindt, en dat een normaal onderdeel is van menselijk gedrag.

Nog een belangrijk begrip in dit verband is *cultuur*. Antropologen omschrijven cultuur als 'het geheel van aangeleerde manieren van denken en doen waardoor een groep mensen zich van andere groepen onderscheidt'. Cultuur is dus niet iets waarmee een individu wordt geboren en dat daarna nooit meer kan veranderen. Een mens, of een groep mensen, is in principe in staat zijn cultuur in te ruilen voor een andere, zoals iemand ook eerst vol overtuiging punker kan zijn om zich daarna even volledig in de house-scene te storten.

Dat de bevolking van de Nederlanden - in elk geval in culturele zin - eerst gekeltiseerd werd, en daarna gegermaniseerd (en voor een deel ook geromaniseerd), is dus geen abnormaal verschijnsel. Er waren geen grote volksverhuizingen voor nodig en het is zelfs mogelijk dat het proces zo geleidelijk ging dat het door die bevolking zelf nauwelijks werd opgemerkt. Vergelijkbaar is het feit dat de bevolking van de Nederlanden voor de Tweede Wereldoorlog in cultureel opzicht vrijwel volledig op Frankrijk en Duitsland was georiënteerd, terwijl sinds 1945 alle aandacht naar Engeland en de Verenigde Staten gaat. Die verandering heeft natuurlijk niet onopgemerkt plaatsgevonden, maar er zullen maar weinig mensen zijn die hem persoonlijk in hun leven als een breuk hebben ervaren.

d. Het taalkundige kader

Talen, dialecten en taalfamilies

Wanneer taalkundigen over talen spreken, doen zij vaak net of dat levende wezens zijn. Talen worden geboren, ontwikkelen zich en sterven uit, en talen vormen families met ouders, zusjes, neven en nichten. Dat is natuurlijk allemaal 'bij wijze van spreken', maar het is een beeldspraak die de grote lijnen wel helder weergeeft.

De idee die aan deze beeldspraak ten grondslag ligt, is dat zo lang mensen in een kleine groep bij elkaar wonen, zij ook allemaal dezelfde taal spreken. Omdat iedereen regelmatig met elkaar praat, vindt er voortdurend een onbewuste correctie plaats die voorkomt dat iemand al te afwijkend taalgedrag gaat vertonen. (Bedenk maar hoe een kind leert dat *koopte* niet goed is, en *fietste* wel.) Maar zodra de groep groter wordt, en niet iedereen meer regelmatig met elkaar praat, ontstaan er varianten binnen die ene taal. Dergelijke varianten worden *dialecten* genoemd. Wanneer nu twee groepen, elk met hun eigen dialect, zodanig van elkaar geïsoleerd raken dat zij over een langere periode geen contact meer met elkaar hebben, dan kunnen hun dialecten zo sterk van elkaar gaan verschillen dat zij onderling niet langer verstaanbaar zijn. In dat geval spreken we niet meer van dialecten maar van *talen*.

Voor taalkundigen is er strikt genomen geen verschil tussen dialect en taal. Er bestaat geen goede definitie die beide begrippen van elkaar onderscheidt. Toch ervaart iedereen een wezenlijk verschil en worden beide begrippen zeker in het Nederlands nooit zomaar door elkaar gebruikt. Een handzame omschrijving die het verschil aangeeft, is dat we van dialecten spreken wanneer zij onderling verstaanbaar zijn, en van talen wanneer de verschillende sprekers elkaar niet kunnen verstaan. Aangezien hierbij echter ook de taalvaardigheid en het taalgevoel van de betrokkenen een rol speelt, is het verschil tussen dialect of taal niet altijd te maken.

Twee nieuwe talen kunnen zo zijn ontstaan uit één oorspronkelijke taal. Taalkundigen zouden dit kleine groepje een 'taalfamilie' kunnen noemen: een moeder (de eerdere taal, die niet langer wordt gesproken) met twee dochters. De historisch vergelijkende taalwetenschap is het vak dat zich bezighoudt met het ontrafelen van dergelijke 'familie-relaties'. Het doel is daarbij niet alleen om tot een mooie stamboom te komen, maar ook om te achterhalen hoe de familie zich heeft ontwikkeld. Een heel bijzondere doelstelling daarbij is te proberen erachter te komen hoe de oudste 'oertaal' van de familie er heeft uitgezien. Zo worden in groot detail talen gereconstrueerd die soms al eeuwenlang niet meer zijn gesproken en waarvan ook geen enkele woord op schrift is bewaard. Het zal duidelijk zijn dat dit een erg specialistische en ingewikkelde bezigheid is.

Een taal die we alleen uit een dergelijke reconstructie kennen, en die de 'moeder' is van een aantal bekende talen, noemen we een *proto-taal*. Zo heet de oorspronkelijke taal waaruit de verschillende Germaanse talen zich hebben ontwikkeld *Proto-Germaans* (een oudere benaming is *Oergermaans*).

Bijna alle talen van Europa en een aantal talen in Azië behoren zo tot een van de grootste taalfamilies van de wereld, de *Indo-europese taalfamilie*. Het is gewoonte taalfamilies te benoemen naar de geografische uitersten, en uit de naam blijkt dus al dat deze familie zich uitstrekt van India tot in Europa (en vanuit Europa via kolonisatie sinds de zestiende eeuw ook over Amerika, Afrika en Australië). Tot in onze middeleeuwen werd er ook in het westen van China nog een Indo-europese taal gesproken, namelijk het Tochaars. De Indo-europese oertaal noemen we *Proto-Indo-europees* (afgekort PIE).

Deze Indo-europese taalfamilie omvat een groot aantal talen, die we weer kunnen onderverdelen in groepen. Naast Germaans en Keltisch zijn de bekendste daarvan Slavisch (waartoe o.a. het Russisch behoort), Italisch (met Latijn als belangrijkste taal), Grieks (dat een aantal dialecten omvat), en de Indo-Iraanse talen van Iran, Afghanistan en het noorden van India. De enige niet-Indo-europese talen in onze directe omgeving zijn het Fins, het Ests, het Laps, het Hongaars, het Turks en het Baskisch, en verder natuurlijk de talen van recente immigranten als Arabisch en diverse Afrikaanse talen. Al deze 'buitenbeentjes', behalve het Baskisch, Laps, Ests en Fins, zijn pas in tamelijk recente tijden in Europa terecht gekomen. Het Baskisch werd al in de oudheid gesproken in het zuidwesten van Frankrijk en in het noorden van Spanje. In de ijzertijd en in de Romeinse tijd werden in Spanje en Portugal verschillende talen gesproken, waaronder Keltisch, maar ook enkele talen die niet Indo-europees zijn. Al deze talen - behalve dus het Baskisch - zijn echter al vroeg uitgestorven.

Indo-europees

De Indo-europese taalfamilie omvat een groot aantal talen die in groepen bij elkaar horen. De Germaanse en de Italische groepen zagen we al in detail op blz. 14-15 en 22-23, en ook de Keltische groep zullen we nog in detail bekijken (blz. 55-57). De overige groepen zijn:

- *Indo-Iraans*. Deze groep valt weer uiteen in *Indisch* en *Iraans*. De Indische groep bevat als oudste taal het *Sanskrit* dat zijn oorsprong vond in de Punjab in het noorden van India. Het is de heilige taal van de Hindoes en de voorouder van een groot aantal moderne talen, waaronder het *Hindi* in India en het *Urdu* in Pakistan. Ook het *Romani*, de taal van de zigeuners, is zo'n moderne afstammeling die zijn oorsprong vindt in Centraal-India. De oudste variant van het Sanskrit wordt ook wel *Vedisch* genoemd en de oudste teksten dateren waarschijnlijk nog van voor 1000 voor Christus.

Iraans is de verzamelnaam voor de talen in het huidige Iran en Afghanistan. De oudste bekende talen zijn hier het *Avestisch* uit het noordoosten van Iran en het *Oudperzisch* uit het zuidwesten. Het Avestisch ontleent zijn naam aan de Avesta, het heilige boek van Zoroaster (of Zarathustra) dat ergens tussen 1000 en 800 voor Christus ontstond. Het Oudperzisch is vooral bekend door lange rotsinscripties van koning Darius en zijn opvolgers (vanaf ongeveer 500 voor Christus). In de middeleeuwen waren Iraanse talen gedurende lange tijd de cultuurtaal langs de zijderoute tussen China en de westerse wereld, en daarmee in grote delen van Centraal-Azië.

Moderne Iraanse talen zijn naast het Iraans (ook wel *Perzisch* of *Farsi* genoemd) in Iran zelf, het *Pasjto* in Afghanistan, het *Koerdisch* in het Nabije Oosten en het *Ossetisch* in de Kaukasus. Voor de bestudering van het Indo-europees zijn de oudste Indo-Iraanse talen erg belangrijk.

- *Tochaars* werd nog verder naar het oosten gesproken. De taal werd pas ontdekt toen rond 1900 in het westen van China enkele erg oude bibliotheken in afgesloten ruimtes werden gevonden. Het Tochaars moet al vroeg (voor 1500 voor Christus?) in het westen van China aanwezig zijn geweest. Alle teksten die we kennen dateren echter uit de zesde tot de achtste eeuw van onze jaartelling. Het zijn allemaal vertalingen van Boeddhistische literatuur. Er zijn twee dialecten die simpelweg Tochaars A en Tochaars B worden genoemd (soms ook Oost- en Westtochaars). De studie van deze taal staat nog in de kinderschoenen.

- *Armeens*. De Armeniërs behoren tot de vroegste gekerstende volkeren buiten het Romeinse rijk. Daardoor leerden zij ook al vroeg schrijven en kennen wij de taal vanaf de vijfde eeuw na Christus. Sinds de middeleeuwen kent het Armeens een groot aantal dialecten.

- *Anatolische talen*. Hiermee worden de talen van Anatolië (het Aziatische deel van Turkije) bedoeld die nauw verwant zijn aan het *Hittitisch*. Het Hittitisch was in de periode 1700-1200 voor Christus een belangrijke (cultuur)taal die bekend is uit een groot aantal inscripties in spijkerschrift op kleitabletten. Het Hittitisch is mogelijk de oudste taal die zich van het Proto-Indo-europees heeft afgescheiden.

Onderling nauw verwante zuiderburen van het Hittitisch zijn het *Spijkerschrift-Luwisch* en het *Hiëroglyfisch-Luwisch*, en het *Lycisch* dat bij Alanya aan de Turkse zuidkust werd gesproken. En dan zijn er nog twee Anatolische talen die elk slechts in een tiental inscripties zijn overgeleverd: het *Lydisch* en het *Karisch*.

- Nog enkele andere talen uit de oudheid waarvan we nauwelijks iets weten zijn het *Frygisch* uit Centraal-Turkije, het *Thracisch* uit het gebied ten westen van de Zwarte Zee, en het *Illyrisch* van de kusten van de Adriatische Zee en uit Joegoslavië.

- *Balto-Slavisch*. Uit deze 'proto-taal' ontstonden enerzijds de Baltische talen en anderzijds de Slavische. Overigens wordt ook voor het Italisch en het Keltisch een dergelijke gemeenschappelijke voorouder vermoed: het Italo-Keltisch.

Slavisch zijn onder meer de talen van Rusland: *(Groot)russisch*, *Oekraïens* en *Witrussisch*, die samen Oostslavisch heten. Zuidslavisch zijn het *Bulgaars*, het *Macedonisch*, het *Servokroatisch* (één taal, twee dialecten) en het *Sloveens*. Het *Oudbulgaars* is de taal waarin de Slavische volkeren werden gekerstend en ligt daarmee aan de basis van de Russisch orthodoxe kerktaal. We spreken ook wel van *Oudkerkslavisch*. Westslavisch zijn het *Pools*, het *Tsjechisch* en het *Slowaaks*, evenals enkele kleinere Slavische talen die nog bij Berlijn in Duitsland worden gesproken.

Baltisch zijn het *Litouws* en het *Lets* (in Letland), en het in de zestiende eeuw uitgestorven *Oudpruisisch*. Van deze talen is het Litouws erg belangrijk voor het Indo-europees omdat het zo archaïsch is.

- *Grieks*. Ook deze taal is van groot belang voor de bestudering van het Indo-europees, maar ook omdat de oude literatuur en cultuur in hoge mate hebben bijgedragen aan onze Westeuropese beschaving. Juist om die laatste reden is het Grieks op het gymnasium ook nog steeds een schoolvak. Al uit de oudheid kennen wij in het Grieks een aantal dialecten. De oudste variant is het *Myceens* (1400-1200 voor Christus), waarvan het schrift pas in 1952 voor het eerst werd ontcijferd.

- *Albanees* is net als het Grieks één taal die een groep op zichzelf vormt. Het Albanees omvat twee dialecten en wordt pas vanaf de vijftiende eeuw geschreven.

Verwantschap en verandering

Om de verwantschap tussen twee talen vast te stellen, gaan taalkundigen niet alleen af op woorden die in beide talen hetzelfde zijn of op elkaar lijken. Zelfs wanneer die twee woorden hetzelfde betekenen, zou dat best toeval kunnen zijn. De talen moeten ook in hun grammatica overeenkomsten vertonen, dus bijvoorbeeld allebei een zelfde systeem van naamvallen hebben, of overeenkomstige uitgangen voor de persoonsvormen van het werkwoord. Omdat we in het allervroegste materiaal over de taal (of talen) in de Nederlanden echter steeds met losse woorden te maken hebben, zullen wij ons hier niet met die grammaticale aspecten bezighouden.

Niemand zal zich erover verbazen wanneer we bij wijze van voorbeeld het Duits en het Nederlands als twee verwante talen naast elkaar plaatsen. Wanneer we willekeurig enkele overeenkomende woorden uit die twee talen naast elkaar zetten, vallen een aantal zaken op:

vader	Vater
appel	Apfel
paard	Pferd
kat	Katze
zee	See
vijf	fünf

Om te beginnen de uitspraak van de beginklanken in *vader, zee* en *vijf.* Het Duits heeft daar (net als het Engels) steeds een medeklinker waarbij de stembanden niet trillen (een *stemloze* medeklinker; bedenk dat de *v* in het Duitse *Vater* klinkt als een *f,* net als in het Engelse *father*). Het Nederlands heeft in deze gevallen steeds een *stemhebbende* medeklinker, waarbij dus de stembanden wel trillen. Dit verschil is systematisch en onderscheidt het Nederlands van alle andere Germaanse talen (met uitzondering van enkele dialecten in het zuidwesten van Engeland die in deze gevallen ook stemhebbende medeklinkers hebben).

Medeklinkers en klinkers

Taalkundigen onderscheiden stemhebbende en stemloze medeklinkers. In het eerste geval trillen de stembanden terwijl de klank wordt gemaakt, in het tweede geval niet. Het verschil is eenvoudig vast te stellen: door een vinger op het strottehoofd te leggen, is te voelen of in dat strottehoofd de stembanden trillen of niet. Gemakkelijk om te testen zijn de *v* (stemhebbend) en de *f* (stemloos). Beide klanken kunnen worden aangehouden. Klinkers zijn altijd stemhebbend.

Een ander verschil zien we bij *appel, paard* en *kat.* Daar is in het Duits een verandering opgetreden die niet in andere Germaanse talen voorkomt. Diezelfde verandering heeft ook gezorgd voor het verschil tussen *dat* en *das, wat* en *was.* In dit geval heeft deze verandering niet het hele Duitse taalgebied bestreken, zodat in de dialecten van Noord-Duitsland mensen net als in het Nederlands *dat Land* zeggen, en *wat?* vragen. (Terwijl een klein stukje van Zuid-Limburg ook *das* en *was* heeft.) Deze verandering (van *p* naar *pf,* van *t* naar *tz* of *s*) geldt als het kenmerk bij uitstek voor het Duits (of correcter, het Hoogduits).

Bij *zee* zien we verder dat er soms een verandering in de betekenis kan zijn opgetreden. Het Duitse *(der) See* betekent immers 'meer' en niet 'zee'. In dit geval kunnen we daaruit concluderen dat het woord oorspronkelijk wel zoiets zal hebben betekend als 'grote plas water'. Voor het Duits, dat zich in zijn moderne vorm vooral in het binnenland ontwikkelde, was dat een meer, voor mensen aan de kust was de grootste plas water die zij kenden natuurlijk de zee. Dergelijke betekenisveranderingen komen vaker voor en zijn niet altijd zo eenvoudig te doorgronden. (Het Duitse *die See* voor 'de zee' is afkomstig uit Noordduitse dialecten en werd pas recent in de standaardtaal opgenomen.)

En ten slotte is er nog het verschil tussen *vijf* en *fünf*. Behalve dat de beginmedeklinker stemhebbend is geworden, heeft het Nederlandse woord daar ook nog een *n* verloren. In het Nederlands is dit geen algemeen verschijnsel. Het komt voor in de dialecten langs de kust, in het Fries (*fiif*), en verder ook in het Engels (*five*). Een vergelijkbaar woord is *mond*. Daar heeft het Duits *Mund* en het Engels *mouth*. In Nederlandse plaatsnamen vinden we van dit laatste woord beide vormen door elkaar, bijvoorbeeld *Warmond* en *Roermond* naast *Arnemuiden* en *Diksmuide* (de 'mond' is hier steeds de monding van een riviertje in een andere rivier of in de zee). Aan dit geval is te zien dat de (Nederlandse) standaardtaal, en dat is toch de taal die het meeste prestige heeft, soms uit verschillende dialecten heeft geput en niet in alle opzichten eenvormig is.

Wie deze voorbeelden bekijkt, en probeert er zelf nog meer te bedenken, zal meteen zien dat er allerlei woorden zijn waarbij het mooi klopt, maar ook een heleboel die niet in het rijtje lijken te passen. Dat komt omdat taal voortdurend verandert, en allerlei invloeden ondergaat. Taalkundigen proberen niet alleen de regels te vinden waarmee die veranderingen worden beschreven, maar ook verklaringen voor alle uitzonderingen.

Een belangrijk principe in de historisch vergelijkende taalwetenschap is dat veranderingen in de taal regelmatig zijn. Taalkundigen spreken dan ook van 'klankwetten' en gaan ervan uit dat die wetten net zo onverbiddelijk zijn als de wetten van de natuurkunde. Schijnbare uitzonderingen op deze wetmatige regels moeten zelf ook weer in regels worden ingepast of moeten op een andere manier worden verklaard. Talen worden onderscheiden doordat zij verschillende veranderingen ondergingen, en strikt genomen zouden we dus kunnen zeggen dat de mensen in Noord-Duitsland ('dat') een andere taal spreken dan die in de rest van het Duitse taalgebied ('das'). (In de praktijk hebben we echter liever meer dan één zo'n verschil voordat we van twee talen spreken.)

Bij het uitvallen van de -*n*- in *vijf* werd zojuist al gezegd dat het hier een verschijnsel betreft dat voorkomt in Nederlandse (en Vlaamse) kustdialecten, in het Fries en in het Engels. Deze dialecten en talen hebben zo een groep verschijnselen gemeen die door taalkundigen wel *ingwaeonismen* worden genoemd. De betreffende dialecten en talen worden soms ook samengenomen onder de naam Noordzee-Germaans. Tot voor kort werd het ontstaan van deze ingwaeonismen steeds gezocht binnen het Germaans, maar in een recent artikel toont Peter Schrijver aan dat de oorzaak moet worden gezocht in een Keltisch substraat. De kustbewoners spraken 'oorspronkelijk' een Keltische taal en die oefende een invloed uit op hun uitspraak van het Germaans dat zij vervolgens overnamen. Dit moet zijn gebeurd na de Romeinse tijd, in de vroege middeleeuwen, wat bewijst dat er in elk geval in de kustprovincies nog lang Keltisch werd gesproken.

II. Waaraan herkennen we Germaans en Keltisch

a. Germaans

Kenmerken

Om op deze manier iets te kunnen zeggen over het verschil tussen Germaans en Keltisch, is het nodig om verder in het verleden te kijken en meer talen in het verhaal te betrekken. We beginnen met het Germaans (met zoveel mogelijk Nederlandse voorbeelden):

Latijn	pater	Ned.	vader
Lat.	porcus	Ned.	varken
Grieks	amphí	Ned.	om
Lat.	trēs	Ned.	drie
Lat.	frater	Ned.	broeder, broer
Lat.	cornus	Ned.	hoorn
Lat.	octo	Ned.	acht
Lat.	dŭo	Ned.	twee
Grieks	hupér	Ned.	over

Helemaal volgens de regels zouden we natuurlijk steeds moeten beginnen met een woord in het Proto-Indo-europees, om vervolgens te laten zien hoe dit zich ontwikkelde tot zijn moderne Nederlandse vorm. Maar dat is erg ingewikkeld en er zouden dan allerlei problemen moeten worden toegelicht die voor ons verdere betoog niet van belang zijn. Daarom staan in het eerste rijtje steeds woorden uit het Latijn en Grieks. Die laten op de punten waar het om draait zien hoe het betreffende woord er in het verleden uitzag, en wat er ten opzichte van die oorspronkelijke toestand in het Nederlands is veranderd.

Zo zien we bij *vader* en *varken* dat de stemhebbende beginklank in die woorden afkomstig is uit een oude *p*. We zagen hierboven al dat alle andere Germaanse talen in zo'n geval een *f* hebben, en dat de Nederlandse *v* daar weer uit is voortgekomen. Deze verandering van Proto-Indo-europese (PIE) *p* naar Germaanse *f* (en Nederlandse *v*) is een regelmatige klankverandering die deel uitmaakt van een groep veranderingen die typisch is voor het Germaans. Taalkundigen gebruiken voor het opschrijven van zulke veranderingen een 'formule', die er voor dit geval als volgt uitziet:

PIE *p > Germaans *f > Nederlands v

Een sterretje geeft aan dat het om een reconstructie gaat. We hebben immers geen Proto-Indo-europees of (Proto-)Germaans op schrift. De pijltjes geven de richting van de ontwikkeling aan.

De groep veranderingen waarvan dit ene voorbeeld deel uitmaakt, staat bekend als de *Germaanse Klankverschuiving*. Die wordt beschreven in de zogenaamde *Wet van Grimm* die weer is genoemd naar Jacob Grimm (1785-1863), die deze wetmatigheid ontdekte. Jacob Grimm is een belangrijk grondlegger van de moderne taalwetenschap, maar hij is bij de meeste mensen toch beter bekend door de sprookjes die hij samen met zijn jongere broer Wilhelm verzamelde en optekende.

Schematisch opgeschreven, en met de Nederlandse resultaten als toegift, ziet de hele klankverschuiving er als volgt uit (waarbij we de sterretjes in de eerste twee kolommen maar even weglaten):

PIE	> Proto-Germ.	> Nederlands
p	f	v
t	th	d
k	ch	h, Ø, (aan het eind van een woord vaak: -g)
k^w	ch^w	h, Ø, w
b	p	p
d	t	t
g	k	k
g^w	k^w	kw, k
b^h	b	b, v
d^h	d	d
g^h	g	g
g^{wh}	g^w	g, w

PIE k^w, g^w en g^{wh} gingen gepaard met een ronding van de lippen zoals in het Engels (of Surinaams-Nederlandse) *water*; b^h, d^h, g^h en g^{wh} gingen vergezeld van een stevige ademstoot (zoals in de Groningse uitspraak van 'Mart*h*ini-*t*hoorn').

De Proto-Germaanse klanken th en ch waren stemloos, zij klonken respectievelijk als in het Engelse *thing* en in het Nederlandse *lachen*.

Het teken Ø staat voor 'niets' en betekent dat de klank geheel is verdwenen.

In het Nederlands hebben zich nog verdere ontwikkelingen voorgedaan, waarbij het vaak een rol speelt of de medeklinker voor of achteraan in een woord staat, en naast of tussen bepaalde klinkers.

Deze klankverschuiving vormt meteen de belangrijkste en grootste verandering waarmee het Germaans zich onderscheidt van de overige Indo-europese talen. Hij is voor ons verhaal dan ook erg belangrijk, en we zullen hem nog regelmatig tegenkomen. Een tweede belangrijke klankwet voor het hele Germaans is de zogenaamde *Wet van Verner*. Deze klankwet bepaalt dat stemloze medeklinkers na de klankverschuiving onder zekere condities stemhebbend werden. Omdat het geheel hiermee tamelijk ingewikkeld wordt, zal ik deze tweede wet niet in detail bespreken en hem slechts impliciet in het verhaal betrekken. De werkelijkheid is dus ingewikkelder dan de manier waarop het materiaal hier wordt gepresenteerd.

Ook andere verschillen dan die tussen *pater* en *vader* in het rijtje voorbeelden laten zich nu verklaren. Kijk maar naar de paren *trēs* en *drie* (in het Engelse *three* is de Germaanse *th* nog bewaard gebleven), *cornus* en *hoorn*, en *dŭo* en *twee*. Ook het verschil tussen *frater* en *broeder* gaat terug op de Wet van Grimm, maar dan moeten we wel weten dat de oorspron- kelijke PIE beginklank een *b^h* was. In het Latijn werd die klank een *f*, in het Germaans een *b*. Later verdween in het Nederlands in een aantal gevallen de *d* tussen klinkers en ontstond de kortere vorm *broer*.

Broeder : broer

Dat de *d* in het Nederlands tussen klinkers is weggevallen, is een tamelijk recente ontwikkeling die begon in het Middelnederlands en die zich niet in alle gevallen heeft doorgezet. Zo kent iedereen de woorden *broer* en *broeder* naast elkaar. Meestal betekenen beide vormen echter niet meer precies hetzelfde (uitgezonderd misschien de paren *leder / leer*, en *veder / veer*). In vrijwel alle gevallen klinkt de vorm met *d* echter 'plechtiger' (archaïscher) en heeft de oudere vorm vaak een meer gespeciali- seerde betekenis gekregen (zo denken we bij *broeder* toch in eerste instantie aan een ziekenbroeder of aan een kloosterling).

De 'plechtige' of eerbiedige klank heeft er ook voor gezorgd dat *vader* en *moeder* bewaard bleven. De vorm *vaar* is zelfs weer bijna helemaal verdwenen en bestaat hooguit nog in samenstellingen als *bestevaar* en *praatvaar*, terwijl het woord *moer* voor 'moeder' een nogal platte betekenis kreeg en niet tot de standaardtaal doordrong. Maar in de vaktaal van imkers is *moer* wel het woord voor de bijenkoning- in, en ook de *moer* van een schroef dankt haar naam aan een ouder *moederschroef* (de schroef zelf heette dan *va(d)erschroef*). In deze gevallen heeft dus juist de kortere vorm een meer specialistische betekenis gekregen.

In een aantal dialecten (en in het Nederlands van de hoogste kringen) is de *d* niet helemaal verdwenen, maar veranderde de klank in een *j*. Voorbeelden daarvan zijn *bojempie, rajen, poejer* en *broejen*. In de standaardtaal vinden we bijvoorbeeld *glijen* naast *glijden*. In deze gevallen blijft het aantal lettergrepen in het woord dus onveranderd. De technische term voor het wegvallen van een klank of lettergreep uit een woord is *syncope*.

In het paar *hupér* / *over* zien we dat in het Nederlands de Germaanse *b* (vergelijk Duits *über*) tot een *v* werd. In dit geval nam ook het Engels aan deze ontwikkeling deel.

In *octo* / *acht* is te zien dat de Germaanse *ch* in het Nederlands bewaard is gebleven wanneer hij voor een *t* staat. Verder zien we hier een belangrijke verandering op het gebied van de klinkers, die uiteraard net zo belangrijk zijn als de medeklinkers. Dezelfde klinkerverandering vertoont ook *varken*. De regel luidt dat een PIE *$\ŏ$ (korte *o*) in het (Proto-)Germaans een *$\ă$ (korte *a*) werd. In het Nederlands werd in sommige gevallen die korte *a* vervolgens lang, zoals in de riviernaam *Maas*. De Romeinen kende deze rivier nog als *Mŏsa* (dus met een korte *o*), wat meteen een indicatie is dat zij hem niet via een Germaanse taal leerden kennen.

Nog een interessant gegeven bij deze naam, is dat de Romeinen nog een andere rivier aantroffen die zij *Mŏsella* noemden, 'Maasje'. Deze rivier kennen wij als de *Moezel*, waarbij de korte *o* dus nooit *a* is geworden. Dit betekent dat het Germaans op zijn weg naar het zuiden de Moezel pas bereikte toen deze klankwet niet meer werkzaam was (en alle woorden binnen het bereik van die wet deze klankverandering dus al hadden ondergaan). Ook *Meuse*, de Franse naam van de Maas, gaat terug op de vorm zonder Germaanse klinkerverandering. Verschillen zoals deze tussen *Maas* en *Moezel* vertellen dus ook iets over de verbreiding van het Germaans naar het zuiden.

Als om de zaak ingewikkeld te maken, veranderde de oude (IE) *$\bar{a}$ (lange *a*) in het Germaans in een *$\bar{o}$ (lange *o*). Dat zien we bijvoorbeeld in de riviernaam *Donau*, afkomstig uit een ouder (Keltisch) *$D\bar{a}novios$. Een ander voorbeeld is *broeder*, dat teruggaat op een Proto-Germaans *$br\bar{o}ther$ < *$b^hr\bar{a}ter$- (het PIE had geen *a*, en dit is dus een vorm die ergens tussen PIE en Proto-Germaans in zit).

Ten slotte hebben we nog het voorbeeldenpaar *amphi* / *om*. Om dat te begrijpen, moeten we weten dat in het PIE de klanken *m, n, l* en *r* op zichzelf een lettergreep konden vormen (zij zijn *syllabisch*, d.w.z. lettergreep-vormend). In sommige talen kan dat nog steeds, zoals bijvoorbeeld te zien is in de naam van het Joegoslavische eiland Krk. In de meeste Indo-europese talen ontwikkelden deze lettergrepen echter een klinker, en die kon zowel voor als na de medeklinker komen. In het Germaans werden deze lettergrepen *um, un, ul* en *ur*, en in het Nederlands werd die Germaanse *u* ('oe') een *o*. Het voorzetsel *om* (Duits *um*), komt uit een ouder (Middelnederlands) *ombe*, en dat uiteindelijk weer uit PIE *Cmb^hi. (De hoofdletter C staat hier voor *consonant* (medeklinker). Het teken wordt gebruikt wanneer de betreffende medeklinker onbekend is of - zoals hier - niet ter zake doet. Voor een klinker wordt in een dergelijke situatie de hoofdletter V (*vokaal*) gebruikt.)

Nog een andere belangrijke klinkerverandering waarmee we te maken hebben, heeft niet in alle Germaanse talen plaatsgehad, maar wel in onder andere het Nederlands. Dat is de verandering van een Proto-Germaanse $*\bar{e}$ (lange *e*) naar een $*\bar{a}$ (lange *a*). We zien dit bijvoorbeeld in het woord *maand*, dat verwant is aan het Latijnse *mēnsis*. Een ander voorbeeld is het paar *waar* / *vērus*.

Een laatste belangrijke verandering is veel moeilijker te zien, maar is wel bepalend voor het uiterlijk van de Germaanse talen. In het PIE kon het accent op elke lettergreep van een woord liggen. De plaats ervan werd bepaald door de betekenis en de grammatica. Bij de overgang van PIE naar Germaans kreeg het accent een vaste plaats op de eerste lettergreep van het woord. In de moderne Germaanse talen is dit nog steeds zo, al moeten we er rekening mee houden dat voorvoegsels vaak zijn uitgezonderd (zoals *be-* in 'bekijken' en *ge-* in 'gehoord') en dat leenwoorden uit andere talen vaak hun eigen accent behouden.

Een gevolg van dit sterke accent op de eerste lettergreep is dat in het Germaans de rest van het woord zwakker werd uitgesproken. Daardoor gingen de uitgangen van woorden 'slijten', waarbij zij eigen specifieke veranderingen ondergingen. Ook verdween soms de lettergreep die direct na het accent kwam (syncope).

In het PIE kon de betekenis van een woordstam worden aangepast door volgens vaste regels de klinker te verwisselen. Zo bijvoorbeeld PIE $*g^w m$- / $*g^w \breve{o}m$- voor 'komen' / 'kwam' (het liggende streepje aan het eind geeft aan dat er ook nog een uitgang was, die in deze reconstructie niet is weergegeven). Na het voorgaande kunnen we beredeneren dat dit in het Proto-Germaans $*k^w um$- / $*k^w am$- werd. De syllabische *m* werd immers *um*, terwijl de korte *o* in een korte *a* veranderde. In de verdere ontwikkeling naar het Nederlands maakte het voor de beginmedeklinker verschil of de volgende klinker gevormd werd met ronde lippen (zoals de *u*, die klonk als *oe*) of niet (zoals de *a*). Vandaar het uiteindelijke verschil tussen *kom*(en) (met *k*) en *kwam* (met *kw*).

Datering

Wanneer we al deze kennis willen gebruiken om meer te weten over de oude taalsituatie in de Nederlanden, is er natuurlijk nog een belangrijke vraag die overblijft: Wanneer vonden deze veranderingen plaats?

Helaas weten we dat niet precies. Daarvoor ontbreken immers de bronnen. Toen de Romeinen begonnen Germaanse namen en woorden op te tekenen, lijkt in elk geval de Germaanse klankverschuiving al te hebben plaatsgevonden. Of dat toen al lang was geleden, is onduidelijk. Romeinse teksten bevatten in een aantal gevallen nog 'onverschoven' vormen naast vormen waarin de klankverschuiving wel zichtbaar is. Taalkundigen verklaren dit echter nogal eens door de gebrekkigheid van het Latijnse schrift, doordat de Romeinse schrijvers de oudere vorm van het woord zouden (her)kennen, of door invloed vanuit het Keltisch op de Romeinse spelling. Daarmee verliezen die onverschoven vormen hun bewijskracht voor een recente datering van de Germaanse klankverschuiving. En dat terwijl zij voor ons verhaal nu juist wel van groot belang zouden kunnen zijn, mits we deze onverschoven vormen zouden kunnen accepteren als een weergave van de werkelijke uitspraak van die woorden.

Voor de datering van het begin van de klankverschuiving valt alleen maar te gissen. Er is wel betoogd dat dit niet eerder kan hebben plaatsgevonden dan de vijfde eeuw voor Christus, maar het bewijs daarvoor is mager. Na al het voorgaande is de redenering die aan deze datering ten grondslag ligt wel te begrijpen. Het gaat om het woord *hennep*.

Aangenomen wordt dat *hennep* (Duits *Hanf*, Proto-Germaans **hanap-*) een leenwoord is uit het Thracisch, een taal die in de Klassieke Oudheid werd gesproken aan de noordwestelijke oevers van de Zwarte Zee. Dat de Grieken hetzelfde woord ook van de Thraciërs leenden, wordt bericht door de Griekse historicus Herodotus (ongeveer 490-425 voor Christus). De vorm waarin de Grieken het woord leenden (en die veel later door ons ook weer werd geleend), is *kannabis*. Het leenwoord heeft meegedaan aan de Germaanse klankverschuiving (*k* > *h* ; *b* > *p*) en moet dus zijn geleend voordat die verschuiving plaatsvond. En iedereen neemt aan dat die ontlening niet eerder zal hebben plaatsgevonden dan bij de Grieken, en dus in de vijfde eeuw voor Christus.

Voorzichtiger onderzoekers plaatsen de oudste fase van het Germaans, en dus de Germaanse klankverschuiving, in de 'tweede of eerste' eeuw voor Christus, en dus vlak voor de periode waarin de Germanen ook voor het eerst met de Romeinen in contact kwamen. Belangrijk is dat ook de oude Latijnse leenwoorden in het Germaans geen klankverschuiving meer ondergingen; we zeggen *kelder* en geen 'helder' (uit Latijn *cellarium*) en *keuken* in plaats van zoiets als 'heuchen' (of zelfs 'heun'; < Vulgair Latijn *cocina*). Toen deze woorden werden geleend was dus de Wet van Grimm niet langer werkzaam. Wanneer dat precies was, blijft daarmee onduidelijk omdat we deze leenwoorden niet exact kunnen dateren. Eerder dan de eerste of de tweede eeuw na Christus zal het in elk geval niet zijn geweest.

Pas rond het begin van onze jaartelling zou dan ook de vastlegging van het accent op de eerste lettergreep tot stand zijn gekomen, en had het Proto-Germaans volledig vorm gekregen. Daarna ontstonden binnen die taal lokale varianten (dialecten) en in de vroege middeleeuwen, zo vanaf de vijfde eeuw (ofwel vanaf het einde van de Romeinse periode) begonnen de verschillende Germaanse talen zich zelfstandig te ontwikkelen.

Uit het bovenstaande blijkt al dat talen steeds weer invloeden van buitenaf ondergaan. Leenwoorden zijn daar een duidelijk voorbeeld van. Dergelijke contacten tussen talen onderling zijn voor taalkundigen vaak van groot belang, maar kunnen het de onderzoeker soms ook erg lastig maken. Woorden die niet uit een andere taal zijn geleend, maar die een taal rechtstreeks van zijn voorlopers heeft overgenomen, noemen we *erfwoorden*.

Dat ook de betekenis van een woord vrij radicaal kan veranderen, zagen we hierboven bij het verschil tussen Nederlands *zee* en Duits *See* 'meer'. Dit verschijnsel kon natuurlijk ver in de prehistorie ook al optreden, en dat kan het lastig maken de ontwikkeling van een woord te volgen. Een voorbeeld is het woord *beuk*. De Indo-europese erfwoorden die hieraan verwant zijn, betekenen alleen 'beuk' in het gebied waar die boomsoort daadwerkelijk voorkomt, dus in het noordwesten van Europa. Het Griekse woord *phegós* (in het Dorische dialect *phagós*) is de naam voor een soort eik, en in het Russisch betekent *buziná* 'vlier' (een struikachtige boom waar bessen aan komen). Om de verwarring nog groter te maken, heeft het Iraans (Koerdisch) een woord *buz* voor de boomsoort 'olm, iep'. En hoewel het Iraans een Indo-europese taal is, en dit woord zowel qua vorm als qua betekenis lijkt op *beuk*, is het toch niet verwant aan de andere genoemde woorden.

Voorbeelden

Ter illustratie van al het voorgaande bekijken wij nu de ontwikkeling van enkele Nederlandse woorden in detail. Het onderdeel van de taalkunde dat zich daar specifiek mee bezighoudt, heet *etymologie*. Daarnaast wordt het woord 'etymologie' ook gebruikt voor de herkomst van een woord zelf - een woord heeft dus een etymologie (correcter zou zijn te zeggen dat een woord een etymologische verklaring heeft).

Dorp   Aan verwante vormen in andere talen kunnen we zien dat dit woord oorspronkelijk een syllabische *r* bezat. De overige medeklinkers zijn zonder problemen via de Wet van Grimm uit het PIE voortgekomen, en de reconstrueerbare vorm is dus PIE *trb-*. In andere Germaanse talen vinden we o.a. Duits *Dorf*, Engels *thorp* (alleen nog in plaatsnamen), Gotisch *thaurp* (echter met de betekenis 'akker'), Fries (en Nederlands) *terp*. Vergelijkbaar in andere talen zijn o.a. Wels (dus Keltisch) *tref*, Litouws *trobà* en Latijn *trabs* (dat 'balk' betekent).

De oudste betekenis van het woord zal 'woning, huis' zijn geweest. Dat was voor vrijwel iedereen een boerderij, en dat verklaart de afwijkende betekenis die het woord in het Gotisch kreeg. De betekenis 'balk' in het Latijn zal zijn ontstaan omdat een huis nu eenmaal van hout was, men woonde onder een (nok)balk.

Voet   < PIE *pōd-*. Hier zien we opnieuw dat volgens de Wet van Grimm de PIE *p* (via *f*, vergelijk het Engelse *foot*) een *v* werd, en de PIE *d* een *t*. In tegenstelling tot de hierboven besproken vormen als *octo* en *Mŏsa*, heeft PIE **pōd-* een lange *o*. Die bleef in het Proto-Germaans bewaard en ontwikkelde zich later tot een *oe*.

Beuk   < Proto-Germaans **bōkiōn* (met twee keer een lange *o*). De Germaanse lange *o* werd hier niet net als in *broer* en *voet* een *oe* door de invloed van de *i* (een j-klank) in de tweede lettergreep. Dit verschijnsel noemen taalkundigen met een Duits woord *Umlaut* (of nauwkeuriger *i-Umlaut*, een soort codewoord voor 'het veranderen van de klank door de invloed van een *i* die erop volgt'). Het woord *beuk* is overigens wel verwant aan *boek*, waarin de Umlaut dus niet heeft plaatsgevonden (omdat de uitgang daar geen *i* bevatte). Verder is *beuk* verwant aan het Latijnse *fagus* 'beuk' (en het Griekse *phegós*) en had het dus in het PIE een **bʰ* aan het begin.

   In zijn verslag van de Gallische Oorlogen geeft Julius Caesar als naam voor de Harz (een gebergte in Midden-Duitsland) *silva Băcēnis* (Latijn *silva* = 'woud'). Hierin vinden we de oude (IE) vorm **bʰāgo-* 'beuk' terug, maar zonder de klinkerverandering van lange *a* naar lange *o*. In latere teksten vinden we deze naam als *Bōcōnia*, met wel (twee keer) een lange *o*, maar in dat geval is de klankverschuiving *k* > *ch* weer niet in het schrift weergegeven. Nog later, in het Oudhoogduits, vinden we tenslotte *buoch-hunna*. Het is onzeker of dit alles betekent dat deze klinkerverandering moet worden gedateerd na de veldtochten van Caesar, die plaatsvonden rond 50 voor Christus. De vorm die hij noteerde kan namelijk ook Keltisch zijn. In dat geval mogen we natuurlijk aannemen dat degenen van wie Caesar de naam hoorde Kelten zijn geweest. Het Keltische woord voor 'beuk' was **bāgos*.

Aa   Deze naam, die door veel riviertjes wordt gedragen, is een oud woord voor water en is direct verwant aan het Latijnse *aquă*. In het Gotisch vinden we *ahwa* en het Proto-Germaans zal **achwa* hebben gehad. In het Nederlands verdwenen waarschijnlijk eerst de *ch* en daarna de *w*, waarna de twee klinkers samenvielen tot één lettergreep.

   Het Nederlandse *water* heeft eveneens een Indo-europese etymologie en is verwant met het Griekse *húdor* 'water' dat we bijvoorbeeld terugvinden in technische woorden die beginnen met *hydro-*. Een Latijnse verwant is *unda* 'golf', en het Sanskrit *undati* betekent 'opborrelen, bevochtigen'. Twee andere verwanten die iedereen met een andere betekenis kent zijn *wodka* en *whiskey*. Het Russische *vódka* betekent letterlijk 'watertje', en het Ierse *uisce* (dat in een Engelse spelling *whiskey* werd) betekent 'water'. Deze sterke drank heet eigenlijk *uisce-beatha* 'levenswater'.

   Een Nederlandse plaatsnaam waarin we de waternaam *Aa* goed herkenbaar terugvinden, is *Breda*. Die plaats ligt dus aan de 'brede Aa', en wel daar waar het riviertje de Aa (tegenwoordig officieel *Aa of Weerijs* genoemd, een samenvoeging van twee riviernamen) uitmondt in de Mark.

Vis   Hier helpt de oudere Nederlandse spelling *visch* om nog duidelijker te zien dat dit woord verwant is aan Latijn *piscis* 'vis'. Ook het PIE had **pisk-*. In enkele Westvlaamse dialecten is de uitspraak nog steeds *visch*, met de *sch* van *school*.

Tot slot een plaatsnaam:

Roeselare (O-Vl), vinden we in 821 voor het eerste vermeld als *Roslar*. Het betekent 'moerassig bos (*laar*) dat met riet is begroeid'. Het element *ros* 'riet' kennen we ook uit het Gotisch (*raus* 'riet').

Dit laatste voorbeeld is tevens nuttig omdat het illustreert hoe verraderlijk namen kunnen zijn. Er bestaat namelijk in West-Vlaanderen ook een *Roesbrugge*, en die naam betekent niet 'brug door het riet'. In twaalfde-eeuwse oorkonden vinden we deze naam vertaald in het Latijn als *Ponte Rohardi*, en daaruit blijkt dat in dit geval het element *roes* het restant is van een persoonsnaam. De naam betekent dus 'Rohards brug'. De Germaanse vorm van de persoonsnaam zou **Hrodhard* zijn geweest (met Proto-Germaans **hr-* < PIE **kr-*). Een plaatsnaam waarin we dan weer wel het oude woord voor 'riet' aantreffen is *Roubaix*, de Noordfranse stad die in het Nederlands *Robeke* heet. Zowel de Franse als de Nederlandse vorm gaat terug op een oudere Germaanse vorm **Rausa-baki-* 'rietbeek'.

b. Keltisch

Waar en wanneer

In de (late) ijzertijd werd Keltisch gesproken in een groot deel van Europa. We onderscheiden daarbij een aantal 'dialecten' die over het algemeen nog erg dicht bij elkaar stonden. Het best bekend van die dialecten is het *Gallisch*, de Keltische taal van het gebied dat de Romeinen *Gallia* (Gallië) noemden en dat voor een groot deel samenvalt met het huidige Frankrijk. Het Keltisch dat we in de Nederlanden aantreffen, vormde naar we mogen aannemen de meest noordelijke uitloper van dit Gallisch.

De oudste Gallische inscripties in Frankrijk ontstonden in het gebied rond de Griekse kolonie *Massilia* (Marseille) en zijn geschreven met Griekse letters. Zij dateren uit de derde tot de eerste eeuw voor Christus. Na de inlijving van Gallië in het Romeinse rijk ontstonden inscripties in het Latijnse schrift die vooral worden aangetroffen in het centrale deel van Frankrijk. De laatste Gallische inscripties in Latijns schrift dateren vermoedelijk uit de vijfde eeuw na Christus. In diezelfde vijfde eeuw lijkt de taal te zijn uitgestorven. In het Gallisch zijn enkele behoorlijk lange inscripties overgeleverd, waardoor deze taal redelijk goed bekend is.

De alleroudste Keltische inscripties komen niet uit Gallië maar uit het noorden van Italië. Daar, rond het meer van Lugano, vestigden zich al vroeg Kelten die de Alpen waren overgetrokken. Het aantal Keltische inscripties in dit gebied is weliswaar gering en ze zijn allemaal erg kort, maar de oudste ervan dateren mogelijk al uit de zevende eeuw voor Christus. Aangezien de taal in deze inscripties duidelijk Keltisch is, moeten de oudste klankontwikkelingen in het Keltisch ouder zijn dan de zevende eeuw voor Christus. Deze taal kreeg de naam *Lepontisch*. Naast het Lepontisch komen in deze zelfde streek en in de Po-vallei ook enkele inscripties in het Gallisch voor.

De langste Keltische inscripties werden tot nu toe in Spanje gevonden. Zij komen uit het centrale hoogland ten noorden van Madrid en dateren uit de derde tot de eerste eeuw voor Christus. Een inscriptie die hier in oktober 1992 werd ontdekt, en waarvan het onderzoek nog niet is afgesloten, lijkt enkele honderden woorden te omvatten en is daarmee absoluut de langste in enige Keltische taal. De taal van deze teksten wordt *Kelt-iberisch* genoemd.

Een extra probleem bij de interpretatie van veel van deze inscripties is dat zij zijn geschreven in vreemde schriftsoorten. We zagen al dat een deel van de Gallische inscripties in Griekse letters is geschreven. Die in Italië zijn gesteld in een schrift dat is afgeleid van het Etruskische schrift, de Kelt-iberische in inheemse Spaanse (Iberische) schriftsoorten. Dat maakt de juiste interpretatie er natuurlijk niet eenvoudiger op.

Voor het Keltisch dat in Zuid-Duitsland, in Bohemen, in Hongarije en in de Alpenlanden werd gesproken, rest ons niet veel meer dan het schaarse materiaal zoals we dat ook uit de Nederlanden kennen en dat we verderop uitvoerig zullen bespreken. Het zijn in hoofdzaak namen.

Het meest afgelegen Keltisch-talige gebied was in de oudheid het centrale hoogland van Anatolië; de streek rond Ankara in het huidige Turkije. Hier heeft een groep Kelten zich enkele eeuwen kunnen handhaven. Zij werden *Galaten* genoemd, en de Brief van Paulus aan de Galaten in het Nieuwe Testament herinnert nog aan hen. Van de taal van deze Galaten is nauwelijks iets overgeleverd. Enkele namen van personen die in Klassieke bronnen worden genoemd, vormen de hoofdmoot.

Al deze Keltische talen op het vasteland van Europa en in Klein-Azië zijn uitgestorven. Alleen op de Britse Eilanden gebeurde dat niet. In Groot-Brittannië werd tot in de Romeinse periode een Keltische taal gesproken die taalkundigen *Brits* noemen en die zoveel op het Gallisch moet hebben geleken dat we wel van dialecten mogen spreken. Later, onder invloed van de volksverhuizingen, werd deze taal naar de westelijke uithoeken van het eiland teruggedrongen. Daar ontwikkelden zich uit dit Brits het *Wels* in Wales en het *Cornisch* in Cornwall (dat rond 1800 eveneens is uitgestorven). Ook het *Bretons* in Bretagne ('Klein-Brittannië') is een afstammeling van het Brits. Door emigratie van de sprekers kwam het in deze Westfranse streek terecht. Twee noordelijke afstammelingen van het Brits, het *Cumbrisch* in Noord-Engeland en het *Pictisch* in Schotland, stierven al vroeg in de middeleeuwen uit.

Picten

De Picten in Schotland hebben historici en taalkundigen lang voor grote problemen gesteld. In de vroege middeleeuwen hadden zij een eigen koninkrijk dat rond 845 opging in het Ierse koninkrijk dat zich vanuit het oosten over Schotland uitbreidde. In het Latijn van die tijd werden de Ieren *Scoti* of *Scotti* genoemd, en aan deze 'kolonisatie' dankt *Schotland* dan ook haar huidige naam. De historische bronnen over de Picten zijn uiterst schaars en weinig informatief.

Daarnaast lieten de Picten een (vrij klein) aantal inscripties na, op stenen monumenten die vaak ook afbeeldingen in reliëf dragen. De interpretatie van deze inscripties - en van de monumenten in hun geheel - is echter zo lastig dat lang werd aangenomen dat de gebruikte taal niet Indo-europees zou zijn. Recent onderzoek vanuit zowel de archeologie als de taalkunde en de geschiedenis, heeft er echter toe geleid dat we nu aannemen dat de Picten noordelijke Britten waren. (Zie hierover Katherine Forsyth, *Language in Pictland. The case against 'non-Indo-European Pictish'*. Studia Hameliana 2. Utrecht, 1997.)

In Ierland, dat nooit door de Romeinen werd veroverd, bleef het Keltisch eveneens bewaard. Daar bleef ook de samenleving grotendeels onaangetast door de romanisering. Ierland is daardoor een belangrijk land om inzicht te krijgen in allerlei aspecten van het oude Keltendom die elders door de romanisering zijn verdwenen. Met de volksverhuizingen kwam het Iers ook naar Schotland, waar nu nog door enkele tienduizenden mensen een dialectische variant van het Iers wordt gesproken. In Ierland is het Iers (ook *Gaelic* of Gaelisch genaamd) officieel de eerste taal van de republiek. De meeste mensen spreken er echter Engels als moedertaal en leren het Iers als een verplicht schoolvak. Het aantal echte moedertaalsprekers van het Iers is tegenwoordig zeer gering en geografisch beperkt tot een aantal afgelegen gebieden die voornamelijk in het westen van het eiland liggen.

Omdat vooral het Iers en het Wels nog levende talen zijn, met een rijke en erg oude literaire traditie, zijn deze talen van groot belang bij de bestudering van het Keltisch in het algemeen. We zullen dan ook regelmatig het Iers of het Wels te hulp roepen om de betekenis van oude Keltische (Gallische) woorden te verduidelijken.

De Keltische talen

We mogen aannemen dat het Proto-Keltisch zich ontwikkelde in een gebied juist ten noorden van de centrale Alpen. Hier bevonden zich in de bronstijd de zogenaamde *Urnenveldculturen*, die in archeologisch opzicht de voorlopers vormen van de Hallstatt-cultuur. Later verbreidde het Keltisch zich vanuit dit gebied over grote delen van Europa, tot op de Britse Eilanden, en tot in centraal Anatolië. We bezitten echter voor de lokalisering en datering van het Proto-Keltisch geen enkele feitelijke informatie zodat hierover ook geen zekerheid kan bestaan.

In de historische tijd overleefde het Keltisch alleen in een aantal gebieden op de Britse Eilanden en in Bretagne. Deze talen worden samen wel *Eilandkeltisch* genoemd, tegenover het (oudere) *Vastelandkeltisch* (of *Continentaal Keltisch*) op het Europese vasteland. Strikt taalkundig bezien is deze indeling niet erg zinvol. Over de verschillende Keltische talen van het vasteland beschikken we over bronnen (inscripties en overgeleverde namen) uit de periode die we protohistorie kunnen noemen.

Van de volgende vastelandkeltische talen weten we genoeg om ze tenminste van een naam te kunnen voorzien: het *Lepontisch*, het *Kelt-iberisch*, het *Gallisch*, inclusief Gallisch in Noord-Italië (zogenaamd *Cisalpijn Gallisch*), en het *Galatisch*.

Op de Britse Eilanden noemen we de oudst bekende Keltische talen *Goidelisch* ('Iers') en *Brits* (of *Brittannisch*). Het Goidelisch wordt wel gezien als een aparte afsplitsing van het Proto-Keltisch die rechtstreeks vanuit Frankrijk (en Noord-Spanje?) in Ierland terecht kwam. De oudste fase waarin we documenten hebben, noemen we *Primitief Iers*. Het betreft in hoofdzaak inscripties op stenen monumenten in een eigen schrift dat *ogham* heet (vandaar ook de term *Ogham-Iers*). De oudste van deze inscripties dateren al uit de vierde eeuw na Christus. Later vinden we ook inscripties in dit *ogham*-schrift op andere plaatsen waar Ieren zich vestigden: in Schotland, op het Eiland Man, in het noordwesten en het zuidwesten van Wales en in het zuidwesten van Engeland (Devon en Cornwall). Het resultaat van deze 'kolonies' is geweest dat uiteindelijk ook Schotland en het Eiland Man Ierstalig werden.

Het volgende stadium waaruit enkele teksten zijn overgeleverd, noemen we *Archaïsch Iers*. In taalkundig opzicht is echter het *Oudiers* belangrijker, omdat we deze taal goed kennen. Het Oudiers dateert van het begin van de achtste tot het midden van de tiende eeuw. Daarna spreken we tot de late dertiende eeuw van *Middeliers* gevolgd door *Modern Iers*. In beide taalvormen zijn grote hoeveelheden tekst in alle mogelijke genres overgeleverd. De huidige Keltische talen van Schotland en het Eiland Man ontstonden als dialecten van het Iers en zijn zich daarvan in hun geschreven vorm pas na de middeleeuwen gaan onderscheiden.

Het aantal sprekers van deze talen is tegenwoordig erg gering, ondanks dat het Iers in Ierland officieel de eerste taal van de republiek is en iedereen de taal op school moet leren. Op het Eiland Man zijn er zelfs helemaal geen moedertaalsprekers meer, maar wordt de taal sinds kort wel als keuzevak op scholen onderwezen. Ook het Schots-Gaelisch wordt als facultatief vak op een aantal scholen onderwezen.

Het *Brits* was erg na verwant aan het Gallisch (de wetenschappelijke discussie hierover, evenals over de precieze relatie tot het Goidelisch, is in volle gang). Het hield al eerder dan het Goidelisch op een eenheid te vormen. Met de invallen van Germaanse stammen uit het Noordduitse en Deense kustgebied (de zogenaamde *Angelsaksen*) raakten verschillende groepen Britten van elkaar gescheiden. Hun dialecten gingen al snel daarna elk hun eigen weg. Uit een Zuidwest-Brits dialect ontwikkelden zich het *Cornisch* in Cornwall, waarvan de laatste moedertaalsprekers kort voor 1800 overleden (en dat nu sinds een eeuw een bescheiden heropleving beleeft), en het *Bretons* in Bretagne. De sprekers van deze laatste taal migreerden dus vanuit het zuidwesten van Engeland (en van Wales?) naar het westen van

Frankrijk. Teksten hebben we in deze talen pas vrij laat uit de middeleeuwen, maar het Bretons kent wel een bloeiende moderne literatuur (en ruw geschat een half miljoen sprekers).

Een noordelijker West-Brits dialect ontwikkelde zich tot het Wels. In de vroege middeleeuwen werden varianten hiervan ook in Noord-Engeland (*Cumbrisch*, in Cumbrië) en in Zuid-Schotland gesproken. Of ook het Pictisch van het Brits afstamt, of dat we Brits en Pictisch eventueel naast elkaar moeten zien, is nog onduidelijk.

Het Wels bezit, net als het Iers, een erg oude literatuur die terugreikt tot het einde van de zesde eeuw. Verder kennen we uit Wales ook een aantal archaïsche inscripties die al uit de late vijfde tot in de zevende eeuw dateren en waarvan we de taal *Archaïsch Wels* noemen. Het Modern Wels is een levende taal met ongeveer een half miljoen sprekers en een bloeiend cultureel leven. De naam voor de taal is afgeleid van het Oudengelse *wealas* 'vreemdeling, buitenlander' en duidt oorspronkelijk op iemand die een onverstaanbare taal spreekt (vergelijk ook *Waal(s)* en *Wallonië*). In het Wels zelf heet de taal *Cymraeg* (en het land *Cymru*). In oudere Nederlandse boeken is de hiervan afgeleide vorm *Kymrisch* nog tamelijk gangbaar, tegenwoordig spreekt echter iedereen van *Wels*, vaak met de Engelse spelling en uitspraak *Welsh*.

Zoals al opgemerkt, hebben we in de Nederlanden eigenlijk alleen te maken met het Gallisch en met inscripties in Latijnse letters. Daar komt bij dat uit onze streken geen enkele echt Keltische inscriptie bekend is. Een mogelijke uitzondering is de kort geleden ontdekte inscriptie uit Baudecet, in de buurt van Namen in België, die aan het slot van dit boek uitvoeriger wordt besproken. Hetzelfde geldt overigens ook voor het Germaans. Het materiaal waarmee we moeten werken zijn losse namen van personen, goden, en plaatsen die door klassieke auteurs worden genoemd of die voorkomen in Latijnse inscripties.

Kenmerken

Het Keltisch heeft geen grote algehele klankverschuiving zoals de Germaanse ondergaan. De klankstructuur van Keltische woorden lijkt daardoor nog veel meer op die van het PIE, en bijvoorbeeld ook van het Latijn. Toch zijn er belangrijke veranderingen aan te wijzen die het Keltisch kenmerken. De meest opvallende is het feit dat in het Keltisch de PIE *p is verdwenen. Zo vinden we de tegenhanger van Latijn *pater* 'vader' in het Oudiers als *athair* en hebben we Gallisch *atrebo* 'aan de vaders'. Ook algemeen Keltisch is de klankverandering PIE *g^w- > b-. Deze ontwikkeling is bijvoorbeeld zichtbaar in het woord voor 'koe': Oudiers *bó* < Keltisch *$bous$ (klonk als 'bows'). Voor het PIE kunnen we daar Sanskrit *gaús* of Lets *gùovs* naast zetten, evenals natuurlijk Nederlands *koe*. (Het Latijn onderging hier dezelfde ontwikkeling en heeft *bōs*, *bōvis*.)

Verder werd het PIE systeem van medeklinkers in het Keltisch drastisch vereenvoudigd doordat de twee reeksen *b, d, g* en *b^h, d^h, g^h* (en *g^{wh}*) samenvielen in *b, d, g*. De ontwikkeling van de PIE syllabische medeklinkers (*m, n, l, r*) lijkt al erg vroeg dialectvariaties te hebben gekend. In het Gallisch, waarmee we hier het meest te maken hebben, was *am, an, al, ar* het normale resultaat (maar in bepaalde situaties ook *li* en *ri*). Een voorbeeld is het voorvoegsel *ambi* 'rondom', dat verwant is aan Grieks *amphi* en Nederlandse *om* (uit Middelnederlands *omme* < *ombe*).

Ook enkele klinkers ondergingen typerende veranderingen. Zo werd de PIE *ē* in het Keltisch *ī*, en veranderde PIE *ō* in *ā* (behalve in de laatste lettergreep van een woord, daar werd hij *ū*).

Een andere typische klank vinden we in Keltische inscripties vaak weergegeven door het letterteken X (in sommige inscripties staat XS). Dat staat dan voor een klank *chs* zoals in 'lachspier'. Een veel voorkomend woord waarin we deze klank vinden is Gallisch *rīx* 'koning' (dus met een lange *i*; vergelijk Latijn *rēx, rēgis*, 'koning'). In het Gallisch maakt dit woord vaak deel uit van persoonsnamen: *Vercingetorix, Biturix, Dumnorix*. (De moderne naam van de stripheld *Asterix* is hier natuurlijk door geïnspireerd, maar net als bij veel andere namen in deze verhalen is hier een grapje uitgehaald: *asterisk*, van Latijn *asteriscus*, betekent namelijk 'sterretje', ofwel: *.)

Het accent lag in Gallische (en in Britse) woorden steeds op de voorlaatste lettergreep. (Er zijn ook aanwijzingen voor een Gallisch accent op de voor-voorlaatste lettergreep, ook hierover bestaat nog discussie.) Als gevolg daarvan werden de klinkers in lettergrepen voor het accent (en soms ook in de laatste lettergreep) minder duidelijk uitgesproken, waardoor zij soms konden veranderen. In het laat-Gallisch kon het zelfs gebeuren dat de hele lettergreep voor het accent werd 'ingeslikt', terwijl ook de uitgangen die na het accent kwamen aan 'slijtage' onderhevig waren. Vergelijkbare verschijnselen van 'slijtage' vonden ook plaats in het Latijn zoals dat in het westen van het Romeinse rijk werd gesproken en vanaf de vierde en vijfde eeuw ook werd geschreven.

Voorbeelden

Om dit alles te verduidelijken volgen hier nog enkele voorbeelden. Voor het Germaans konden we daarbij uitgaan van Nederlandse woorden, maar dat kan hier natuurlijk niet. Wel kunnen we proberen de voorbeelden zoveel mogelijk te laten aansluiten bij wat volgt.

Rīx 'koning' zagen we al. Het woord is als leenwoord in het Germaans terecht gekomen, en wij kennen het in het Nederlands als (konink)*rijk*. Het lijkt erop dat dit woord niet zonder meer als begrip van de Kelten werd geleend, maar dat de Germanen het in eerste instantie overnamen als een element waarmee persoonsnamen konden worden gemaakt. Net zoals veel namen van Keltische aanvoerders eindigen op *-rix*, zo vinden we in de late Romeinse tijd en in de middeleeuwen dan ook veel Germaanse namen op *-rik*: *Theoderik* (> Diederik, later verkort tot Dirk), *Childerik, Ermanarik*, en bijvoorbeeld ook de nog steeds gangbare naam *Hendrik* (verkort tot Henk).

Een ander Keltisch leenwoord in het Germaans dat uit dezelfde 'politieke' sfeer stamt, is Gallisch **ambaktos* 'volgeling, dienaar'. Vergelijk Nederlands *ambt* en *ambacht*.

De beroemdste Gallische vorst met een naam op *-rix* is *Vercingetorix*, de aanvoerder die er enige tijd in slaagde om de opmars van Julius Caesar te stuiten. Zijn naam bestaat uit een drietal elementen, die we moeten scheiden als *ver-cingeto-rix*. Het laatste element kennen we nu dus, het betekent 'koning'. Het eerste element is een vaak voorkomend voorvoegsel dat verwant is aan het Griekse voorzetsel *hupér*, dat we bij de behandeling van het Germaans al tegenkwamen en dat overeenkomt met Nederlands *over* (en met Latijn *sŭper*). In het Keltisch verdween de *p* en werd vervolgens de oorspronkelijke *oe*-klank (die hier werd geschreven als *u*) een *w*. In het Latijnse schrift werd deze *w*-klank dan weer geschreven met de letter V. Het element dat dan nog overblijft wordt in verband gebracht met het Oudierse *cingid* '(hij) stapt' of '(hij) gaat'. *Vercingetorix* betekent dus zoiets als 'hoge (of 'over'-)koning van de mannen die gaan' ofwel 'opperkoning van de aanvallers'. Een andere en wellicht betere mogelijkheid biedt Oudiers *cing* (een t-stam) dat 'held' betekent en dus een betekenis als 'superheld-koning' oplevert. Een kortere variant van de naam komt ook voor: *Cingetorix* 'koning van de aanvallers' of 'held-koning'.

In Nederland vinden we ditzelfde element in de naam van een man die in Zeeland een altaar opdroeg aan de godin Nehalennia. Hij was een zouthandelaar uit Keulen en heette Marcus Exgingius Agricola. Het drievoudige karakter van deze naam is typisch Romeins, maar de tweede naam *Exgingius* is Keltisch. Weer een variant ervan, kennen we in het Gallisch (en in Grieks schrift) als *Eskiggoreix*. De betekenis lijkt 'uitzonderlijke held' te zijn.

Om nog even bij Oudiers *cingid* te blijven, is het aardig erop te wijzen dat een Gallische verwant daarvan (vergelijkbaar met Oudiers *céimm* 'het gaan, het stappen') voortleeft in het Franse woord *chemin* 'weg'. Het Latijn dat in Gallië werd gesproken, had een 'Gallisch accent' en bevatte een vrij groot aantal Gallische woorden, waarvan dit **cammino-* er één was.

Een ander voorbeeld dat ons meteen naar Nederland brengt, is de plaatsnaam *Heerlen*. De oudste bekende vorm van die naam is *Coriovallum*. Het eerste deel hiervan, *corio-*, is Keltisch en betekent 'leger(troep)' (Oudiers *cuire*, Wels *cordd*). Het tweede deel is wat onduidelijker en is wel voor een leenwoord uit het Latijn gehouden (Latijn *vallum* = '(verdedigings)wal; beschutting'). Andere onderzoekers veronderstellen dat ook het Gallisch een woord **vallo-* 'wal' bezat. Desondanks geeft de betekenis van het geheel geen enkel probleem: Coriovallum = 'plaats van de (leger)troepen'. Doordat deze naam ons uit de Romeinse tijd is overgeleverd, en de vorm geen Germaanse klankontwikkelingen laat zien, mogen we aannemen dat Coriovallum Keltisch is. Soortgelijke namen vinden we in Gallië, zoals bijvoorbeeld *Petro-corii* 'bij de vier legertroepen' (> *Périgord*) en *Tri-corii* 'bij de drie legertroepen' (> *Troyes*; en ook *Tréguier* in Bretagne).

De moderne naam Heerlen is niet ontstaan uit Coriovallum, maar uit de Germaanse variant van die naam die vrijwel zeker ook al ten tijde van de Romeinen bestond naast de Keltische naam. Wie het voorgaande over het Germaans goed heeft gelezen, begrijpt dat deze Germaanse naam eruit moet hebben gezien als **Hariavallom*.

De uitgangen waarmee we deze namen kennen, zijn vrijwel steeds de Latijnse naamvallen. Dat komt omdat deze namen in Latijnse teksten zijn overgeleverd en daarbij aan de grammatica (en soms ook aan de spelling) van het Latijn werden aangepast. In de gereconstrueerde vormen met een sterretje kunnen we natuurlijk de Keltische of Germaanse uitgangen invullen. Wanneer dat om wat voor reden dan ook niet gebeurt, kunnen we bijvoorbeeld **Hariavallo-* schrijven. Het streepje laat dan zien dat er nog een uitgang dient te volgen om het woord compleet te maken.

Dat **haria* later *heer* werd (vgl. het Duitse *Heer* 'leger', en de archaïsche Nederlandse woorden *heerschaar* en *heerweg*), komt door de j-klank in de tweede lettergreep die i-Umlaut tot gevolg had. De *a* in de eerste lettergreep veranderde daardoor in een *e*. De oude Germaanse vorm vinden we ook terug in de naam van de Bataafse aanvoerder *Chariovalda* 'legerheerser'.

Dat één plaats in twee verschillende talen twee namen heeft, is niet zo vreemd als het lijkt. Bij belangrijke plaatsen is dat vaak nog steeds zo, denk maar aan Paris / Parijs, London / Londen / Londres, Lisboa / Lissabon en Milano / Mailand / Milaan. Ook voor plaatsen die in de buurt van een (taal)grens liggen of waar veel buitenlanders komen, is dit fenomeen niet ongebruikelijk. We zagen al Robeke / Roubaix in Frans-Vlaanderen. In dezelfde streek vinden we ook bijvoorbeeld nog Rijsel / Lille. Andere voorbeelden zijn Luik / Liège / Lüttich, Aken / Aachen / Aix-la-Chapelle, Tienen / Tirlemont, en aan de kust Vlissingen / Flushing.

Vrijwel zonder uitzondering gaan dergelijke naamparen terug op één 'oervorm'. Voor *Rijsel / Lille* is dat de oorspronkelijk Latijnse naam *Insula* '(rivier)eiland'. Later groeide daar het lidwoord aan vast: Frans *l'Ile*, Nederlands *ter IJsel*. Voor Heerlen ligt het voor de hand aan te nemen dat de vorm *Coriovallom* de oudste is, en dat daaruit zowel de Keltische (zonder uiterlijke verandering?) als de Germaanse vormen zijn ontstaan.

Nog een laatste voorbeeld is de Gallische stamnaam *Arverni*, die teruggaat op een ouder *ari-verni* (stamnamen staan steeds in het meervoud, het enkelvoud is *ari-vernos*). De naam leeft voort in de naam van de Franse streek *Auvergne*, en in Zuidfranse dialecten is ook het hoofdwoord blijven bestaan: *vergne*, *verne* 'els'. De els is een boomsoort die bij voorkeur in een natte omgeving groeit, aan de oevers van riviertjes en meren. In het Iers heet dezelfde boomsoort *fern* en in het Wels *gwern*. Beide vormen gaan direct terug op het oudere Keltische (en Gallische) *vernos*. Het eerste deel van de naam Arverni is het voorzetsel *ari(-)*, dat we in het Oudiers kennen als *air* 'voor (in tijd of van plaats)' en in het Wels als *ar* 'tegenover, voor'. Het is verwant aan het Nederlandse *voor* en het Griekse *pára*, waaraan we kunnen zien dat ook hier weer een PIE *p* is verdwenen.

De betekenis van Arverni zal zoiets zijn geweest als 'zij die bij de elzenbomen wonen', of ook wel 'zij die op natte grond, in een waterrijke omgeving wonen'. Dat in deze naam de *-i-* van *ari-* verloren ging, komt door de werking van het accent. In de meeste andere namen vinden we dit voorvoegsel ook als *are-*. De ontwikkeling was dus *ari-verni* > *are-verni* > *Arverni* (en later Frans > *Auvergne*). Hetzelfde voorvoegsel vinden we overigens ook in de oude naam voor (de inwoners van) Bretagne: *Armorica*, afgeleid van *ari-mori-ci* 'zij die voor (of aan) zee wonen'.

Het woordje *mori-* betekent 'zee' en is verwant met ons woord *meer*. In de Nederlanden vinden we het in *Morini*, de naam van een stam die ten tijde van Julius Caesar aan de kust woonde in Noord-Frankrijk en in het zuidwesten van het huidige Vlaanderen. De naam betekent 'die van de zee', 'zee-mensen'.

Geen leenwoord maar een woord dat zowel in het Keltisch als in het Germaans uit een oudere bron werd geërfd, is het woord voor 'hazel(aar)', opnieuw een boomnaam. Omdat verwante woorden buiten het Keltisch, het Germaans en het Latijn ontbreken, wordt dit woord geacht niet uit het Proto-Indo-europees te stammen. Het zal dus uit een ondertussen verdwenen andere taal afkomstig zijn. In het Nederlands kennen we *hazel* alleen in de samenstellingen *hazelaar* en *hazelnoot*. In het Duits staat de naam *Hasel* voor de boom, en verder kennen we bijvoorbeeld Engels *hazel* en Zweeds *hassel*.

In het Latijn heet deze boom *corylus* en met de wetenschap dat de Latijnse *-r-* tussen klinkers is ontstaan uit een oudere *-s-* leidt deze Latijnse vorm ons tot de reconstructie van de gemeenschappelijke 'oervorm' als *koslo-s*, waarin de stamklinker dus een korte *o* moet zijn geweest. In het Keltisch veranderde er aan dit woord maar weinig. Alleen de opeenstapeling van de medeklinkers *s* en *l* werd op een andere manier vereenvoudigd dan in het Germaans en in het Latijn gebeurde. In die talen werd er een klinker tussen gevoegd, net als we in spreektaal nog steeds doen bij woorden als *melk* en *welk*. In het Keltisch gebeurde dat niet, maar werd het groepje via *-zl-* tot *-ll-*. Later ging ook de uitgang verloren, en zo vinden we dit woord in zowel het Iers als in het Wels als *coll* (de uitspraak is in beide talen verschillend!).

Ondanks dat zij er in hun huidige vorm zo totaal verschillend uitzien, zijn het Ierse woord *coll* en Nederlandse *hazel*(aar) dus verwante erfwoorden. Zij gaan terug op één oervorm (de 'proto-vorm') en hun tegenwoordige verschillen zijn het resultaat van klankwettige veranderingen. Geheel vergelijkbaar is het Nederlandse woord *vloer*, dat verwant is met het Oudierse *lár* 'vloer'. Wie bedenkt dat in het Keltisch de *p* is verdwenen, en een lange *o* veranderde in een lange *a* (het Ierse accentteken geeft een lange klinker aan), kan zelf nagaan wat hier allemaal is gebeurd. In de Brits-Keltische talen onderging vervolgens de klinker in dit woord nog een verandering die resulteerde in Bretons en Cornisch *leur* en in Wels *llawr*. De betekenis bleef ondanks dit alles steeds dezelfde. Ook dit woord heeft buiten het Keltisch en het Germaans geen verwanten. Het mag dus niet Indo-europees heten.

III. De bronnen

a. Inleiding: een 'Noordwestblok'?

Na deze elementaire inleiding in de archeologie en in de historisch vergelijkende taalkunde, kunnen we deze kennis gaan toepassen op de oudste restanten van inheemse taal die in Nederland en België zijn overgeleverd. In het tweede deel van dit boek zullen we die restanten één voor één langslopen en bezien wat zij ons vertellen over de sprekers en hun taal. Absolute volledigheid is daarbij natuurlijk niet mogelijk, en ook niet wenselijk omdat dit nogal wat herhalingen met zich zou meebrengen.

Vooraf is het echter goed eraan te herinneren dat het kan voorkomen dat we van losse woorden niet kunnen beslissen of zij Keltisch of Germaans zijn. Soms kan beide, en biedt de vorm van het woord geen aanknopingspunt om het onderscheid te maken. Vaak weten we ook gewoon niet wat een naam betekent, waardoor het vrijwel onmogelijk wordt de juiste etymologie te achterhalen. In dat geval is het ook niet mogelijk om met zekerheid te beslissen of bepaalde klankwetten al dan niet hebben gewerkt. De conclusie zal dan ook met enige regelmaat moeten zijn dat we het gewoon niet weten en vaak zullen we met 'mogelijk' of 'waarschijnlijk' tevreden moeten zijn.

Een ander probleem is, dat we het tot nog toe steeds over Keltisch en Germaans hebben gehad. In principe is het natuurlijk best denkbaar dat in de Nederlanden nog een derde taal bestond (of zelfs een vierde en een vijfde!) die noch Keltisch noch Germaans was. Dat dit in een verder verleden zeker het geval is geweest, gebiedt niet alleen de logica (er waren al mensen toen het eerste Indo-europees arriveerde - al weten we overigens niet wanneer dat precies gebeurde). De moderne talen in Noordwest-Europa bevatten ook tal van woorden die geen erfwoorden zijn en die toch tot het oudste bestand van deze talen behoren. Dit moeten wel leenwoorden zijn uit een oudere taal (of talen) waarover wij verder niets weten. Dergelijke woorden noemen we *substraatwoorden* - zij komen uit een *substraattaal*.

In de jaren zestig heeft deze gedachte geleid tot de zogenaamde *Noordwestblok-hypothese*. Die hypothese werd ontwikkeld door de Duitse geleerde Hans Kuhn en houdt in dat er in Nederland, in België, en in een noordwestelijk deel van Duitsland een taal bestond waarin de Germaanse klankverschuiving niet was opgetreden (en die dus niet Germaans genoemd mag worden) en die ook niet Keltisch was. Vooral een aantal plaatsnamen en woorden met een 'onverschoven' (en ook niet verdwenen) *p* zouden daarmee worden verklaard.

Min of meer gelijktijdig en onafhankelijk van Kuhn ontwikkelde de Gentse geleerde Maurits Gysseling een vergelijkbare hypothese. Hij doopte de taal, die bij Kuhn zonder naam bleef, 'Belgisch'. Het misleidende hiervan is dat dit hypothetische 'Belgisch' niet alleen een veel groter gebied bestrijkt dan waar ooit Belgae hebben geleefd, maar dat het feitelijke woongebied van de historische Belgae er hoogstwaarschijnlijk geheel buiten valt. Zoals we zullen zien, lijkt het ook wel zeker dat deze historische Belgae Keltisch spraken.

Onder archeologen heeft dit idee van 'volkeren tussen Kelten en Germanen' nogal wat aanhang gevonden. Taalkundigen zijn daarentegen steeds erg kritisch geweest tegenover deze hypothese. Het materiaal waarop Hans Kuhn en Maurits Gysseling zich baseren, is vaak onduidelijk en open voor meerdere interpretaties. Voorlopig staat de hypothese dan ook nog ter discussie, en het lijkt erop dat zij niet echt nodig is om de verschijnselen die we tegenkomen te verklaren.

Het Indo-europees deed vermoedelijk al voor 2000 voor Christus zijn intrede in onze streken (al valt dat moeilijk te bewijzen). De taal van het 'Noordwestblok' wordt dan ook geacht in elk geval Indo-europees te zijn geweest. Zoals gezegd, is het echter niet ondenkbaar dat tot in de Romeinse tijd ook nog een (oudere) niet-Indo-europese taal in onze streken bleef bestaan. Tegenwoordig is alleen het Baskisch in de Pyreneeën een voorbeeld van zo'n inheemse voor-Indo-europese taal in Europa. De mogelijkheid dat ook elders dergelijke overblijvers hebben bestaand, valt echter beslist niet uit te sluiten.

Dat die mogelijkheid niet puur theoretisch is, kan worden geïllustreerd aan de hand van de inscriptie op een altaar dat in 1940 werd gevonden bij de opgravingen van de Romeinse *thermen* (het badhuis, met sauna) in Heerlen. Dit altaar dateert uit de tweede eeuw of uit de eerste helft van de derde eeuw na Christus en wordt nu bewaard in het Thermenmuseum dat over die opgraving is heengebouwd. De herkomst is onduidelijk, maar waarschijnlijk kwam de steen pas in de derde eeuw als 'tweedehands' bouwmateriaal in de Heerlense thermen terecht.

De inscriptie is vrij zwaar beschadigd, maar ook de delen waarvan de letters leesbaar zijn, leveren niets op dat direct aan enige bekende taal doet denken. Anderzijds is het door de beschadigingen weer lastig om dan maar meteen tot een 'nieuwe' taal te besluiten. De inscriptie is in elk geval zo goed als zeker niet in het Latijn, en alleen daardoor al erg uitzonderlijk. Normaal is (in onze streken) namelijk de tekst zelf altijd in het Latijn geschreven, en zijn alleen de namen die in de tekst voorkomen soms inheems. Wat er van deze inscriptie nog valt te lezen, ziet er als volgt uit:

1.   .]AMMVLVAE[i]
2.   .i]DAVVO[m]
3.   ...]MAFOB[.
4.   ...a]VV[o.
5.   ......]F[.

Daarbij valt op elke regel wel het een ander aan te merken:

1. Van de eerste A resteert slechts het onderstuk van de rechterpoot. Mogelijk is dit de eerste letter van de regel. De [i] is wel gehouden voor een kras in de steen, maar lijkt er echt te staan, mogelijk zelfs in een ligatuur met een volgende M (wat wil zeggen dat beide letters aan elkaar zijn vastgemaakt of zelfs deels samenvallen). De transcriptie zou hier dus ook [im] kunnen luiden.

2. Eventueel kan ook .l]DAVVO[m] worden gelezen, al lijkt de gegeven transcriptie waarschijnlijker. De O is niet volledig leesbaar en zou eventueel ook C kunnen zijn.

3. Andere transcripties geven ...]MAEOB[. , wat eventueel ook mogelijk is. De F is echter vrij duidelijk. Eerder is er twijfel mogelijk over de M, die mogelijk ook een (brede) N kan zijn (of een ligatuur?). De B is hier mogelijk de laatste letter van de regel.

4. Of: ...a]VV[e.

5. Gesuggereerd zijn ook een E, gevolgd door een C of een M. Het enige wat zichtbaar is, is echter een F.

Het enige aanknopingspunt bij de interpretatie van deze inscriptie zijn de persoonsnamen *Haldavvo* en *Haldavvonius*. Die komen voor in twee andere inscripties (uit Bonn en uit Keulen) en zijn waarschijnlijk wel Germaans. De naam Haldavvo zou ook in de tweede regel van de Heerlense tekst kunnen staan. (Maar om het allemaal nog ingewikkelder te maken, noemt Schönfeld in zijn woordenboek met Oudgermaanse persoons- en volken-namen de namen Haldavvo en Haldavvonius Keltisch!)

Inscriptie en transcriptie

De weergave van de tekst uit een oud handschrift of een inscriptie in modern schrift of in druk noemen we de *transcriptie* van die tekst. In principe is het de bedoeling dat de transcriptie zo nauwkeurig mogelijk alle eigenaardigheden van het origineel weergeeft, maar op een zodanige wijze dat de tekst optimaal leesbaar is. Ook kan in de transcriptie worden duidelijk gemaakt welke delen van de tekst goed, en welke minder goed (en dus ook minder zeker) kunnen worden gelezen. Afkortingen in het origineel worden waar mogelijk uitgeschreven. Daarbij wordt vaak gebruik gemaakt van *cursief* om te laten zien wat werd aangevuld.

Bij inscripties is het gebruikelijk om de transcriptie in hoofdletters te geven. Aanvullingen van moeilijk of niet leesbare delen (dus reconstructies) staan dan in kleine letters tussen rechte haken. Oplossingen van afkortingen in inscripties (die erg vaak voorkomen) worden tussen ronde haken gegeven. Afhankelijk van het publiek waarvoor de transcriptie is bedoeld, kunnen erg gebruikelijke afkortingen eventueel onopgelost blijven. Punten staan voor ontbrekende letters die niet kunnen worden gereconstrueerd, wanneer mogelijk steeds één punt per ontbrekende letter (maar dat lukt lang niet altijd). Ook deze punten staan tussen rechte haken, die in dit geval

66

'open' kunnen blijven wanneer aan het begin of eind van een tekst(regel) een onbekend aantal letters onleesbaar is: we noteren dus ...] wanneer de leesbare tekst
midden in een regel begint, en [... wanneer het einde ontbreekt. Aangezien de drager
(de steen) van de inscriptie vaak is afgebroken, komt dit regelmatig voor.

Het Latijnse alfabet zoals de Romeinen dat gebruikten, ziet er als volgt uit:
ABCDEFGHIKLMNOPQRSTVXYZ. In dit schrift kan de I zowel staan voor onze *i* als
voor onze *j*, en de V voor een *u* (Nederlands *oe*), en voor een *v* (die echter meer
klonk als de Nederlandse *w*). De C klonk altijd als een *k*. De klinkers werden uitgesproken als in *aap, mees, piet, boot* en *boek* en konden lang of kort zijn. In het Latijn
staat de X voor *ks*, maar we zagen al dat deze letter in het Gallisch ook *chs* kan
weergeven. Voor andere klanken uit vreemde talen waarvoor dit alfabet geen teken
heeft, werden soms nieuwe tekens ontwikkeld. We zullen die bespreken waar dat van
pas komt.

Problemen als deze bij de Heerlense inscriptie zullen we steeds weer tegenkomen. Inscripties zijn vaak beschadigd, en bij andere geschreven bronnen hebben we het probleem dat er door het steeds opnieuw overschrijven allerlei kopieerfouten kunnen zijn ontstaan. Juist namen, die niets (lijken te) betekenen en die de kopiist niet begreep, zijn daar erg gevoelig voor. En zelfs wanneer deze problemen afwezig zijn, kunnen de interpretaties die verschillende onderzoekers aan het materiaal geven soms lijnrecht tegenover elkaar staan.

Toch zullen we proberen een balans op te maken. We beginnen met de namen van de stammen die Julius Caesar in het zuiden van de Nederlanden aantrof, en zullen waar mogelijk en nodig daar meteen andere plaatsnamen en persoonsnamen bij betrekken. Voor Nederland is dergelijke informatie schaarser en vaak ook pas later overgeleverd dan voor het huidige België. Ook deze 'Nederlandse' namen worden besproken. Daarna bespreken we een aantal plaatsna-men apart, om af te sluiten met namen van goden en personen.

b. Stamnamen

Noord-Gallië

Zoals we in het citaat op blz. 19 al zagen, beschouwde Julius Caesar de Belgae als een apart volk, met andere gebruiken en een andere taal dan de Galliërs. We zagen ook dat hij de grens tussen Belgae en Galliërs bij de rivieren de Marne en de Seine legde. Alle andere informatie uit de archeologie en de taalkunde duidt er echter op dat dit noordelijke gebied wel degelijk Keltisch was.

Verder hebben we de 'wereldbeschrijving' die de Griek Strabo (64 voor tot 24 na Christus) kort voor het begin van de jaartelling maakte. Strabo schreef dat het verschil tussen

Keltisch en 'Belgisch' juist erg klein was en weerlegt daarmee het onderscheid dat Caesar maakte. De vraag is eigenlijk alleen tot hoe ver het Keltisch zich dan wel uitstrekte en waar de noordelijke (taal)grens tussen Keltisch en Germaans lag. Wel zijn archeologen het erover eens dat de stammen in dit Noord-Gallische (of, om met Caesar te spreken 'Belgische') gebied in een veel eenvoudiger gestructureerde samenleving leefden dan hun zuiderburen.

Op het kaartje op de volgende bladzijde zijn de stammen aangegeven die Caesar aantrof. Hoe zij zich precies onderling verhielden, en hoe hun gebieden werden begrensd, is vaak lastig vast te stellen. Het lijkt erop dat sommige stammen ondergeschikt waren aan andere, en dat dergelijke verbanden in de loop der tijd aan verandering onderhevig waren.

In wat nu Noord-Frankrijk is, vinden we stammen met duidelijk Keltische namen die vaak nog voortleven in moderne plaatsnamen: de *Remi* 'de eersten' of 'de voorsten' (< PIE *preis-mo-*; vergelijk Latijn *prīmus* en Oudiers *rem-* 'voor'; in het Keltisch verdween de *p*) vinden we terug in de moderne naam van hun hoofdstad *Reims*; de *Suessiones* (met een onbekende betekenis) vinden we terug in Soissons; en de *Ambiani*, wier naam misschien zoiets betekende als 'die aan weerskanten' (of 'er omheen'), 'op beide oevers' (van de Somme) leven voort in de plaatsnaam *Amiens*. De oude naam van die stad zelf was overigens *Sammarobriva*, Gallisch voor 'Somme-oversteekplaats' (*Sammaro-* 'Somme' + *briva* 'brug, oversteekplaats, doorwaadbare plaats'). Voor het Romeinse bestuur was Sammarobriva de *Civitas Ambiani* ('de hoofdplaats van de Ambiani') en via deze aanduiding ging de naam van de stam over op de stad. Ditzelfde verschijnsel zien we ook bij andere namen.

Atrebates ('Atrebaten'; de vernederlandste vormen zijn natuurlijk kunstmatig) lijkt de Latijnse schrijfvorm voor Gallisch *ad-treb-ati-*. Dat betekent ongeveer 'die van de woonplaatsen', of gewoon 'dorpelingen' (met het woord *treba-* 'woonplaats, dorp' dat we eerder al zagen als een verwant van Nederlands *dorp*). Verwante woorden in moderne Keltische talen zijn het Oudierse *aittreb* 'gevestigd zijn, wonen' en het Middelwelse *athref* 'woonplaats'.

De *Viromandui* waren 'zij die mensen vermorzelen (of: vertrappen)' van Gallisch *viros* 'man, mens' (vergelijk Latijn *vir*) en Gallisch *mand-* 'vertrappen, vermorzelen' (de Gallische uitgang was wellicht *-owos*). *Vermandois* is de moderne vorm van deze naam. Onduidelijk is de betekenis van *Bellovaci*, maar de naam lijkt wel Gallisch te zijn.

Oostelijk van deze stammen vinden we de *Treveri* ('Treveren'), die gedeeltelijk ook in het huidige Luxemburg en het zuidoosten van België woonden. Zij bewoonden het Moezeldal en hun gebied strekte zich in het oosten uit tot aan de Rijn. In de Romeinse tijd werd hun hoofdstad het huidige Trier aan de Moezel. De naam *Treveri* wordt wel geïnterpreteerd als 'veerlieden': < *trei* 'over- of doorheen' + *ver-* 'een water oversteken' (vergelijk het Oudierse *treóir* '(richting)aanwijzing, (bege)leiding'). De naam is daarmee dus Keltisch (al is niet iedereen met deze verklaring tevreden).

68

Frisii

Frisii

Tencteri

Usipites

Eburones

Morini Menapii

Atuatuci

Nervii

Ambiani

Condrusii

Viromandui

Paemani

Suessiones

Remi

Treveri

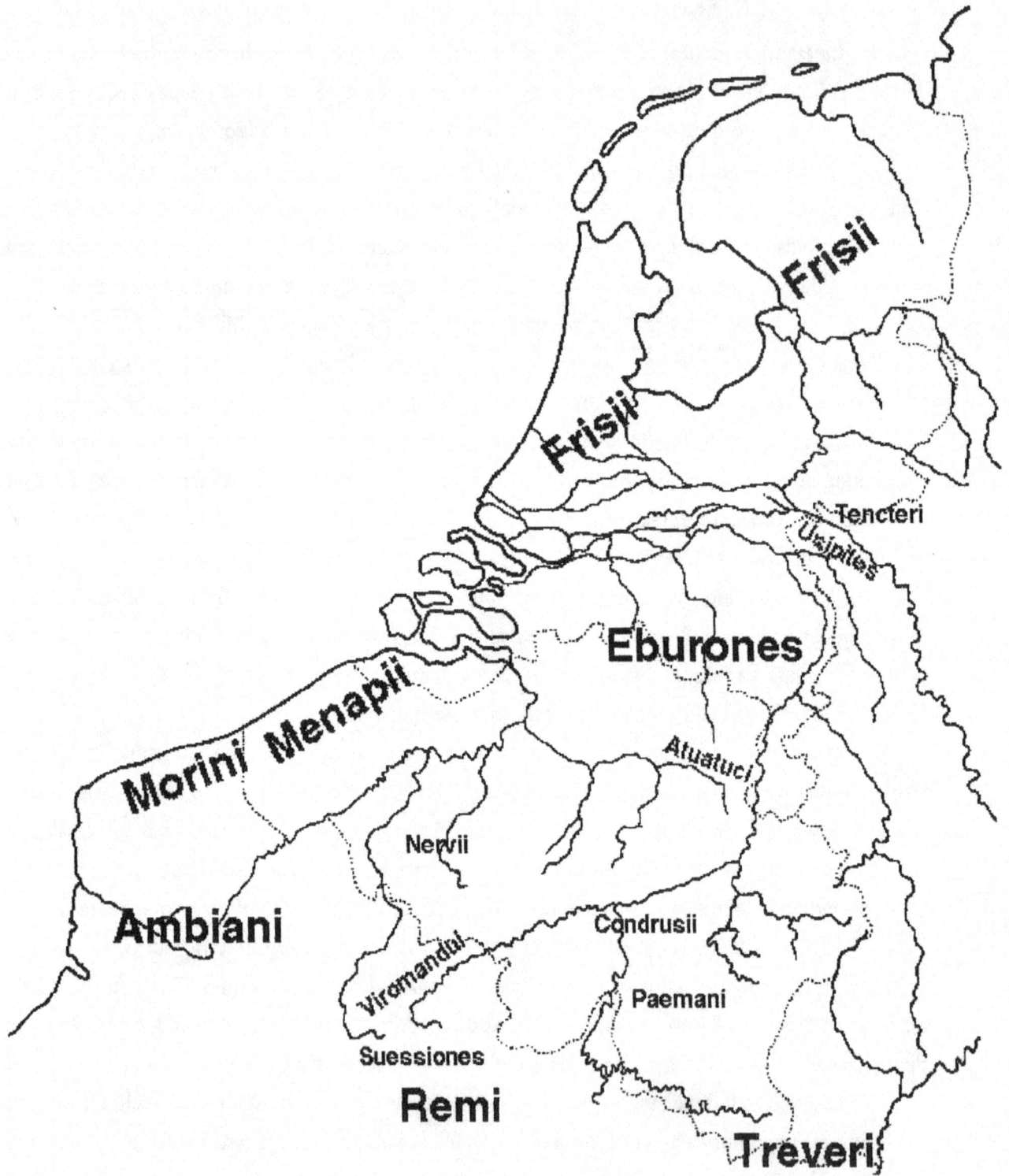

De stammen ten tijde van Julius Caesar

In dit geval bestaat er nog een andere interessante bron over de taal van de Treveri. De beroemde Hiëronymus (ca.347-420), die een Latijnse bijbelvertaling maakte die gedurende lange tijd de standaardtekst voor de kerk van Rome was (de zogenaamde *Vulgaat*), verbleef in de tweede helft van de vierde eeuw in Trier. Hiëronymus had veel gereisd en moet alleen al voor zijn vertaalwerk een grote talenkennis hebben gehad. Het is dan ook niet onbelangrijk dat hij opmerkte dat de mensen in Trier en omgeving dezelfde taal spraken als de Galaten in centraal Turkije. Of de talen echt helemaal hetzelfde waren, is de vraag, maar blijkbaar herkende Hiëronymus ze wel als nauw verwant - en dus als allebei Keltisch.

In het uiterste westen vinden we ten noorden van de Ambiani aan de kust de *Morini*. Van hen zagen we al dat hun naam Keltisch is en 'zee-mensen' betekent. Hun gebied strekte zich naar het noorden uit tot aan de rivier de Aa in Frans-Vlaanderen, of - maar dat idee vindt tegenwoordig minder aanhang - tot in het zuiden van de provincie West-Vlaanderen. Daar kan eventueel de rivier de *IJzer* de grens hebben gevormd tussen de gebieden van de Morini en van de Menapii. De naam van deze rivier zelf wordt geacht nog van voor de introductie van het Indo-europees te dateren.

De vorm waarin we de riviernaam kennen, lijkt echter wel Keltisch te zijn en wordt onder andere vergeleken met de naam van de *Isar*, een zijrivier van de Donau in Beieren. De Keltische vorm waarop deze riviernamen teruggaan is **isara*. Overigens hebben we hier een oude riviernaam die ook in andere Indo-europese talen opduikt. De riviernaam *IJssel* die enkele keren in Nederland voorkomt, zou op de Germaanse variant kunnen teruggaan. De betekenis is mogelijk zoiets als 'heftig, snel stromend' (maar er bestaat een sterke neiging om allerlei riviernamen te 'vertalen' met vergelijkbare termen die vaak weinig grond in de taal zelf hebben). Een andere Keltische variant is **īska* ('rivier'?; de betekenis berust ook hier op giswerk), die we terugvinden in de beeknamen (Aa of) *Weerijs* (NB) en *IJsche* en in de met die laatste verbonden plaatsnamen *Neerijs(ch)e* en *Overijs(ch)e* in Vlaams-Brabant.

Ook van de grote rivieren die Julius Caesar als zuidgrens van het 'Belgische' gebied noemt, draagt er tenminste één een Keltische naam: *Matrona* (Marne), een naam die zoiets betekent als 'moedergodin' en die we later nog uitvoeriger zullen tegenkomen. De betekenis van de naam *Sequana* (Seine) is onduidelijk, en het is natuurlijk mogelijk dat ook deze naam ouder is dan het Keltisch (vooral de namen van grotere rivieren zijn vaak bijzonder oud en daardoor nauwelijks te interpreteren). Wel vanuit het Keltisch te begrijpen, maar mogelijk ook ouder Indo-europees, is de naam van de Rijn (Latijn *Rhēnus*) < **reinos* 'de stromende'. Hier heeft het Latijn de Keltische vorm bewaard, terwijl de moderne Duitse en Nederlandse namen de Germaanse variant representeren.

Belgae

De enige naam die in dit verband in het zuiden nog overblijft, is die van de *Belgae* zelf. Deze wordt in verband gebracht met het werkwoord *belgen* 'boos worden', dat we vooral nog kennen in de woorden *gebelgd* 'verontwaardigd' en *verbolgen* '(heel) boos'. Het woord hangt samen met Nederlands (blaas)*balg* en komt van PIE *b^helg^ho-* 'zwellen'. Zowel in het Germaans als in het Keltisch gaf dit een vorm *belgos* met dezelfde betekenis. De betekenis 'zich boos maken' zal dus zijn ontstaan via 'zich opblazen (van boosheid)'.

In het Latijn van Gallië bestond het Keltische leenwoord *bulga* 'leren zak' dat in het Oudfrans *bouge* 'zak' opleverde. De verkleinvorm daarvan (*bougette*) kwam vervolgens weer in het Engels (en van daaruit ook in het Nederlands) terecht als *budget*. In de Ierse mythologie komt een volk voor dat *Builg* of *Fir Bolg* heet ('*bolg*-mensen'; uit een ouder *bolgos*), terwijl Julius Caesar opmerkte dat in het zuiden van Engeland eveneens *Belgae* woonden. Deze laatsten waren kort voor Caesars komst naar het eiland overgestoken.

Alleen al op basis van het tamelijk rijke namenmateriaal dat we van deze 'Engelse' Belgae kennen, moeten we aannemen dat deze mensen een Keltische taal spraken. Het ligt dus voor de hand dat we de naam *Belgae* op het vasteland ook als Keltisch mogen interpreteren, al zou hij er in het Germaans hetzelfde hebben uitgezien. Over de precieze betekenis van deze volksnaam is lang gedebatteerd, maar letterlijk betekent het 'gezwollenen' en de werkelijke betekenis zal wel het overdrachtelijke 'trotsen' zijn geweest. Denk maar aan de nog steeds gangbare uitdrukking 'zwellen van trots'.

Een Brits-Romeinse plaatsnaam in het zuiden van Schotland waarin dit woord voorkomt, is *Blatobulgium*. Dat staat voor Brits *Blatobolgion* en betekent 'bloem-zak' ('bloem' in de betekenis van meel). Die betekenis wordt duidelijk wanneer we weten dat de plaats net ten noordwesten van de zogenaamde Muur van Hadrianus lag, dus op de grens met Schotland, en dat het fort met die naam over drie grote graanschuren beschikte voor de bevoorrading van de grenstroepen. Blatobulgium lag bij de moderne plaats Birrens, die verder onder andere bekend is doordat er een aantal inscripties werd gevonden van Tongerse en Nervische afdelingen ruiterij die daar waren gelegerd.

De Menapii

Wanneer we de stammen ten westen van de Rijn in het huidige België en Zuid-Nederland bekijken, wordt het ingewikkelder. Aan de kust vinden we de *Menapii* ('Menapiërs'), een naam die tot op heden geen bevredigende etymologie kreeg. De *p* maakt het wat lastig, maar niet onmogelijk, om aan Keltisch te denken. Weliswaar verdween de PIE *p* in het Keltisch volledig, maar in de ontwikkeling van de Britse talen ontstond een 'nieuwe' *p* door de klankontwikkeling *k^w* > *p*. Ook in het Gallisch vinden we deze ontwikkeling, en wel al in de oudste inscripties. In verschillende dialecten van het Gallisch bestonden blijkbaar vormen met *k^w* en met *p* naast elkaar. Zo bestaat er een bekende Gallische godin *Epona* die in afbeeldingen steeds met paarden in verband wordt gebracht. Haar naam wordt afgeleid van PIE *ek^wo*- (vergelijk Latijn *ĕquus* 'paard'). Het is dus mogelijk dat de *p* in Menapii staat voor een oudere *k^w*.

Verder wordt de naam Menapii in verband gebracht met de naam van het Ierse graafschap *Fermanagh*, die teruggaat op Iers *Fir Manach* 'de mannen van *Monaig*'. De oorspronkelijke vorm van deze Ierse naam moet *$monak^w\bar{i}$* zijn, maar in de wereldbeschrijving die Claudius Ptolemaeus (ca.100 - ca.178) in het tweede kwart van de tweede eeuw na Christus in Alexandrië samenstelde, stond *Monapioi* (dus met een *p*, en met een Griekse uitgang). Het woord ligt verder misschien aan de basis van de naam van het *Eiland Man* in de Ierse Zee en van het eiland Anglesey (dat in het Wels *Môn* heet). Wanneer het eerste lid van Menapii *mona*- is (wat niet zeker is), betekent dat 'berg, hoogte'. Op het eerste gezicht lijkt dat in de Westvlaamse kustvlakte niet erg toepasselijk. (Naast de vorm *mona*- vinden we ook vormen met *e* en met *i*; de *e* in Menapii kan echter ook een gevolg zijn van het (Keltische) accent op de voorlaatste lettergreep.) We vinden dit *mona*- overigens ook nog goed herkenbaar terug in de naam van *Monaco*, het bergstaatje in de Alpen.

Of al deze woorden ook werkelijk etymologisch verwant zijn, is hoogst onzeker. De stamnamen aan de Kanaalkust en in Ierland zullen dat in elk geval wel zijn. Waarschijnlijk hebben we hier een woord dat van oorsprong niet Indo-europees is en dat uit een oudere, onbekende taal zal stammen.

Het betekenisprobleem kunnen we misschien omzeilen wanneer we bedenken dat het begrip 'hoogte' relatief is. Dwars door het gebied van de Menapii loopt een heuvelrug die we tegenwoordig kennen als de Vlaamse Ardennen (en waarvan de Kemmelberg met zijn heuvelfort deel uitmaakt), en langs de kust bevonden zich duinen. Verder was in dit vlakke land natuurlijk elke geringe hoogte van belang als droog en dus bewoonbaar land. Met dit alles is nog geen volledige verklaring voor de naam Menapii gegeven, maar is tenminste de mogelijkheid aangetoond dat de naam Keltisch is. En in het Germaans biedt deze naam al helemaal geen aanknopingspunt dat tot een bevredigende interpretatie kan leiden.

Verder geeft in dit geval Julius Caesar een extra argument. In *De Bello Gallico* stelt hij namelijk nadrukkelijk dat de Menapii Galliërs waren. Waar de noordgrens van hun gebied lag is onzeker. Sommigen menen dat dit de Scheldemonding was, maar anderen laten het Menapische gebied doorlopen tot in Zuid-Holland (en dan in elk geval tot op de eilanden). De naam van de *Schelde* vinden we bij Romeinse schrijvers als *Scaldis*, *Scaldem* en wordt algemeen vanuit het Germaans verklaard. Voorgestelde verwanten zijn het Oudengelse woord *sceald* (modern Engels *shallow*) 'ondiep' (vergelijk het Nederlandse woord *schouw* 'platte schuit,

72

veerpont'), of (waarschijnlijker) het Oudfriese *scalda* 'grens'. Er is echter ook gesuggereerd dat de oorspronkelijke naam *Scaldis* Keltisch was, al blijft in dat geval de etymologie onbekend. In de tiende eeuw heette ook het Zeeuwse eiland Schouwen nog *pago Scaldis* ('land van *Scaldis*', 'van de Schelde').

Eburones

Oostelijk van de Menapii woonden in de late ijzertijd de *Eburones* ('Eburonen'), met de blijkbaar aan hen ondergeschikte stammen de *Nervii* ('Nerviërs'), de *Condrusi* ('Condrusiërs') en de *Paemani* ('Paemannen'). Zelf waren de Eburonen weer tribuutplichtig (en dus ondergeschikt) aan de *Atuatuci* ('Atuatuken'). Samen met de *Caerosi* en de *Segni* rekende Caesar deze stammen tot de *Germani cisrhenani* ('Germanen aan deze kant van de Rijn', dus op de linkeroever). Veel wijst er echter op dat we hier wel degelijk met Kelten te maken hebben, zowel in archeologisch als in taalkundig opzicht.

Zo is de stamnaam van de Eburonen een Keltische. Het is een afleiding van Gallisch **eburo-* 'taxus(boom)'. De taxus is een opvallende boomsoort. Het is een altijd groene naaldboom die een erg sterk en flexibel hout levert. In elk geval in de middeleeuwen werden daarvan grote en krachtige bogen gemaakt. Verder is de taxus uiterst giftig, met uitzondering van de helderrode bessen die tussen de naalden aan de takken groeien. Een plaatsnaam die eveneens deze Keltische boomnaam bevat, is *Eburacum*, de oude naam van de stad York in het noorden van Engeland.

Ook de namen van de twee Eburoonse aanvoerders die tegen Caesar streden, zijn Keltisch. De bekendste heette *Ambiorix*, wat mogelijk zoiets betekende als 'koning over de (hele) omgeving', of 'alom koning'. Een andere interpretatie is 'koning van het omheinde gebied' ('van een oppidum'?). De naam van de tweede, oudere, aanvoerder was *Catuvolcus*, wat wel wordt vergeleken met het Welse woord *cadwalch* 'held', dat letterlijk 'strijdvalk' betekent. Het eerste deel van de naam is het Keltische woord **catu-* 'strijd', het tweede is het woord *valk* (met Germaanse *a* uit een oudere korte *o*). Het element *catu-* komen we vaak in Keltische namen tegen en verschijnt ook als *hadu-* in Germaanse namen. De etymologie van **volkos* is onduidelijk en lijkt niet Indo-europees te zijn (dus een leenwoord uit een andere, onbekende taal). Het zou, (nog) zonder Germaanse klinkerverandering, zowel het Keltische als het Germaanse woord voor 'valk' kunnen zijn, waarbij we dan moeten aannemen dat de latere Welse vorm *gwalch* (en het Bretonse *gwalc'h*) werd beïnvloed door de latere Germaanse vorm **valko(s)*, die al vroeg in het Latijn werd geleend als *falco̅* en die via het Frans in de middeleeuwen wijd verbreid werd. De precieze samenhang tussen dit 'valk-woord' in de verschillende talen is echter onduidelijk.

Kenmerkend is in dit verband ook dat wanneer Catuvolcus constateert dat hij te oud is om nog langer tegen Caesar te strijden, hij zelfmoord pleegt door te eten van de taxus. De relatie tussen de keuze van juist dit vergif en de naam van zijn stam, zal geen toeval zijn.

Een belangrijke inheems-Romeinse tempel, die werd gebouwd bij een heiligdom van de Eburonen, werd ontdekt bij het plaatsje Empel aan de Maas, juist ten noorden van 's-Hertogenbosch. We zullen deze tempel nader bespreken wanneer we het hebben over de godennaam *Magusanus*.

De overige stamnamen in deze groep zijn geen van alle doorzichtig. *Paemani* wordt vaak in verband gebracht met de naam van de streek aan de rivieren de Lesse en de Ourthe in de Ardennen: de *Famenne* (dus na de Germaanse klankverschuiving van *p* naar *f*). Voor die naam hebben we echter een aantal middeleeuwse vermeldingen als *Falmennia* zodat een direct verband problematisch is (maar mogelijk is hier sprake van een aanpassing aan het Germaans, ook qua betekenis). Opvallend is ook dat Julius Caesar deze stamnaam geeft als *Caemani*, dus met een *k* (uit ouder *$*k^w$*?) in plaats van een *p*. Als etymologie voor *Caemani* is wel voorgesteld de naam te verbinden met het Germaanse **haima-* 'heem, thuis' (vergelijk het Engelse *home* en het Duitse *Heim(wee)*). De naam zou dan 'de bewoners' betekenen. In deze verklaring staat de *k* aan het begin echter voor een PIE **k* en niet voor een PIE *$*k^w$*, zodat daarmee de latere verandering in een *p* onverklaarbaar is.

Ook de naam *Condrusi*, die wel in verband wordt gebracht met de streeknaam *Condroz* (eveneens in de Ardennen) lijkt Keltisch maar is op het eerste oog ondoorzichtig. Hier is een inscriptie uit Hoeilaart (Vl-B) van belang. Deze is gewijd aan de *Matronis Cantrusteihiae*, wat mogelijk 'de Matronen van de Condroz' (of van de Condrusi?) betekent. Dezelfde naam verschijnt ook op een tweetal inscripties in het Duitse Rijnland.

Matronen of moedergodinnen zijn een typisch verschijnsel in de inheemse godenwereld in het Rijnland en het midden-Maasgebied. Op afbeeldingen vormen deze godinnen vaak een drietal en in de gevallen waarin we hun (bij)naam kunnen begrijpen, bevat die vaak een plaatsnaam. De kenmerkende uitgang van de (bij)naam is steeds *-nehae* (*-nehiae*, e.d.) of *-henae* (soms *-hanae*). Van de naam *Cantrusteihiae* is geopperd dat hij van oorsprong Keltisch is (**kon-drust-* '(door een verdrag) samen verbonden'?), en dat hij in de inscriptie gedeeltelijk aan het Germaans is aangepast (**o > a*, en **d > t*; de verandering **k > ch* is mogelijk alleen maar niet geschreven). Indien deze namen verwant zijn, heeft in de Ardense streeknaam Condroz de germanisering niet plaatsgevonden.

Wanneer de verbinding van de naam *Condrusi* met deze matronen juist is, en wanneer ook de interpretatie van de naam *Cantrusteihiae* klopt, dan zou *Condrusi* dus zoiets kunnen betekenen als 'verbondsmannen' of 'gezworenen'. We moeten dan wel aannemen dat de stamnaam een oudere vorm **kon-drust-i* heeft gehad. Dat is ook de vorm die we aantreffen in de Romeinse naam van hun woongebied, *pagus Condrusti*.

Andere aardrijkskundige namen waarin we een dergelijke germanisering kunnen zien, zijn *Aarlen / Arlon* (in de Belgische provincie Luxemburg), dat in de Romeinse tijd nog *Orolaunum* heette, en de naam van de *Maas* die we al eerder bespraken. Aangezien veruit de meeste inscripties uit de Romeinse tijd in onze streken uit de tweede en de derde eeuw na Christus dateren - inscripties uit de eerste eeuw zijn veel zeldzamer - geeft dit ons een vage indicatie over wanneer de Germaanse klankveranderingen hier hun intrede deden.

Hoewel we ook de naam van de *Atuatuci* niet met enige zekerheid kunnen interpreteren, wordt algemeen aangenomen dat hij is afgeleid van de naam van hun hoofdplaats *Atuatuca*. De stamnaam betekent dus 'mensen van Atuatuca'. De ligging van deze plaats is onzeker, maar was wellicht niet ver van het huidige Tongeren in Belgisch Limburg. Tongeren zelf is een Romeinse stichting die in de Romeinse tijd een belangrijk regionaal bestuurscentrum werd. In Tongeren wordt nog steeds veel Romeins materiaal gevonden. Zo is hier uit de laatromeinse tijd een groot deel van de stadsmuren bewaard gebleven en bezit Tongeren een rijk Gallo-Romeins museum.

De naam *Tongeren* gaat terug op de latere stamnaam *Tungri* en de oude aanduiding *Civitas Tungrorum* 'hoofdplaats van de Tungri'. Deze naam zou Keltisch kunnen zijn, wanneer hij verband houdt met het Keltische werkwoord **tong-* 'zweren (van een eed)'. Zeker is dit niet, want in de Britse talen onderging dit woord weliswaar begin zesde eeuw een klankverandering naar **tung-*, maar de naam *Tungri* zou dan onze enige aanwijzing zijn dat deze verandering ook op het vasteland, en al eerder dan in het Brits, heeft plaatsgevonden. Voor het Gallisch (in Frankrijk) zijn daar geen aanwijzingen voor. Wanneer we deze etymologie toch accepteren, dan zou de naam vertaald kunnen worden als 'gezworenen'.

Een aantrekkelijke bijkomstigheid, waarop wordt gewezen door de Belgische taalkundige Jean Loicq, is dat we in dit geval de naam zouden kunnen beschouwen als een inheemse vertaling van het Romeinse begrip *foederāti* 'door een verdrag verbondenen'. Opmerkelijk is natuurlijk ook de overeenkomst in betekenis met *Condrusi*.

Een laatromeinse bron meldt als onderafdeling van de Tungri nog de *Lagenses* (... *laetorum Lagensium* 'van de halfvrijen van de Lagenses'). Mogelijk leeft hun naam voort in de plaatsnaam (Grand-)*Leez* (N). Hij lijkt verwant met die van de Ierse provincie *Leinster* (Iers *Laighin*) en daarmee met een Keltisch woord voor 'lans' (Oudiers *laigen*, Wels *llain*). De naam *Lagenses* betekent dan zoiets als 'lansdragers'.

De invallen van Julius Caesar, rond 50 voor Christus, leidden niet meteen tot de inlijving van de zuidelijke Nederlanden in het Romeinse rijk. Dat gebeurde pas in de loop van de eerste eeuw na Christus. Wel had de strijd tegen Caesar veel slachtoffers gemaakt, en ertoe geleid dat oude stamverbanden uit elkaar vielen en nieuwe groepen aan de macht kwamen. Op die manier hebben ook de Tungri de fakkel van de oudere Atuatuci overgenomen. Van de Eburonen beweerde Caesar zelfs dat hij de stam volledig had uitgeroeid. Dat zal grootspraak zijn geweest, maar het is duidelijk dat na Caesar de macht van de Eburonen was gebroken.

Om dit vrijgekomen machtsgebied op een voor de Romeinen veilige manier te vullen, nodigde Caesar de *Bataven* uit om zich in het Nederlandse rivierengebied te vestigen. Maar eerst wenden we ons tot de stammen die het noorden bevolkten voordat de Bataven arriveerden.

Noordelijk Nederland

Domweg omdat de legers van Julius Caesar niet zover kwamen, zijn we over de stammen in het noorden veel minder goed geïnformeerd dan in het zuiden. In het Nederlands-Duitse grensgebied plaatsen de bronnen ten zuiden van de bocht van de Rijn (en aan de overkant ten noorden van de zijrivier de Lippe) de *Usipetes* en direct ten noorden van die rivier de *Tencteri*.

Geen van beide namen hebben een bevredigende etymologie, al wordt bij Tencteri algemeen aan Germaans gedacht. De vergelijking is dan met het Oudengelse werkwoord *tengan* dat 'haasten, aansporen' en ook 'aanvallen' betekent. Het zou teruggaan op PIE **denk-* 'bijten' (of het Nederlandse *tang* verwant is, is niet helemaal zeker). Een andere mogelijkheid is te denken aan een verband met het Oudierse *técht* 'stevig, dik' en het Nederlandse *dicht*, beide uit **tenkto-*. In dat geval is niet te zien of de herkomst Keltisch of Germaans is. Bij Usipetes denkt men dan weer aan Keltisch (of in elk geval aan een Keltische uitgang *-etes*). Goede motiveringen hiervoor ontbreken echter. Voor de rest wordt de hele Noordnederlandse bevolking aangeduid als *Frisii*.

Later, tegen het eind van de eerste eeuw na Christus, wordt het namenbestand wat uitgebreid. Zoals we al zagen, zijn dan in het rivierengebied de Bataven (*Batavi*) binnengekomen. Verder westelijk woonden de *Cannenefates* ('Kannenefaten'), die worden beschreven als een onderafdeling van de Bataven. Het noordelijke gebied waar voorheen de Eburonen leefden (ongeveer de provincies Noord-Brabant en Antwerpen) werd bewoond door *Texuandri*, en langs de rivieren misschien ook door *Frisiavones*. Van die laatste is de precieze woonplaats echter niet met zekerheid bekend. Die onduidelijkheid geldt ook voor de *Sturii* en de *Marsaci*, die mogelijk in Zeeland woonden.

Holland en de noordelijke provincies werden in de eerste eeuwen na Christus nog steeds bewoond door *Frisii*, en in het oosten van het land vinden we van noord naar zuid *Amsivarii, Chamavi, Bructeri, Tubantes* (dezelfde als de *Tuihantes*?), en nog steeds *Tencteri* en *Usipetes*. Grotendeels in Duitsland woonden tenslotte tussen Maas en Rijn nog de *Cugerni*.

Frisii

De etymologieën van deze noordelijke namen zijn over het algemeen een stuk onduidelijker dan die van de zuidelijker wonende stammen. Frustrerend is vooral dat de naam van de *Frisii* tot op heden niet echt bevredigend geïnterpreteerd kon worden. Zij vormden veruit de grootste groep en volgens de Romeinse bronnen bewoonden zij het hele Nederlandse gebied benoorden de grote rivieren.

Archeologisch wordt het steeds onwaarschijnlijker dat de Frisii uit de Romeinse periode de voorouders zijn van de huidige Friezen. Alles wijst erop dat het Noord-Nederlandse kustgebied in de laatromeinse tijd sterk ontvolkt raakte en dat de vroegmiddeleeuwse bevolking bestond uit nieuwkomers uit Noord-Duitsland en Denemarken. Deze nieuwkomers waren het die het huidige Fries, een naaste verwant van het (Oud-)Engels, meebrachten naar het noorden van Nederland. Het is dus ook niet noodzakelijk om aan te nemen dat de Frisii uit de Romeinse tijd en eerder een Germaanse taal spraken. Dit inzicht is echter recent en tot voor kort werden de Frisii uit de eerste eeuwen na Christus wel degelijk beschouwd als de directe voorouders van de huidige Friezen. Het was dan ook vanzelfsprekend om bij het zoeken naar een etymologie uit te gaan van het Germaans.

Een opmerkelijke etymologie brengt de naam in verband met het Germaanse **frisiaz*, een woord dat we ook terugvinden in het Duitse *Frisur* en dat dus een aanduiding voor de haardracht is. Andere verklaringen gaan uit van een verband met het Nederlandse 'vrijen' en komen dan op een betekenis 'geliefden'. Verder zijn betekenissen voorgesteld als 'vrije (mensen)', en ook 'mensen die aan de rand wonen'.

Geen van deze verklaringen heeft echter algemeen bijval gekregen. Zij gaan er overwegend van uit dat de naam uit het Germaans verklaard dient te worden, en dus moet teruggaan op een PIE **pri-* of **prei-*. Blijkbaar is dit niet de goede weg. Wanneer we ook het Keltisch als een mogelijke kandidaat beschouwen, dan voldoet deze PIE vorm niet omdat daar de **p* uit verdwenen zou zijn. Een mogelijke kandidaat zou dan echter wel kunnen beginnen met PIE **spr-*, een combinatie van medeklinkers die in het Gallisch (en in de Britse talen) *fr-* opleverde.

Een verklaring is hiermee niet gegeven, en het zal veel Friezen nog steeds rauw op hun dak vallen om ook een Keltische etymologie in overweging te nemen. Toch is die gedachte niet helemaal uit de lucht gegrepen. Tacitus maakt melding van twee Friese aanvoerders die in 58 na Christus naar Rome trokken, en geeft hun namen als *Verritus* en *Malorix*. Iedereen lijkt het erover eens dat deze namen niet Germaans zijn, en op het eerste gezicht zien zij er zonder meer Keltisch uit. Verritus zou het voorvoegsel *ver-* (< **uper*) kunnen bevatten, en kan dan worden geïnterpreteerd als 'erg goede renner'. Malorix bevat natuurlijk *rīx* 'koning', mogelijk voorafgegaan door het Keltische woord voor 'lof' (vergelijk Wels *mawl* 'lof(prijzing)' en Oudiers *molad* 'prijzen, loven').

Nog een 'Fries' uit deze periode en ook met een naam die het element *rīx* bevat is *Cruptorix*. Bij deze naam is elke interpretatie echter een slag in de lucht en net als bij Malorix moeten we bedenken dat juist dit element al vroeg ook in het Germaans in persoonsnamen werd gebruikt. Tacitus vertelt van Cruptorix dat hij een veteraan uit het Romeinse leger was, en vermeldt in dezelfde passage een 'Fries' heiligdom dat gewijd is aan *Baduhennae*. Dit lijkt sterk op een matronennaam met de uitgang *-hen(n)ae*. Ook hier blijft de etymologie echter onduidelijk. Of de voorgestelde verbinding met de naam *Batavi* mogelijk is, is hoogst onzeker. Ook over de vraag of het eerste deel (*badu-*) Germaans of Keltisch is, lopen de meningen uiteen. Beide zijn voorgesteld, met in beide gevallen ook een mogelijke ontlening in de andere taal.

En dan is er ook nog een unieke tekst die bij het Friese Tolsum (bij Franeker) op een wasplaatje werd ontdekt. Het is de Romeinse koopakte voor een koe, die is genoteerd op een houten schrijfplaatje dat met was is bedekt. Hierin vinden we de persoonsnamen *Lopeteus*, *Reperius* en *Stelus* die eveneens als 'voor-Germaans' gelden, en ook in het Keltisch niet direct tot een verklaring leiden. Dit schrijftafeltje dateert waarschijnlijk uit de eerste helft van de eerste eeuw na Christus. Natuurlijk staat in dit geval niet vast dat deze drie mensen Frisii waren. Het kunnen ook kooplui zijn geweest die achter het Romeinse leger aantrokken.

Twee andere namen die mogelijk Keltisch zijn, vinden we op de tegenwoordige Wadden-eilanden. In de Romeinse tijd zag dit gebied er totaal anders uit dan tegenwoordig. Texel en Vlieland zaten nog vast aan het vasteland en de overige eilanden zagen er ook behoorlijk anders uit dan nu. In een nog verder verleden hadden zij de duinenrij langs de noordkust gevormd. Ook het IJsselmeer bestond nog niet - daarover komen we verderop nog te spreken. In enkele late teksten uit de veertiende en vijftiende eeuw komt de naam *Uxalia* voor (varianten beginnen met *Wex-*, *Wux-* en *Wox-*, maar ik neem aan dat *Uxalia* de oudste vorm is). Dit zou best een vorm van Gallisch *uxelo-* 'hoogte' kunnen zijn, en dan natuurlijk uitstekend passen bij een opvallende duintop.

Het wordt algemeen aangenomen dat dit Uxalia de oude naam voor Terschelling is, maar er lijkt weinig reden om deze naam niet in verband te brengen met de naam van het tegenwoordige eiland Texel (uitgesproken, en soms ook geschreven als Tessel). De *t* aan het begin van *Texel* kan het Nederlandse lidwoord *(he)t* zijn, en de uitspraak van de moderne naam met *ss* voor de geschreven *x* past uitstekend bij de ontwikkeling tot *ss* die deze klank in het laat-Gallisch doormaakte. Er zou dan een ontwikkeling via *'t-ussel* naar *Tessel* hebben plaatsgevonden. Dat de naam later op Terschelling werd betrokken, kan zijn veroorzaakt door de grote veranderingen die in het Waddenlandschap plaatsvonden. Zeker wanneer die naam ook nog zoiets neutraals betekent als 'hoogte, duintop'.

De geologische kern van het eiland Texel - dat in de Romeinse tijd dus nog geen eiland was - bestaat uit een gedurende de ijstijden opgestuwde hoop keileem van ongeveer vijftien meter hoogte. Deze zogenaamde 'Hoge Berg' vormt als het ware het aanhechtingspunt voor het verstuivende duinzand en zal gedurende de hele geschiedenis van het eiland een opmerkelijk element in het landschap hebben gevormd.

Dat een lidwoord (of een voorzetsel) gemakkelijk deel kan gaan uitmaken van een onbegrepen naam, zagen we al eerder in verband met de plaatsnaam Rijsel / Lille. Het blijkt ook uit de naam *Terschelling* zelf. Vergelijkbaar zijn een aantal andere plaatsnamen die beginnen met *Ter-*, evenals de plaatsnaam *Drunen* (NB) die teruggaat op zoiets als '(op) ter (h)unen' (*hune* = 'laag, drassig stuk land'). Terschelling betekent 'op de (= *ter-*) scheiding (= *schelling*)'. Sinds 985 vormde de Vliestroom tussen Vlieland en Terschelling de grens tussen Holland en Friesland. In het Fries heet het eiland *Skylge* of *Skylgerlân* en de Nederlandse naam is waarschijnlijk afgeleid van de naam van de plaats *Wester-schelling* die daadwerkelijk op de grens gelegen was. Mogelijk bewaart de plaatsnaam *Oosterend* de oude naam van dit eiland, want uit de eerste eeuw na Christus kennen we de naam *Austeravia* voor één van de Waddeneilanden (maar het is niet zeker welk eiland dat was). *Austeravia* ('ooster-eiland') is een Germaanse naam, en de Romeinse schrijver Plinius de Oudere (23/24-79 na Christus) meldt dat de Romeinse soldaten ditzelfde eiland *Glaesaria* noemden (van Latijn *glaesum* 'amber'?). De verwarring rond de oude naamgeving van de eilanden ontstond waarschijnlijk al in de middeleeuwen.

Overigens is ook de plaatsnaam *Oss* (NB), en die van de Osse wijk *Ussen*, wel in verband gebracht met dit Gallische woord **uxelo-*. Oudere spellingen van de plaatsnaam zijn echter schaars en het blijft daardoor onduidelijk of dit wel mogelijk is. Misschien moeten we hier toch aan een Germaanse afleiding uit de diernaam *os* denken. Gezien de relatief grote nederzetting uit de ijzertijd (met voorlopers in de bronstijd en voortdurend in de Romeinse periode) die vooral in Oss-Ussen is opgegraven, mogen we hier anderzijds wel met een echt oude (voor-middeleeuwse) plaatsnaam rekening houden.

De andere opmerkelijke naam in de Wadden is de oude naam voor Ameland: *Ambulon*. Hier is duidelijk dat toen deze naam in de middeleeuwen niet meer werd begrepen, men meende dat de uitgang *-land* was. Dus ging men voortaan ook *land* zeggen en schrijven. Het zal daarbij hebben geholpen dat het woord voor 'land' in het Oudfries *lond* is. De wijziging was dus minimaal. Wat *Ambulon* betekend kan hebben, blijft opnieuw onduidelijk, maar een verband met Keltisch *ambi-* is denkbaar.

Het oosten van Nederland

De overige Noordnederlandse stamnamen laten zich evenmin allemaal verklaren. De naam *Amsivarii* is wel geïnterpreteerd als '(aan de) Eems wonenden'. De *Eems* heette in de Romeinse tijd nog *Amisias*, een naam die dateert van voor de introductie van het Indo-europees. Het element *-varii* komt voor in meer namen van volkeren en wordt in verband gebracht met Oudsaksisch *waran*, *waron* 'hoeden, bezitten, bewonen' (vergelijk voor de betekenis 'hoeden' ook het Nederlandse (rond)*waren*; dus wat een herder met zijn kudde doet). Deze interpretatie van *-varii* is echter niet zeker. De naam van de stam zou nog kunnen voortleven in de Drentse plaatsnaam *Eemster*, waarvoor als oudste vorm wel **Amizwari* is gereconstrueerd. Aangenomen dat de gegeven veronderstellingen juist zijn, hadden de Amsivarii dus een Germaanse naam.

Als aanvoerder van de Amsivarii vermeldt Tacitus in ongeveer 100 na Christus een man met de naam *Boiocalus*. Die naam is dan weer Keltisch. Het eerste deel, *boio-* vinden we in een aantal persoonsnamen (zoals *Boiorix*) en in de naam van de stam de *Boii*. Het komt uit een ouder Keltisch **bogii* dat is afgeleid van het werkwoord **bo(n)g-* 'slaan'. Ook het tweede deel, **-calos*, komt vaker voor in persoonsnamen en wordt geacht Keltisch te zijn. De betekenis ervan is echter onbekend. De stamnaam Boii leeft voort in de moderne naam *Bohemen*, en in gegermaniseerde vorm (korte *o* > korte *a*) in *Baiuwar-* > *Beieren*.

De naam van de *Chamavi* leeft voort in de streeknaam *Hamaland* voor de IJsselstreek bij Deventer. Naast de meer gangbare spelling met *ch* komen in de Romeinse tijd ook vormen met *c* (= k) voor. Aangenomen wordt dat de naam Germaans is, maar de etymologie is onduidelijk. Uit de omgeving van Jülich (of Gulik, tussen Aken en Keulen) stamt een altaar uit de Romeinse tijd dat is gewijd aan de *Matronae Hamavehae*, de 'moedergodinnen van de Chamaven'.

In laatromeinse en vroegmiddeleeuwse bronnen worden de Chamaven, die dan in midden-Nederland wonen, soms gelijkgesteld met de Franken. Het waren deze Franken die aan het eind van de Romeinse overheersing onze streken aan zich onderwierpen en daarbij tot ver in Gallië doordrongen. De naam *Frankrijk* is zelfs van hen afgeleid ('Franken-rijk'). De Franken spraken een Germaanse taal die als een rechtstreekse voorouder van het huidige Nederlands wordt beschouwd; een andere naam voor Oudnederlands is ook wel *Oudneder-frankisch*.

Bructeri, met dezelfde uitgang als Tencteri, heeft een oude variant *Burcteri*. In het Germaans kunnen we denken aan een verklaring als 'de afschrikwekkenden', maar misschien is ook een verbinding met *burg* (later *burcht*) mogelijk. De oorspronkelijke Germaanse betekenis zou dan weer zoiets als 'heuvel- of hoogtebewoners' kunnen zijn. Voor de *Cugerni* gaan de meeste geleerden uit van een Keltische naam, maar ook hier is de etymologie volstrekt onduidelijk.

Ten slotte zijn er dan nog de *Tubantes* ten noorden van de rivier de Lippe. Als variant van deze naam komt ook *Tuvantes* voor. Daarvan kennen we de moderne vorm nog steeds als *Twente*. Voor de variatie bestaat er over de etymologie van deze naam een redelijke eensgezindheid: *tu-* is een verkorte vorm van het Germaanse telwoord **twai* 'twee' (zoals in Latijn *(in) duplo, duplex*), en *hanta* is mogelijk een oud woord voor een rechtsgebied (deze betekenis is niet algemeen aanvaard!). Er is weliswaar nog enige discussie over of *Tubantes* hier echt bij hoort, maar ook het woord *bant* (zoals in *Brabant*) is wel geïnterpreteerd als '(in juridische zin) afgesloten gebied'. De betekenis lijkt dus dezelfde. Naast *Twente* staat *Drenthe*, dat teruggaat op **thre-hanta* en dus drie rechtsgebieden omvatte. Ondanks de eensgezindheid moet echter met klem worden gesteld dat ook hier de herkomst en betekenis van de namen verre van zeker is.

Het zuiden van Nederland

In het zuidwesten van Nederland vinden we in de Romeinse tijd de *Sturii* en de *Marsaci*. De eersten lijken in het zuiden van Zuid-Holland en in Zeeland te hebben gewoond. Hun naam lijkt de voorloper van Nederlandse woorden als *stoer* en *stuurs* en zal zoiets als 'de sterken' of 'de hardnekkigen' hebben betekend, of mogelijk 'de standvastigen'. Wanneer dat juist is, droegen zij dus een Germaanse naam. Keltische verwanten van dit woord zijn niet voorhanden.

De naam Marsaci lijkt voort te bestaan in de naam *Marsum* die in de achtste eeuw voorkomt voor het gebied rond Vlaardingen en Maasland (of misschien westelijker bij Monster). Als dat de streek is waar de Marsaci woonden, dan leefden zij dus aan de noordelijke oever van de oude Maasmond (het *Helinium*) die in de Romeinse tijd nog een brede riviermonding was. De naam wordt wel in verband gebracht met een Germaans **marsōz* 'ergeren, hinderen'. In dat geval zou de betekenis dus min of meer overeenkomen met die van de naam Sturii. Anderzijds is het hier ook mogelijk dat de naam teruggaat op een ouder Keltisch **morisaci*, zoals in *Armorici* en *Morini*. Het tweede element zou dan wellicht Keltisch **-sag-* (Germaans **sak-*) kunnen zijn. Dit betekende 'trachten te bereiken' en we vinden het onder andere terug in het Oudierse *saigid* 'naderen, zoeken, nastreven', het Nederlandse *zoeken*, en ook in de Gallische stamnaam *Tecto-sages* 'die beschutting zoeken'. De betekenis zou dan zijn 'die de zee (op)zoeken'.

Ten zuiden van de grote rivieren vinden we verder de *Frisiavones* en de *Texuandri*. Van de Frisiavones is de precieze woonplaats onbekend. Op grond van hun naam wordt aangenomen dat zij een afsplitsing van de Frisii vormden, maar ook daar is niet iedereen het over eens. De *Texuandri* bewoonden het gebied dat later *Taxandria* (Texandrië) heet en in het oosten van Noord-Brabant ligt. Hun naam is Germaans. Hij betekent zoiets als 'zuiderlingen' (Germaans *tehs(w)a* 'rechterkant, het zuiden') en zal dus gegeven zijn door degenen die ten noorden van de rivieren bleven wonen. De naam leeft voort in de plaatsnaam *Tessenderloo* ('Texuander-bos') in Belgisch-Limburg.

Als zuiderburen hadden de Texuandri de Tungri, die we al bespraken, en de *Nervii*. Ook dit was in de Romeinse tijd een belangrijke stam, waarvan we de naam echter niet van een bevredigende etymologie kunnen voorzien. Daarmee blijft dus ook onduidelijk of de naam Keltisch is of Germaans. (Een verband met PIE *ner-* 'man' ligt voor de hand, maar de afleiding blijft onduidelijk.) Een aanvoerder van de Nervii droeg de mooie Keltische naam *Boduo-gnātos*. Het tweede lid van deze naam is verwant met het Latijnse *natus* 'geboren' en betekent in de Keltische talen zoiets als 'verwant met, vertrouwd met'. Het eerste deel is de naam van een oorlogsgodin en betekent 'kraai', de gedaante waarin deze godin op het slagveld verscheen.

Een onderafdeling van de Nervii waren volgens Caesar de *Pleumoxii*. Die naam lijkt eenvoudig te doorzien als afkomstig uit PIE *pleu-moks(u)-* waarin het eerste lid 'stromen(d)' betekent en op een riviernaam lijkt te duiden. Misschien heette de groep naar de rivier waaraan zij woonden (de Schelde of de Dender?). Het tweede deel, *moks(u)-*, betekende echter 'spoedig' en laat zich daar moeilijk bij aansluiten (tenzij we wat vrijer mogen interpreteren en het geheel vertalen als 'snelstromend'). We vinden het in het Latijnse *mox* 'weldra, vervolgens', en ook in het Keltisch (Wels *moch*, Oudiers *mó* 'vroeg') maar niet in het Germaans. In *pleu-* is het dan natuurlijk vreemd dat de *p* niet is verdwenen. We vinden dit PIE woord in Keltische riviernamen als *leu-*, terwijl in het Germaans de overgang van *p* naar *f* (Nederlands *v*) plaatsvond. In het Nederlands leverde dat onder andere de riviernaam *Vlie* en het werkwoord *vlieten* op.

Het zijn namen als deze die de hypothese ondersteunen dat er in het noordwesten van Europa een Indo-europese taal was die noch Keltische noch Germaanse kenmerken vertoont (het 'Noordwestblok'). Wanneer Pleumoxii inderdaad teruggaat op en riviernaam, dan is het echter goed mogelijk dat deze naam ouder is dan de keltisering van het gebied, en in dat proces zijn PIE *p* behield. Riviernamen blijken overal ter wereld het meest van alle namen bestand tegen veranderingen. Daardoor vormen zij vrijwel steeds het oudste bestanddeel van de namen die mensen gebruiken voor de geografische elementen in hun omgeving. Goede voorbeelden hiervan zijn de rivieren Mississippi, Missouri en Potomac in de Verenigde Staten van Amerika, die alle drie namen dragen die uit Indiaanse talen afkomstig zijn.

We kunnen ons voorstellen dat de eerste sprekers van het Indo-europees een oudere en voor hen onbegrijpelijke riviernaam nog wel aan hun taal aanpasten tot het Indo-europees uitziende Pleumoxii, maar dat de naam - die vervolgens dus betekenisloos was - daarna niet meer werd aangepast aan de verdere ontwikkelingen tot Keltisch of Germaans.

Amsivarii

Frisii

Frisii

Chamavi

Bructeri

Cannene-
fates

Tubantes

Marsaci

Frisia-
vones

Batavi

Usipites

Tencteri

Sturii

Texuandri

Cugerni

Tungri

Morini

Nervii

Ambiani

Remi

Treveri

De stamnamen tijdens de Romeinse overheersing

Bij de naam *Pleumoxii* is ook nog vermeldenswaard, dat deze wel in verband is gebracht met de latere namen *Vlaanderen* en *Vlaming*. Beide zouden dan teruggaan op een vorm *$\overline{flam}$- < *flaum- < *pleu(m)-.* Vlaming betekent in deze optiek 'bewoner van overstroomd gebied, kwelderbewoner'. Deze etymologie is echter niet zeker, vooral de oudste stap met de ontwikkeling van *eu naar Germaans *au, is niet regelmatig en vraagt om een nadere verklaring. (Tenzij we aannemen dat in deze tweeklank de oude *e* lang was en meedeed aan de klankverandering die we ook zagen in *maand* (naast Latijn *mēnsis*).

Bataven en Kannenefaten

In het rivierengebied zelf woonden *Batavi* en *Cannenefates*. Volgens Tacitus hoorden beide stammen bij elkaar en hadden zij een gemeenschappelijke taal en cultuur. Van de Bataven is verder bekend dat zij na de verwoestende oorlogen van de Eburonen en andere lokale stammen vanuit Midden-Duitsland naar Nederland zijn gekomen. Oorspronkelijk maakten zij in Duitsland deel uit van de stam van de *Chatti* (of *Catti*), waarvan zij zich na een onderlinge strijd hadden afgesplitst. De naam Chatti lijkt voort te leven in de naam van de Duitse deelstaat *Hessen*.

De etymologie van de naam Chatti is steeds onduidelijk gebleven, en ook de directe band met de naam Hessen (dat een ouder *chassi* veronderstelt) is niet meteen duidelijk. De vorm met (Germaanse) *ch* komt in de Romeinse tijd al vaak voor, maar daarnaast is ook de vorm met 'onverschoven' *k* (geschreven als *c*) erg frequent. Verder duiken ook met enige regelmaat spellingen met *th* en *tth* op. Dit zijn varianten die we vooral kennen als Romeinse spellingen voor een klank uit het Gallisch die het Latijn niet kende en die waarschijnlijk *ts* (uit ouder *st*) was.

Later werd deze klank in het Keltisch, en ook in het Germaans, *ss*. Julius Caesar maakt melding van een Britse stam in (waarschijnlijk) het zuidoosten van Engeland, en geeft de naam daarvan als *Cassi*. Deze naam wordt afgeleid van een ouder Keltisch *cad-ti* 'uitblinkend; mooi, knap', wat een tussenstadium als *catsi* veronderstelt. In het Oudiers gaf dit het woord *cais*, dat wonderlijk genoeg zowel 'liefde' als 'haat' kan betekenen, en oorspronkelijk dus zoiets als 'hevige emotie' zal hebben betekend. In de moderne Keltische talen betekent het woord (Iers *cas*, Wels *cas*, Bretons *kas*) steeds 'haat'. De Nederlandse verwant is natuurlijk *haat*, en in het Grieks kennen we het woord *kèdos* 'smart, groot verdriet'. Een plaatsnaam die wellicht ook verwant is, maar waarvan geen oudere vormen bekend zijn, is *Hatert* in Gelderland (bij Nijmegen).

Gezien de diverse spellingen, zou ook de oorspronkelijke uitspraak van de naam van de Chatti wel eens *Chatsi* geweest kunnen zijn, ontstaan uit een mogelijk ouder (en Keltisch)

Kadsi. Deze vormen verklaren dan ook meteen de ontwikkeling tot de moderne streeknaam Hessen.

Er is zelfs nog een extra aantrekkelijkheid aan deze etymologie, want uit het Rijnland kennen we eveneens een inscriptie die is gewijd aan de *dii Casses* 'de "Chatti-goden"', en die lijkt erop te duiden dat ook de Keltische vorm daar nog bleef bestaan en net als in het Brits (en in het Gallisch) de ontwikkeling tot *cassi* doormaakte. De betekenis van *Chatti* zou dan zoiets kunnen zijn geweest als 'de heftigen' of 'die tot het uiterste gaan'.

Net als de Bataven in het rivierengebied, woonden de Chatti in Hessen in een streek die zowel Keltische invloeden vanuit het zuiden, als Germaanse vanuit het noorden onderging. Toch lijkt vooral de zuidelijke invloed groot geweest te zijn, en archeologen rekenen Hessen over het algemeen tot Keltisch gebied. Nog pas in 1994 werd aan de voet van de Glauberg in Hessen een rijk vorstengraf uit ongeveer 500 voor Christus ontdekt. Dit graf sluit volledig aan bij de traditie van vorstengraven zoals we die uit deze periode kennen uit het meer centrale Keltische cultuurgebied. Zo werd in het graf onder andere een bronzen wijnkan van Etruskische herkomst aangetroffen.

Ook later, in de tijd dat de Bataven Hessen verlieten, volgden de Chatti nog volop het patroon dat we in archeologische zin als 'Keltische cultuur' bestempelen. Zo brachten de Bataven het gebruik van munten mee naar Nederland. Die munten dienden nog niet zozeer als betaalmiddel, maar meer als een soort statussymbool zoals bij ons medailles en lintjes die mensen krijgen wegens verdienste. Verder zijn er in Nederland een aantal lange 'ruiterzwaarden' gevonden. Die zijn vermoedelijk door Bataven gemaakt en sluiten nauw aan bij de Keltische ijzersmeedkunst die ook van elders bekend is. We zullen echter zien dat de Bataven die zich in Nederland vestigden hoogstwaarschijnlijk een Germaanse taal meebrachten. Qua taal zullen zij dus al in Hessen zijn gegermaniseerd.

Voor de Romeinen waren de Bataven belangrijke bondgenoten. Zij bewaakten het westelijke deel van de Rijngrens en leverden voor het Romeinse leger bereden hulptroepen. Die Bataafse ruiterij was zo goed getraind en gedisciplineerd dat zij spreekwoordelijk werd en op verschillende plaatsen langs de grens van het rijk werd ingezet. Zo vinden we bijvoorbeeld Bataven (maar ook Nerviërs en Tungriërs) bij de grenstroepen in het zuiden van Schotland. De betrouwbaarheid van de Bataven blijkt verder uit het feit dat Julius Caesar meteen bij de eerste kennismaking zijn persoonlijke lijfwacht zou hebben gerecruteerd uit Bataafse strijders. Ook de Romeinse keizers na hem bleven tot in 68 na Christus zichzelf omgeven met een Bataafse lijfwacht.

In het jaar 68 raakten de Bataven betrokken in de strijd om de opvolging van de Romeinse keizer Nero (54-68 na Christus). In de verwarring die hierdoor ontstond, wist de Bataafse leider Julius Civilis een groot aantal stammen in het noordwesten van het rijk te verenigen in een massale opstand tegen de Romeinse overheersing. Deze beroemde *Bataafse opstand* van

69-70 na Christus is de eerste gebeurtenis in Nederland waarover we echte historische bronnen hebben. Tevens vormde hij later de inspiratiebron voor de Bataafse mythe die we al eerder bespraken.

De opstand was goed georganiseerd en deed in korte tijd ongeveer alle Romeinse nederzettingen in vlammen opgaan. Toen de Romeinen echter maar liefst acht legioenen in de slag brachten, moesten de opstandelingen opgeven. Het Tiende Legioen, dat uit Spanje was komen marcheren, bleef daarna ruim een generatie lang (tot in 104 of 105) in Nijmegen gelegerd en zou een belangrijke rol spelen bij de romanisering van Nederland.

Het Romeinse legioen

Een legioen was de grootste organisatorische eenheid binnen het Romeinse leger. Het omvatte ongeveer 6000 soldaten en officieren, plus een groot aantal volgers die allerlei nuttige functies vervulden (ambachtslieden, handelaars, ingenieurs, artsen en dergelijke). Oorspronkelijk mochten alleen Romeinse staatsburgers dienst nemen als legioensoldaat. Anderen - zoals de Bataven - dienden bij de hulptroepen. Het Tiende Legioen heette in het Latijn *Legio X gemina* 'het tiende legioen, samengevoegd'. De toevoeging 'samengevoegd', geeft aan dat het legioen was samengesteld uit twee eerdere legioenen die elk grote verliezen hadden geleden. Later kreeg het tiende legioen nog de bijnaam *pia fidelis* 'het loyale en trouwe'.

Over de naam *Batavi* is natuurlijk eindeloos veel geschreven, en ondertussen lijkt iedereen aan te nemen dat hij 'de dappere mannen' betekent. Het eerste deel, *bat-* wordt geïnterpreteerd als verwant met *beter* (Germaans **batiza*). Maar gezien de lange traditie van de Bataafse mythe is dit misschien wel een beetje chauvinistisch. Er bestaat namelijk geen twijfel over dat de naam samenhangt met *Betuwe*, de naam van het woongebied van de Bataven. *Betuwe* zal echter komen van **bat(iz)-agwio*, en dat betekent 'goed (beter?) land omgeven door water'. De uitgang *-uwe* kunnen we vergelijken met de naam van het plaatsje *Ooij* (in de Ooijpolder bij Nijmegen), dat in 949 nog *Auui* heette (< **agwio*; het is niet helemaal zeker of dit *Auui* dezelfde plaats benoemt). Het Duitse woord is *Au(e)* 'rivierweide', dat weer werd geleend in de plaatsnaam *Rhijnauwen* (U; vergelijk *Rheinau* in de Elzas). Misschien is het daarom veiliger *Batavi* te interpreteren als 'Betuwe-bewoners', en niet omgekeerd de naam van de streek uit de stamnaam af te leiden. Wanneer deze interpretatie juist is, is het in elk geval een Germaanse naam.

De hoofdplaats van de Bataven lag in het oostelijke rivierengebied, waarschijnlijk op de plaats waar nu Nijmegen ligt en waar de Romeinen uiteindelijk hun Tiende Legioen vestigden. Als naam van die Bataafse hoofdplaats vinden we bij de Romeinse schrijvers *oppidum Batavorum*, dus 'het oppidum (de versterking) van de Bataven' of 'de Batavenburcht'. Daarnaast bestond ook de naam *Batavodurum*, wat vaak wordt gezien als alleen maar een andere naam voor *oppidum Batavorum*. Het tweede deel van die naam is echter het Gallische *durom*, dat 'marktplaats, plein, open veld' betekent. Het Gallische woord voor 'oppidum' is *dūnom*, dat ook vaak in plaatsnamen voorkomt. Het zou dus zo kunnen zijn dat het *oppidum Batavorum* de naam was van de Bataafse versterking (**Batavo-dūnom*), en *Batavodurum* (met een Latijnse uitgang, uit **Batavodurom*) die van de daarbij behorende burgerlijke woonplaats. Beide plaatsen werden tijdens de Bataafse opstand verwoest.

Onder keizer Traianus (98-117) werd een nieuwe burgerlijke nederzetting ingericht. Deze kreeg ook een nieuwe naam: *civitas Ulpia Noviomagus Batavorum*, 'het Ulpische Noviomagus in het land van de Bataven', afgekort tot *Noviomagus*. Het is hieruit dat de moderne naam *Nijmegen* is ontstaan. Ulpia was de familienaam van keizer Traianus, en Noviomagus is Gallisch (*novio-magos*) voor 'nieuwveld' of 'nieuwmarkt'. Dit 'Nieuwmarkt' lag in het westen van het huidige Nijmegen, onder het stadsdeel dat nu Waterkwartier heet. Een ander Noviomagus lag aan de Moezel in het gebied van de Treveri. Deze plaats heet tegenwoordig Neumagen.

Vaak wordt aangevoerd dat deze Keltische naamgeving een modeverschijnsel was, en niets zegt over de taal die ter plekke werd gesproken. We hebben echter ondertussen zoveel Keltisch gezien dat het maar de vraag is of dat juist kan zijn. Ook elders vinden we Bataven genoemd die Keltische namen hebben. Zo bijvoorbeeld *Briganticus* 'de verhevene', en de vrouw *Suandacca*. Julius Briganticus was volgens Tacitus een neef (oomzegger) van Julius Civilis. De naam Suandacca is wel vergeleken met het Oudierse *sant* en het Welse *chwant*, die beide 'begeerte' betekenen. De naam zal dus 'de begeerde' of 'de begeerlijke' hebben betekend. In combinatie met de germaniserende invloed die van de Bataven lijkt te zijn uitgegaan, moeten we hieruit waarschijnlijk concluderen dat de germanisering van de Bataven een recent verschijnsel was toen zij het rivierengebied binnentrokken. Mogelijk waren zij zelfs nog tweetalig.

Van de Kannenefaten zagen we al dat zij volgens Tacitus dezelfde gewoonten en dezelfde taal hadden als de Bataven. Nu is voor hun stamnaam kort geleden een nieuwe etymologie voorgesteld die mogelijk licht kan werpen op de taalsituatie: *Cannene-fates* betekent 'look-meesters'. Het opmerkelijke daarbij is dat het eerste deel van de naam Keltisch is, en het tweede Germaans. Het Keltische woord **kannīnā* betekent 'look, prei', terwijl we in *-fat-* een Germaanse vorm van PIE **potis* 'meester' kunnen herkennen (het Gotisch heeft *faths*).

De betekenis 'look-meesters' is wellicht minder vreemd dan hij lijkt, wanneer we bedenken dat look en prei in de vroegmiddeleeuwse literatuur werden gebruikt als beeld voor zowel de trots rechtopstaande strijder als voor zijn zwaard. Daarnaast werden aan lookachtige planten ook magische en geneeskrachtige eigenschappen toegekend. In overdrachtelijke zin was de betekenis dus zoiets als 'onbuigzaam, trots' in combinatie met 'beschermer tegen het kwaad (en tegen ziekte)'.

Dergelijke mengvormen van Keltisch en Germaans komen nog enkele keren voor. Een voorbeeld is de vrouwennaam *Bricciofrida* die werd gevonden in de Ardèche en die bestaat uit een combinatie van het Keltische *briccio* 'veelkleurig, gevlekt' (en dus ook 'met sproeten') en het Germaanse *frida* 'vrede'. Het Keltische woord vinden we ook afzonderlijk in de Gallische persoonsnamen *Briccus* en *Briccius*, en *Frida* is natuurlijk nog steeds een normale meisjesnaam. Bij de Kannenefaten zouden we kunnen denken dat de naam werd gegeven door germaanstalige nieuwkomers die 'heren' werden ('*-faten*') over de inheemse, keltischsprekende bevolking ('*kannenen*'), maar dit is natuurlijk puur speculatief.

Een Kannenefaat die door Tacitus wordt genoemd, heette *Brinno*. In dit geval kunnen we zowel denken aan een Germaanse naam die samenhangt met Nederlands *branden* (Oudnoors *brenna*, Gotisch *brinnan*), als aan de Keltische mannennaam *Brennos* 'hoofdman, aanvoerder'. De voorkeur lijkt uit te gaan naar een Keltische persoonsnaam die in het Germaans werd geleend. Ook dat fenomeen zullen we verderop nog in detail bekijken. In elk geval zegt de naam hier dus niets over de taal van de drager ervan.

Germanisering

Hiermee zijn de belangrijkste stamnamen uit de Nederlanden behandeld, en in samenhang daarmee ook enkele persoons- en plaatsnamen. Wanneer we nu een tussenbalans opmaken, dan blijkt in grote lijnen het volgende. In het midden van de eerste eeuw voor Christus, wanneer Julius Caesar deze streken aandoet, zijn in het zuiden alle stamnamen (voorzover ze doorzichtig zijn) Keltisch. Naar het noorden toe neemt het aantal ondoorzichtige namen toe en moeten we ook met het Germaans rekening houden. In de Romeinse tijd, dus vanaf de eerste eeuw na Christus, vinden we in het zuiden enkele nieuwe namen die ondoorzichtig zijn, en in het noorden nu ook namen die duidelijk Germaans zijn. In enkele gevallen vinden we Keltisch en Germaans naast elkaar (bijvoorbeeld in de naam Heerlen), en soms blijkt een naam zelfs gemengd Keltisch-Germaans te zijn.

In archeologisch opzicht lijken de Hallstatt- en La Tène-invloeden op de Nederlanden het sterkst te zijn geweest in de midden ijzertijd. We zien dat bijvoorbeeld uit het verschijnen van rijke graven met bijgaven die uit het zuiden geïmporteerd werden (de zogenaamde 'vorstengraven' uit de late Hallstatt-periode). Dergelijke importstukken worden gevonden tot in midden-Nederland en zelfs op enkele plaatsen in Drenthe. Daarna neemt die invloed af en lijkt het algemene beeld meer aan te sluiten bij de in archeologische zin 'Germaanse' gebieden in het noordoosten.

We zouden daarom kunnen veronderstellen dat gedurende de ijzertijd onze streken in eerste instantie ook op het gebied van de taal vooral vanuit het zuiden werden beïnvloed. De

88

Nederlanden deden dus mee aan de 'keltisering' die op dat moment in grote delen van Europa plaatsvond, en werden als gevolg daarvan ook Keltisch-sprekend. Wanneer de hierboven voorgestelde interpretatie van *Texel* (< *Uxalia*) juist is, dan betrof deze keltisering heel Nederland.

Daarna nam deze zuidelijke invloed af en werd de invloed vanuit het noordoosten sterker. Ook op het gebied van de taal drong het Germaans daarmee steeds verder binnen. Waarom dat gebeurde, en hoe en wanneer precies, valt helaas niet vast te stellen. Misschien geeft Caesars opmerking dat de Belgae weinig contacten hadden met het mediterrane gebied, en voortdurend met de stammen over de Rijn in strijd waren verwikkeld, een indicatie. Aangezien we de overgang van Keltisch naar Germaans als het ware in de vroegste bronnen zien gebeuren, kan de overgang niet erg lang voor de komst van Julius Caesar zijn begonnen. Er is ook voorgesteld dat de oversteek van grote groepen Belgae naar het zuiden van Engeland plaatsvond onder druk van deze Germaanse ('germaniserende') opmars. Helaas is de archeologische datering van deze oversteek ook al niet zonder problemen, maar ergens kort voor 100 voor Christus is een gangbare datum die goed in dit verhaal zou passen. (Archeologisch blijken deze Belgae in Engeland nauwelijks te onderscheiden van hun Britse 'gastheren' en dat maakt het dateren van hun aankomst erg moeilijk.) Het binnentrekken van Bataven en Kannenefaten in het rivierengebied, nadat Caesar daar voor een machtsvacuüm had gezorgd, lijkt in deze trend te passen.

Gedurende de Romeinse tijd neemt de Germaanse invloed in onze streken duidelijk toe. We zagen al dat de Chamaven in midden-Nederland aan invloed leken te winnen, en dat zij in de bronnen worden gelijkgesteld met de Franken. Rond 170 na Christus vonden enkele grote invallen van noordoostelijke stammen in het Romeinse gebied plaats. Eerst braken de Chatti in de omgeving van Keulen door de grensverdediging heen, daarna begonnen de *Chauci* ('Chauken') hun plundertochten die voor een belangrijk deel over zee lijken te hebben plaatsgevonden. De Chauci bewoonden de noord-Duitse kustvlakte rond de monding van de Elbe. Hun naam is Germaans, maar niet Indo-europees en dus afkomstig uit een onbekende taal die aan het Indo-europees zal zijn voorafgegaan. *Chauci* betekent 'hogen' ('edelen'?). Opmerkelijk is dat in deze - meest gangbare - spelling van hun naam de Germaanse klankverschuiving wel zichtbaar is in de eerste, maar niet in de tweede medeklinker.

De Griekse geograaf Ptolemaeus vermeldde rond 150 na Christus in zijn wereldbeschrijving ook een stam in Ierland die hij *Kaukoi* noemde en die aan de zuidoostkust woonde (ter hoogte van de Wicklow Mountains). Dat zou de naam - net als Menapii - een Ierse tegenhanger geven. (In een recent artikel over de 'Ierse' namen bij Ptolemaeus is echter betoogd dat we hier met een latere schrijffout te maken hebben en dat de naam die Ptolemaeus eigenlijk noteerde *Aukoi* was. De naam zou namelijk voortleven in de middeleeuwse groepsnaam *Cenél Auchae*, de 'stam van Auch'.)

Waarschijnlijk waren de Chauken en de *Saxones* ('Saksen') nauwe verwanten van elkaar, en misschien slaan beide namen op hetzelfde volk. In elk geval was het in naam tegen de Saksen dat de Romeinen in de derde eeuw een hele reeks van fortificaties langs beide kusten van het Kanaal en de Noordzee aanlegden: de *litus Saxonicus*. De naam van de Saksen is naar we aannemen afgeleid van het korte, mesvormige zwaard dat hun meest kenmerkende wapen was en dat in het Germaans *saks* heette (Oudhoogduits *sahs*, Oudengels *seax*).

Het waren de invallen van deze groepen waartegen de Romeinse verdediging tenslotte niet bestand bleek, en die ook de definitieve germanisering van de Nederlanden tot gevolg hadden. Met dat laatste lijken zij een trend af te sluiten die zich al voor de komst van de Romeinen had ingezet.

Hierna zullen we nog een aantal plaats- en persoonsnamen nader bekijken, en proberen of dit algemene beeld daarmee nog wat kan worden genuanceerd. Het algemene probleem dat een persoon, een groep, of een plaats natuurlijk best een naam kan hebben in een andere taal dan de lokaal gangbare, mogen we daarbij niet uit het oog verliezen. Het gaat dus steeds om het algemene totaalbeeld.

c. Plaatsnamen

De bronnen

Plaatsnamen die ons daadwerkelijk uit de Romeinse tijd zijn overgeleverd, zijn in onze streken tamelijk schaars. Van andere plaatsnamen kan op grond van oude (middeleeuwse) vormen vaak wel worden gereconstrueerd hoe zij er 'oorspronkelijk' hebben uitgezien, maar omdat het dateren van dergelijke gereconstrueerde vormen moeilijk is, blijven deze hier zoveel mogelijk buiten beschouwing.

Naast enkele inscripties die plaatsnamen bevatten, wordt onze belangrijkste bron gevormd door een laatromeinse wegenkaart die in een middeleeuwse kopie bewaard is gebleven. Deze kopie staat bekend als de *Tabula Peutingeriana* ofwel 'de kaart van Peutinger', naar Konrad Peutinger die de kaart in 1508 kocht en daarmee de oudste bekende bezitter werd. De kaart van Peutinger zoals wij die kennen, dateert uit de twaalfde of uit het begin van de dertiende eeuw. Het origineel moet echter uit het midden van de vierde eeuw stammen en de versie die wij kennen is een kopie (van een kopie?). Tegenwoordig wordt de kaart bewaard in de Nationale Bibliotheek in Wenen. Een exemplaar van de eerste gedrukte versie van deze kaart, uit 1598/'99, is te zien in Museum Het Valkhof in Nijmegen.

Nederland is op de kaart van Peutinger tamelijk goed met plaatsnamen vertegenwoordigd. Het huidige België is daarentegen op de kaart opmerkelijk leeg. Misschien komt dat omdat juist in de vierde eeuw de grens van het rijk zelf nog wel van belang was, maar het gebied daar direct achter veel minder. Dat was een gemilitariseerde zone waar voor reizigers weinig te beleven viel. Wel liep door België een groot deel van de uiterst belangrijke weg van Boulogne aan de Kanaalkust naar Keulen, die in alle opzichten gold als een levensader voor Noord-Gallië. Vanaf *Cambrai* (*Kamerijk*, < *Camaracum*) volgde deze weg een vrijwel rechte lijn naar Maastricht. Het tracé van de weg liep daarbij voor een groot deel over de hoge gronden die de waterscheiding vormen tussen de bekkens van de Maas en van de Schelde. Op die manier hoefde de weg zo min mogelijk grotere rivieren over te steken.

Behalve de kaart van Peutinger kennen we nog enkele 'reisboeken' uit de Romeinse tijd. Deze zogenaamde *itineraria* (enkelvoud *itinerarium*) geven beschrijvingen van reisroutes aan de hand van de plaatsen langs de route en de afstanden daartussen. Ook op de kaart wordt tussen de plaatsen steeds de afstand aangegeven. Op 'ons' deel van de kaart gebeurt dat in Gallische mijlen van ongeveer 1500 meter.

Plaatsnamen die puur Latijn zijn, zullen we niet nader bespreken, maar voor de rest volgt hier een alfabetisch overzicht van de plaatsnamen zoals die op de *Tabula Peutingeriana* (TP) voorkomen, aangevuld met een aantal namen die we uit andere bronnen kennen. Voor de vorm van de namen is het van belang dat op de kaart van Peutinger relatief late vormen voorkomen, in het Latijn van de vierde eeuw na Christus. Daarin zijn bijvoorbeeld vaak de naamvalsuitgangen geheel of gedeeltelijk verdwenen. Verder bevatten de namen op zowel de kaart als in de 'reisboeken' schrijffouten. Die zullen vooral zijn gemaakt bij het kopiëren in de periode na het ontstaan van deze bronnen, tot de materiële vorm waarin wij ze nu kennen.

Romeinse wegen

Voor het bestuur van het steeds uitdijende Romeinse rijk was een goed wegennet onontbeerlijk. Niet alleen moest het leger zich snel en ongehinderd kunnen verplaatsen, maar ook voor bestuurlijke postdiensten en voor de handel was dit van groot belang. Overal waar de Romeinen kwamen, legden zij dan ook wegen aan, voorzien van rustplaatsen, herbergen en handelsposten, en waar nodig beschermd door politieposten en kleinere versterkingen. Regelmatig maakten de Romeinen daarbij gebruik van tracés waarover al oudere lange-afstand verbindigsroute's liepen.

In Waarmaarde (bij Kerkhove, O-Vl) is een dergelijke routeplaats opgegraven. Er stonden behalve enkele administratieve gebouwen en een badgebouw ook grote graanopslagplaatsen. Die wijzen erop dat zich hier het regionale verzamel- en verdeelcentrum voor de oogst uit de omgeving bevond. Het geheel was omgeven door een gracht en een palissade. De omtrekken en funderingen van de gebouwen zijn na de opgraving opnieuw in het terrein zichtbaar gemaakt, waardoor Waarmaarde nu een archeologisch park heeft (met een klein museum). De kleine nederzetting lag aan een zijarm van de Schelde, vlakbij de plaats waar een weg die rivier kruiste, en beschikte ook over een haventje.

Een Romeinse weg was een toonbeeld van technisch vernuft. Waar het terrein het toeliet, werd het traject zo recht mogelijk uitgezet. De benodigde landmeetkundige kennis hadden de Romeinen voor een groot deel weer overgenomen van de Etrusken uit Centraal-Italië. Waar mogelijk liep de weg over hogere gronden, waar de bodem droog is en niet al te veel rivieren hoeven te worden overgestoken. De weg zelf bestond uit een dik pakket grind dat in verschillende lagen was aangebracht en stevig werd aangestampt. Dit pakket kon in het midden wel een meter dik zijn en had, net als een modern wegdek, een bol oppervlak. Daar bovenop kon nog een plaveisel van platte stenen komen, maar dat gebeurde lang niet overal. De gemiddelde breedte van deze verharding was ongeveer zeven meter. Daarnaast lagen brede bermen die langs de volle lengte werden afgeboord door sloten, die voor een goede afwatering moesten zorgen. De totale breedte kon zo wel oplopen tot veertig meter.

In moeilijker terrein kon van deze basisprincipes worden afgeweken. Zo moest in de passen over de Alpen en de Pyreneeën de weg soms in de rotswand worden uitgehakt, zoals bijvoorbeeld nog is te zien hoog in de oude doorgang van de Sint Gotthardpas, tussen Italië en Zwitserland. In de lagergelegen en natte delen van Nederland, waar bovendien geen natuursteen voorhanden was, waren de wegen vaak een stuk eenvoudiger. Zij zullen uit een schoon zandpakket zijn opgebouwd, of hebben bestaan uit een dijk van zand en klei, met een verharding van grind waar dat voorhanden was. In het najaar van 1997 werd bij De Meern (U) een stuk Romeinse weg blootgelegd dat er precies zo uitzag. Elders in Nederland werd voor de verharding ook wel baksteenpuin of schelpengruis gebruikt. Bij Valkenburg (ZH) is een deel van de Romeinse weg opgegraven en bleek de verharding te bestaan uit dwars over de weg liggende boomstammetjes. Hier namen de Romeinen dus een techniek over die al sinds de bronstijd in veengebieden wordt toegepast.

In België zijn op verschillende plaatsen resten van de belangrijke weg van Boulogne-sur-Mer, via Cambrai (Kamerijk), Tongeren en Bavay naar Keulen opgegraven. In Nederland is van deze weg het tracé door Maastricht het best bekend. Ook bij Rimburg, op de Nederlands-Duitse grens bij Heerlen, en in Heerlen zelf, werden delen van deze weg teruggevonden. Bij Rimburg lag een brug over het riviertje de Worm.

Langs de wegen stonden op belangrijke punten mijlpalen met daarop de afstanden naar plaatsen langs de route. Resten daarvan zijn onder andere gevonden in Tongeren, in Péronnes-Lez-Binche (H) en in Monster (ZH). Eind oktober 1998 werden bij een opgraving in Den Haag maar liefst drie mijlpalen bij elkaar ontdekt. Helaas staan daar geen nieuwe plaatsnamen op.

Namen uit Romeinse bronnen

Albanianis (TP): *Alphen* (aan den Rijn; ZH). Er bestaat geen twijfel over dat Albanianis de directe voorloper is van de naam Alphen. Vroeger werd wel aangenomen dat de naam in verband zou staan met een Gallisch equivalent voor Latijn *albus* 'wit', maar zelfs het bestaan van dat Gallische woord is niet zeker. In Romeins Britannia lag eveneens een plaats *Albiniano*, en de naam daarvan wordt opgevat als een afleiding van de Latijnse persoonsnaam Albinianus. De plaatsnaam betekent dan zoveel als 'bij (of: op het landgoed van) Albinianus'. De naam is dan dus Latijn.

De oude naam *Albion* voor Groot-Brittannië, die vroeger (vanwege de krijtrotsen bij Dover) wel werd verklaard als 'het witte', wordt tegenwoordig in verband gebracht met het Welse woord *elfydd* 'wereld, land'. De ontwikkeling van Brits *albio-* naar Wels *elfydd* is volmaakt regelmatig. Een verband met Albanianis ligt echter niet voor de hand.

Arduenna, Arduinna is de oude naam voor de *Ardennen*. We vinden hem in diverse teksten (o.a. bij Caesar en Tacitus) en in inscripties. In zijn geheel ziet de naam er Keltisch uit, en het eerste deel laat zich ook probleemloos interpreteren: *ard(u)-* 'hoog'. Het tweede deel is lastiger omdat de spelling wisselt en we niet zeker weten wat de etymologisch correcte vorm is. Op een inscriptie uit de buurt van Düren in de Eifel vinden we zelfs *Ardbinna*. Maar wellicht staat deze laatste vorm op zichzelf en gaat hij terug op Keltisch *ardu-bennā* 'met hoge toppen' (indien dit tweede lid althans ook in het Gallisch kan worden afgeleid uit *banno-*). In alle inscripties verschijnt 'Ardennen' als de (bij)naam van een godin.

Mogelijk bevat het tweede lid PIE *uen-*, dat aan de basis ligt van een Keltisch woord dat we in het Oudiers terugvinden als *fine* 'familiegroep, stam' en in het Bretons als *gwenn* 'ras'. In het Germaans ontstond hieruit het oude woord *wine* 'vriend', dat wij in het Nederlands alleen nog maar kennen als tweede element in persoonsnamen als Lide*wijn*, Boude*wijn* en Goze*wijn*. De betekenis zou ofwel 'die in de hoogte woont' kunnen zijn, of 'die de hoogte liefheeft'. Voor de naam van de godin is de tweede betekenis wellicht het meest aantrekkelijk, maar voorlopig blijft de precieze interpretatie van deze naam onzeker. Bij deze interpretaties moet de naam worden geïnterpreteerd als *ardu-uen-*.

Indien we *ardu-enna* lezen, lijkt de betekenis eenvoudigweg 'de hoge' of 'de verhevene'. Deze intrepretatie lijkt het meest aantrekkelijk. Indien in het laat-Gallisch, net als in het Brits en Goidelisch, de ontwikkeling *ardu-* > *ard-* plaatsvond, dan gaan ook de moderne vormen *Ardennen* (Nederlands) en *Ardennes* (Frans) hier rechtstreeks op terug.

Atuaca staat op de kaart van Peutinger voor *Atuatuca*, het huidige Tongeren (B-L). Of het hier een schrijffout betreft, of dat de naam in de laatromeinse tijd inderdaad een lettergreep is kwijtgeraakt, is niet helemaal duidelijk. In het 'reisboek van Antoninus' (*Itinerarium Antonini Augusti*) staat echter *Aduaca Tungrorum*, wat erop zou kunnen wijzen dat de verkorting inderdaad in het spraakgebruik had plaatsgevonden. Het is ondenkbaar dat juist de lettergreep onder het accent wegvalt, dus hier zouden we een voorbeeld kunnen hebben van een Keltisch woord met het accent op de voor-voorlaatste lettergreep (in plaats van op de voorlaatste). Een Germaans accent op de eerste lettergreep maakt het verdwijnen van juist de derde lettergreep ook niet erg waarschijnlijk. Bij een schrijffout speelt het accent daarentegen geen enkele rol, want dan kunnen we aannemen dat de kopiist de juiste uitspraak niet kende. Maar dan moeten we aannemen dat zowel de kaart van Peutinger als het reisboek van Antoninus dezelfde schrijffout bevatten. Welke oplossing juist is, blijft onduidelijk. Een mogelijk vergelijkbare uitval van een lettergreep zien we hieronder bij Tudderen (N-L).

De etymologie en de betekenis van de naam zijn - zoals we al zagen - onduidelijk. De diverse pogingen die tot dusver zijn gedaan, lopen ver uiteen en zijn geen van alle overtuigend.

Bagacum (TP: Baca conervio): *Bavay* in Noord-Frankrijk (dept. du Nord). De kaart van Peutinger heeft hier duidelijk een schrijffout voor *Bagaco Nerviorum* 'het *Bagacum* van de Nerviërs'. De naam wordt afgeleid van een Gallische vorm **Bagakon* 'beuken-plaats' (van **bagos* 'beuk'). Mogelijk komt het Gallische woord voor 'beuk' ook voor in de naam *Bakel*, die we zowel vinden in Noord-Brabant als in Belgisch-Limburg. De Noordbrabantse plaats heette in 714 nog *Bagoloso*.

Tegenover deze Keltische interpretatie staat het idee dat het element *bag-* in deze namen ouder is dan het Keltisch (of Germaans) in onze streken. Het wordt dan wel gerekend tot een restant van de 'Noordwestblok'-taal, en de betekenis is in dat geval onbekend.

Blariaco (TP): *Blerick* (bij Venlo; N-L). Dit is een typisch voorbeeld van een Gallo-Romeinse plaatsnaam die oorspronkelijk uitging op *-(i)acum*. Deze uitgang wordt steeds voorafgegaan door een persoonsnaam, en het geheel betekent dan 'landgoed (*villa*) van ...'. Blerick is dus 'de villa van Blarius'. De vorm die deze uitgang in de moderne plaatsnaam kreeg, is afhankelijk van de taal en het dialect waarin hij zich ontwikkelde. Zo leidde **Clariacum* ('de villa van Clarius') tot de moderne namen *Clary* (Noord-Frankrijk, dept. Aisne), *Cléry*(-sur-Somme; dept. Somme), *Clarques* (dept. Pas-de-Calais), *Clerques* (dept. Pas-de-Calais) en *Klerken* (W-Vl). Nog zuidelijker werd de uitgang in het Frans *-ac*, zoals in *Cognac*.

Enkele andere namen die op deze manier zijn gevormd, zijn *Lennik* (Vl-B; < *Liniacum*), *Moerzeke* (O-Vl; < **Mauriciacum*), *Wervik* (W-Vl; < *Viroviacum*), *Zellik* (Vl-B; < **Setiliacum*). Het zijn natuurlijk de persoonsnamen in deze namen die taalhistorisch interessant kunnen zijn. Meestal zijn het echter Latijnse namen. Een uitzondering is de *Virovius* die Wervik zijn naam gaf. Zijn naam is Gallisch en betekent 'manhaftig'.

De naam *Blarius* (in Blerik) is mogelijk een Latijnse vorm van de Germaanse naam *Blesio*, die voorkomt in een Romeinse inscriptie op een altaar dat al in 1685 werd gevonden in Nijmegen en die we later in verband met de godennamen nog een keer zullen tegenkomen. Het altaar werd gewijd door *Blesio Burgionis filius*, 'Blesio de zoon van Burgio'. Zowel *Blarius* als *Blesio* zijn verwant aan het Nederlandse *blaar*, *bles* 'witte plek op het voorhoofd'. De oorspronkelijke betekenis lijkt 'grijs' te zijn geweest. Een Keltische verwant is het Welse *blawr* 'grijs', dat weer verwant is met Latijn *florus* 'blond, gelig'. Wellicht gaan de Germaanse vormen hier terug op een leenwoord uit het Keltisch.

De Romeinse villa

Ondanks de hoogstaande technologie en het feit dat er relatief veel mensen in steden woonden, bleef het Romeinse rijk toch steeds een agrarische samenleving. Overal waar dat mogelijk was, werden op vruchtbare gronden grote boerenbedrijven gesticht. De produkten die niet direct voor eigen consumptie waren bestemd, werden waarschijnlijk deels op de markten verkocht, en deels als belasting aan de overheid overgedragen. Het immense leger was een belangrijke afnemer van graan en andere produkten.

De Romeinse benaming voor een dergelijk vrij liggend boerenbedrijf was *villa rustica* (zoiets als 'plattelandswoning', tegenover *villa urbana* 'stadswoning'), meestal afgekort tot *villa*. Het hoofdgebouw van zo'n villa was meestal opgetrokken in mediterrane stijl en kon zeker bij de grotere villa's erg luxueus zijn uitgevoerd. Stenen muren en een pannen dak, vloerverwarming, gestucte en beschilderde wanden en waterleiding en riolering vormden geen uitzondering. Vaak was er ook sprake van een complex van gebouwen met naast het hoofdgebouw ook woningen voor ondergeschikten, een badhuis, schuren en opslagplaatsen.

Op de meest vruchtbare gronden komen uiteraard ook de grootste concentraties villa's voor. Ook waren de bedrijven daar groter. We moeten dan in de Nederlanden vooral denken aan de brede band vruchtbare löss die zich uitstrekt door het zuidelijke deel van de beide provincies Limburg, en verder ook aan de Belgische provincies Vlaams en Waals Brabant, Namen en Henegouwen en in de Eifel. Erg grote villa's werden onder andere opgegraven in Anthée (N), Basse-Wavre (W-B), Haccourt (B-L; tegenover Visé aan de Maas), Voerendaal (N-L), en ook in Nennig dat ter hoogte van Luxemburg-stad aan de Moezel ligt.

De eigenaars van deze villa's moeten rijke en invloedrijke mensen zijn geweest en een enkele keer weten we uit een inscriptie dat zij tegelijkertijd ook in een naburige stad belangrijke posities bekleedden. Uit hun namen blijkt dat het regelmatig mannen met een lokale achtergrond waren, die waarschijnlijk uit de inheemse elite zullen zijn voortgekomen.

In een aantal gevallen zijn in de omgeving van een villa ook grafheuvels met rijke graven ontdekt (zogenaamde *tumuli*, enkelvoud *tumulus*). Vooral ten zuidwesten van Tongeren zijn een aantal van deze heuvels nog goed herkenbaar in het landschap aanwezig. In Noord-Brabant werden uitzonderlijk rijke graven gevonden in Esch, enkele kilometers ten zuiden van 's-Hertogenbosch. Absoluut uniek is de grote stenen *sarcofaag* (grafkist, in dit geval eigenlijk een askist) die werd ontdekt bij Simpelveld in Nederlands Zuid-Limburg. Deze is aan de binnenkant (en juist dat is erg uitzonderlijk) gebeeldhouwd met gedetailleerde reliëfs van zowel het exterieur als het interieur van een villa.

In gevallen waarin van een villa niet alleen het hoofdgebouw maar ook het verdere complex archeologisch onderzocht kon worden, bleek vaak bij het hoofdgebouw nog een tempeltje te hebben gelegen. Voorbeelden daarvan zijn onder meer aangetroffen bij Blicquy (H), in Voerendaal en bij de veel kleinere villa in Hoogeloon (NB). In dit laatste geval ging het duidelijk om een heiligdom in inheemse stijl.

Carviom. Deze plaatsnaam wordt meestal geïdentificeerd met *Herwen* (G), oostelijk van Arnhem aan de Rijn. Hier vlakbij, in de Bijlandse Waard, werd een Romeinse grafsteen gevonden waarop de plaatsnaam voorkomt als CARVIO AD MOLAM '(te) *Carvium*, bij de dam'. Bedoeld is de dam die Drusus in 12 voor Christus in de Rijn liet leggen in een poging de rivier om te leiden. De inscriptie dateert uit de eerste helft van de eerste eeuw na Christus, toen dit gebied voor het eerst daadwerkelijk door de Romeinen werd bezet.

De vorm van de naam *Carviom* staat op zichzelf een Germaanse ontwikkeling tot *Herwen* niet in de weg, maar dat impliceert dat hier de Germaanse klankverschuiving (**k > *ch > h*) in de eerste eeuw na Christus nog moest plaatsvinden. Een mogelijke uitweg is de veronderstelling dat in deze tijd naast *Carviom* al een Germaanse vorm bestond, net zoals we dat bij Heerlen (*Coriovallum* / **Hariavallom*) aannemen. We kunnen natuurlijk ook veronderstellen dat de C in deze naam staat voor de *ch*-klank (die de Romeinen niet kenden), maar dan verliezen deze en vergelijkbare vormen elke taalkundige waarde.

Voor de betekenis wordt *Carviom* vergeleken met het Keltische woord voor 'hert' (Gallisch **carvos*; Wels *carw*). Deze diernaam komt ook voor in Gallische persoonsnamen.

Carvone (TP). Deze plaatsnaam op de kaart van Peutinger wordt wel beschouwd als een (schrijf)variant van de naam *Carviom* die we zojuist bespraken. Er zijn echter ook archeologen en historici die menen dat met het *Carvone* op de kaart een andere plaatsnaam wordt bedoeld dan het *Carviom* in de inscriptie uit Herwen. Zij stellen voor de plaats op de kaart te identificeren met Kesteren (G). Deze plaats op de zuidelijke oever van de Rijn bezat eveneens een fortificatie en de huidige naam ervan is ontstaan uit Latijn *castrum* 'fort, legerplaats'. Nog zo'n *castrum* is *Kester* (Vl-B), terwijl de plaatsnaam *Kessel* (diverse plaatsen) is ontstaan uit Latijn *castellum* 'fort'. Opvallend is dat bij Kessel-Lo (bij Leuven) een heuvelfort uit de ijzertijd is aangetroffen (op de Kesselberg). Ook bij het genoemde Kester zijn aanwijzingen gevonden voor een versterking uit de late ijzertijd. Die moet dan later de Latijnse benaming *castrum* hebben gekregen. Bij Kessel aan de Maas in Noord-Brabant bouwden de Romeinen in de vierde eeuw een fort voor de grensverdediging.

Wanneer deze identificatie juist is, bestaat er dus geen verband tussen de namen *Carvone* en *Kesteren*. De moderne naam zal dan hoogstens uit een meer officieel Romeins *Castrum Carvone* zijn ontstaan, waarvan dan het tweede deel (de eigenlijke naam) verloren ging. Voor de betekenis van *Carvone* moeten we waarschijnlijk net als bij de voorgaande naam denken aan een afleiding van het Keltische woord voor 'hert'.

Caspingio (TP). Deze plaats ligt op de zogenaamde 'zuidelijke route' door het Nederlandse rivierengebied. Helaas zijn van deze route alleen het uiterste westen en het uiterste oosten met zekerheid geïdentificeerd. Tussen Voorburg (*Forum Hadriani*; ZH) en Cuijk (*Ceuclum*; N-L) noemt de kaart maar liefst vijf namen die problemen geven. Deze route is archeologisch veel minder goed bekend dan de noordelijke langs de (oude) Rijn. Ook de taalkundige interpretatie van *Caspingio* heeft tot nog toe niets opgeleverd. Zowel de ligging van de plaats als enig begrip van de naam ontbreken dus.

Wanneer de voorzichtige identificaties van de overige plaatsen op deze route deugdelijk zijn, en wanneer we de opgegeven afstanden mogen vertrouwen, dan zou Caspingio ergens ter hoogte van het huidige Gorinchem (ZH) gezocht kunnen worden. Andere veronderstellingen zoeken verder naar het westen en gaan in de richting van Alblasserdam (ZH) of, recenter, ergens ten noorden van Geertruidenberg (NB). Er bestaat natuurlijk een gerede kans dat de plaats verloren is gegaan, mogelijk toen bij de Sint-Elizabethsvloed in 1421 de Biesbos ontstond.

Catualium (TP) ligt zuidoostelijk op dezelfde 'zuidelijke route'. De plaats ligt zuidelijk van Cuijk, en dus in Limburg aan de Maas. De meest voor de hand liggende identificatie is met *Heel* (tussen Roermond en Thorn). Net als voor Heerlen (en misschien ook Herwen) worden hier een Keltische vorm en een Germaanse naast elkaar aangenomen: **Catualiom* naast **Hathu(w)alia*. Uit de Germaanse vorm ontstond dan via een vorm *Hethele* (uit 1144) uiteindelijk *Heel*. De betekenis is iets als 'plaats van de strijd' (of 'van de strijders'?). Het ligt natuurlijk voor de hand om de Gelderse plaatsnaam *Hedel* (in 815 nog *Hatalle*) op dezelfde manier te verklaren.

Ceuclum (TP): *Cuijk* (N-L). Bij deze plaats bouwden de Romeinen in 369 een brug over de Maas. Nog niet zo lang geleden zijn de indrukwekkende restanten daarvan door duikers opgegraven en onderzocht. In Cuijk zelf bevond zich een kleine versterking met een tempeltje, die eveneens gedeeltelijk is opgegraven.

Veel onduidelijker is de plaatsnaam. Wel lijkt de moderne naam rechtstreeks uit *Ceuclum* te zijn ontstaan. Deze Romeinse naam wordt geacht Germaans te zijn geweest, dus met *k* uit een PIE **g*. Daarbij is gedacht aan een betekenis 'kromming, bocht (in de Maas)', maar het is verre van zeker of dat juist is. Om deze etymologie beter te laten passen, is voorgesteld om de naam op de kaart te 'corrigeren' tot **Ceucium*. De naam is dan een Germaanse afleiding (**keukia-*) van PIE **geug-* 'krommen'. Nog ingrijpender is het voorstel om *Ceudiaco* te lezen. In dat geval kunnen we interpreteren als 'de villa van *Ceud(i)us*', wat dan weer een onbekende persoonsnaam zou opleveren.

Ondanks dat we weten dat de kaart van Peutinger schrijffouten bevat, is het natuurlijk niet geoorloofd 'zomaar' een fout veronderstellen, alleen maar omdat ons dat beter bevalt. Voor de Romeinse naam van Cuijk is dit onze enige bron en we doen er dan ook verstandig aan hem te nemen zoals we hem hebben, met alle problemen voor de interpretatie die dat met zich meebrengt.

Coriovallo (TP: Cortovallio) is zoals we eerder al bespraken het huidige *Heerlen*. De kaart van Peutinger bevat hier een schrijffout. Of mogen we hier een klankontwikkeling aannemen die vergelijkbaar is aan die in het Brits. Dan zouden we hier een tussenvorm **cor(i)đo-* (> *corto-*) mogen veronderstellen en aannemen dat de vorm op de kaart van Peutinger een echte spraakvorm weergeeft. Dit alles is echter niet zonder problemen en impliceert dat de naam nog geruime tijd in een Keltisch-talige omgeving bestond. In het Brits wordt deze ontwikkeling gedateerd in de vierde eeuw.

Fectione: Vechten (U). De kaart van Peutinger geeft deze naam als Fletione, maar de correcte vorm is overgeleverd in een inscriptie die in Vechten zelf werd gevonden. De oudere identificatie met *Vleuten* (U) duikt soms nog op in de literatuur, maar is beslist onjuist.

Waarschijnlijk in het jaar vijf of zes na Christus vestigden de Romeinen bij Vechten een legerkamp. Dat was tijdens hun mislukte campagne om ook het gebied tussen de Rijn en de Eem te veroveren. Rond het kamp ontstond een nederzetting en uit Vechten en omgeving zijn verschillende inscripties bewaard gebleven. Nog in de zomer van 1995 werd bij Vechten een nieuw altaar uit de Romeinse tijd ontdekt.

Vechten beschikte over een haven die voor zeeschepen toegankelijk was, en was daardoor aantrekkelijk voor kooplieden. Een groep kooplieden uit Tongeren vestigde zich dan ook hier, en op het altaar dat zij wijdden aan de godin *Viradecdis* noemen zij ook de plaatsnaam *Fectione*. De volledige tekst luidt:

DEAE [Vir]ADECD[i civ]ES TUNGRI [et] NAUTAE, [qu]I
FECTIONE [c]ONSISTUNT, V.S.L.M.

'Aan de godin *Viradecdis*, (van) de schippers en burgers van Tongeren die zich in Vechten vestigden.'

De afkorting V.S.L.M. is standaard in dergelijke wij-inscripties en staat hier voor *votum solvunt libentes merito* '(hebben) de gelofte ingelost, graag, met genoegen en met reden'.

Do ut des

De inwoners van het Romeinse rijk gingen met hun goden een contract aan. Er werd een afspraak gemaakt dat een god of godin iets zou geven en de gelovige daar een geschenk tegenover zou stellen. Wanneer de godheid zich goedgunstig betoonde, gaf de gelovige uit dankbaarheid, en volgens de gemaakte afspraak, een geschenk aan de godheid. De Romeinen noemden dit principe van geschenk en tegengeschenk in het Latijn *do ut des*: 'ik geef opdat jij geeft'. 'Voor wat hoort wat', zouden wij tegenwoordig zeggen.

Het tegengeschenk aan de godheid was vaak een altaar bij een tempel, of een kostbaar (of persoonlijk) voorwerp. Op dat geschenk kon door middel van een tekst worden vereeuwigd aan welke godheid en door wie het was geschonken. Een dergelijk altaar noemen we wel een *wij-altaar*, omdat het aan een god is gewijd (opgedragen). Op een andersoortig *wij-geschenk* kon een bronzen of zilveren *wij-plaatje* de *wij-inscriptie* bevatten.

Meestal bevat een wij-inscriptie de volgende elementen: de naam van de god of godin (of van meerdere goden) aan wie het voorwerp is gewijd, de naam van degene die het voorwerp heeft opgedragen (de zogenaamde *dedicant*; dit kunnen meerdere personen zijn), en een afkorting als V.S.L.M. om duidelijk te maken dat daarmee de afspraak met de godheid is nagekomen, 'met graagte en met reden' (*Votum Solvit Libens Merito*, of in het meervoud *Votum Solvunt Libentes Merito*). Uitgebreidere inscripties geven soms ook de reden van het geschenk en kunnen details bevatten over de dedicant. Zo wordt soms zijn beroep genoemd, de plaats waar hij vandaan komt, of als hij in militaire dienst is, het legeronderdeel waarvan hij deel uitmaakt. In enkele gevallen is de tekst ook voorzien van een datering.

De verering voor de godin *Viradecdis* hadden deze kooplieden waarschijnlijk vanuit Tongeren meegebracht. We kennen haar naam uit enkele andere inscripties waarvan er één, uit Birrens in het zuiden van Schotland, door Tongerse soldaten is gewijd. De godin wordt er *pagus Condrustis* genoemd, 'uit het land van de Condrusi'. In België zelf is de naam aangetroffen op een inscriptie uit Strée (N), ten zuidoosten van Hoei (Huy; N) aan de Romeinse weg van Tongeren naar Aarlen (Arlon; Lux), en misschien ook in een fragmentarisch leesbare inscriptie uit Namen. De naam is Keltisch en heeft een directe parallel in Oudiers *ferdacht* 'mannelijkheid, heldhaftigheid'.

De naam van de vindplaats *Strée* is eveneens oud en gaat terug op Latijn *strata* '(Romeinse) weg, straat'.

Met dit alles is nog niets gezegd over de naam *Fectione*. Aangenomen wordt dat die is afgeleid van de naam van de rivier de *Vecht*. Die naam is duister. Hij is wel in verband gebracht met *vechten* (dat oorspronkelijk zoiets als 'plukken' betekende). De oorsprong ligt dan bij PIE *pek-t-* 'kammen, plukken' een ander verwant woord in het Nederlands is *vacht*. Het zou dan een rivier zijn geweest die regelmatig stukken oever en begroeiing meesleurde. Een andere interpretatie gaat uit van een verband met (een ander?) PIE *pek-* 'mooi maken; zich verheugen'. Die laatste Proto-Indo-europese vorm heeft echter geen afleidingen waarin een *t* voorkomt (en zou verder ook best identiek kunnen zijn met de eerste). Van geen van beide woorden zijn afleidingen bekend in het Keltisch, en ook de *f-* duidt eerder op een Germaanse dan op een Keltische naam.

Feresne (TP): Zowel de naam als de lokatie van deze plaats zijn onduidelijk. De plaats moet ergens ter hoogte van Sittard (N-L) op de westelijke oever van de Maas hebben gelegen. Het meest recente voorstel is dat *Feresne* bij Stokkem (B-L) lag. Daar werden bij baggerwerk in 1969 de resten van een Romeinse versterking gevonden. Twee à drie kilometer naar het zuidoosten, bij het plaatsje Mullem (B-L) is een Gallo-Romeins tempeltje ontdekt.

Flenio op de kaart van Peutinger is mogelijk een schrijffout voor *Elenio*, dat dan weer zou moeten staan voor *Helinium*. Deze naam voor de oude Maasmonding bespreken we hieronder apart. *Flenio* (of wat de juiste naam ook mag zijn) is op de kaart echter ook een plaatsaanduiding. (Sommigen willen liever *Flevo* lezen, maar zie daarvoor bij *Levefano* hieronder.)

    Flenio ligt op de zogenaamde 'zuidelijke route' op de kaart, de weg van *Forum Hadriani* naar Nijmegen. Op deze route liggen verschillende plaatsen die nog niet zijn geïdentificeerd. Een recente ontdekking kan daarbij helpen. Tacitus beschreef dat de Romeinse legeraanvoerder Corbulo zijn soldaten in 47 na Christus een kanaal liet graven dat de Oude Rijn en de Maas met elkaar verbond. De loop van dit 'kanaal van Corbulo' (*fossa Corbulonis*, ook wel 'gracht van Corbulo' genoemd) was al langer bekend, maar pas in 1991 ontdekten archeologen bij Leidschendam resten van de beschoeiing. Daarmee kon het feitelijke verloop definitief worden vastgesteld.

    Het kanaal was vijftien meter breed en drie meter diep, en bij de aanleg was voor een deel gebruik gemaakt van natuurlijke waterlopen. De aansluiting op de Rijn lag net ten oosten van Leiden (niet ver van het fort *Matilone*, zie onder). Van daaruit liep het in een tamelijk rechte lijn langs Forum Hadriani naar het zuidwesten, evenwijdig met de huidige Vliet. De aansluiting op het Helinium lag dan juist ten oosten van het huidige Naaldwijk (ZH) en verliep vanaf Voorburg via de natuurlijke waterloop de Gantel. Dit kanaal maakte het mogelijk om met schepen direct van de Rijn op de Maas te komen, zonder de gevaarlijke Noordzee op te hoeven. Verder zal het van belang zijn geweest voor de bevoorrading van Forum Hadriani, de hoofdplaats in het gebied van de Cannenefates.

    Het ligt nu natuurlijk voor de hand dat de landroute die de kaart van Peutinger beschrijft min of meer hetzelfde traject volgde. De plaats die de kaart als *Flenio* geeft, zou dan in de buurt van Naaldwijk gezocht moeten worden. Archeologen vermoedden in deze omgeving al eerder een Romeins fort en in de streek zijn tal van 'militaire' vondsten uit de

Romeinse tijd bekend. Als tegenhanger op de zuidelijke oever van het Helinium wordt een fort vermoed bij Oostvoorne (ZH).

Forum Hadriani staat op de kaart van Peutinger als *Foro Adriani*. Het was de hoofdplaats in het gebied van de Cannenefates en werd al in het begin van de vorige eeuw opgegraven op het landgoed Arentsburgh bij Voorburg (ZH). Deze opgravingen werden in 1826 verricht door de allereerste hoogleraar in de archeologie ter wereld: de Leidse professor Caspar Jacob Reuvens (1793-1835).

De officiële stichting van de stad als regionaal marktcentrum vond plaats rond het jaar 70. Daarvoor hadden de Kannenefaten hier - hoog op de strandwal - al een nederzetting. Haar naam dankt de plaats aan het bezoek van keizer Hadrianus, die rond 120 onze streken aandeed. De stad zal toen ongeveer duizend inwoners hebben geteld. Rond 260-270 werd Forum Hadriani verlaten en raakte de nederzetting in verval.

De suggestie dat de huidige naam *Voorburg* zou zijn ontstaan uit zoiets als 'forum-burg', is niet langer acceptabel. Aangenomen wordt dat die naam in de middeleeuwen is ontstaan uit **Fore-burg* 'burcht aan de waterloop *Fore* of *Voor*'.

Germiniacum (TP: Geminico vico), 'het landgoed van Germinius' is mogelijk het huidige Liberchies (H; tussen Nijvel en Charleroi), waar zich een Romeins fort (*castellum*) bevond. Deze plaats geniet al sinds de negentiende eeuw de nodige roem als 'Gallo-Romeinse nederzetting' in België en is in dat opzicht vergelijkbaar met Voorburg in Nederland.

In het 'reisboek van Antoninus' wordt de naam gegeven als *Germiniacum*. Waarschijnlijk is dat de correcte vorm en bevat de kaart van Peutinger een schrijffout. Andere plaatsen die ooit Germiniacum hebben geheten, zijn *Germignies* (H) en *Germigny* (Frankr., dept. Arden-nes). Anderzijds zijn er aanwijzingen voor een legereenheid van de *Geminiacenses* die in de tijd van keizer Constantijn de Grote (307-337) in Liberchies (?) zou hebben gelegen. Indien die vorm juist is, is dus ook de spelling van de kaart van Peutinger (zonder *r*) serieus te nemen. *Geminiacenses* betekent 'die van Geminiacum'.

In dit geval lijkt de plaatsnaam dus twee vormen te hebben gekend, één met en één zonder *r*. Een andere mogelijkheid - die we evenwel op geen enkele manier kunnen controleren - is dat er langs de route twee plaatsen lagen, de één **Geminiacum* en de andere **Germinia-cum* geheten, die in de overlevering van zowel het reisboek als van de kaart van Peutinger bij vergissing tot één plaats zijn samengevoegd. Dit zou in elk geval de oplossing kunnen bieden voor de discrepantie tussen zowel de opgegeven afstanden in de beide bronnen onderling als de afstanden op de moderne kaart.

Het voorstel dat het huidige *Gembloux* (Gembloers; N) dan de plaats van het oude *Geminiacum* verraadt, wint hiermee aan aantrekkingskracht. Andere moderne plaatsnamen die zouden zijn ontstaan uit een oud *Geminiacum* zijn *Gemmenich* (L) en *Gimnée* (N). Hier hebben we in beide gevallen echter geen oudere vermeldingen dan uit de hoge middeleeuwen.

De plaatsnaam *Liberchies* komt nog een keer voor in de buurt van Doornik (H) en bevat een Germaanse persoonsnaam (< **Leudiberht-iacas*). *Leudiberht* (> 'Libert', 'Lie-brecht(s)') zal een latere bezitter van dit landgoed zijn geweest, na Germinius en waarschijnlijk ook pas nadat het Romeinse gezag in de streek definitief was ten onder gegaan.

In Liberchies/Germiniacum werd een inscriptie gevonden, gewijd aan de *Matronae Iarae*. Dit is (vanuit de latere Keltische talen) vertaald als *Mères Poules* ('kippenmoeders'), maar dat kan onmogelijk inheems zijn. De kip is immers een door de Romeinen geïmporteerd huisdier en zal in de inheemse religie geen grote rol hebben gespeeld. De etymologie van de verschillende Keltische woorden voor 'kip, kuiken' is niet volledig duidelijk, maar het lijkt erop dat de oorspronkelijke betekenis toch vooral 'kuiken, jonkie' is geweest. Er is ook wel voorgesteld om het woord te verbinden met andere Indo-europese vormen voor *jaar*, waardoor we kunnen denken aan een betekenis als 'één jaar oud'. Dit alles in overweging nemend, is het waarschijnlijk het best om de *Matronae Iarae* uit Liberchies op te vatten als 'Moedergodinnen van de zuigelingen'.

Grinnibus (TP) is onbekend. Tacitus vermeldt *Grinnes* en archeologen nemen algemeen aan dat deze plaats bij het huidige Rossum (G) moet worden gezocht. Bij Rossum wordt veel Romeins materiaal gevonden dat dateert vanaf ongeveer 70 na Christus tot in de derde eeuw. De Romeinse nederzetting zelf lijkt echter weggespoeld door de Waal.

Voor de etymologie van de naam bestaat er geen enkel aanknopingspunt, tenzij we een verband met de Gallische boomnaam **agrinia* 'sleedoorn' aannemen. Dit voorstel is echter behoorlijk speculatief. De sleedoorn (eigenlijk een struik, waaraan een soort pruimen groeien) is in onze streken inheems en er zijn tal van plaatsnamen bekend die naar een markante begroeiing verwijzen. Het wegvallen van de *a* aan het begin van dat woord is dan echter vreemd en zou op zijn beurt een verklaring behoeven. (Dit zou kunnen zijn gebeurd wanneer de oorspronkelijke vorm een Gallisch **agrinibo* was. Dat is een *dativus* (de derde naamval van het Duits) meervoud en betekent 'bij de sleedoorns'. Een spreker van het Latijn zou dat gemakkelijk misverstaan als **a grinnibus*, dus als een Latijnse *ablativus* meervoud. Die naamval betekent eigenlijk 'van ...', maar kan in namen als deze eveneens 'bij ...' betekenen. Het Latijnse voorzetsel *a* 'van' vereist deze naamval. In het Latijn van de vierde eeuw zullen beide vormen zelfs helemaal hetzelfde hebben geklonken.)

Helinium: de oude monding van de Maas bij Rotterdam. We vinden deze naam in verschillende bronnen, en niemand ziet er dan ook een probleem in om het *Flenio* op de kaart van Peutinger als een schrijffout te beschouwen. (We lezen dan **Elenio*. Het wegvallen van de *h*- heeft een parallel in *Foro Adriani*.)

Voor *Helinium* is pas zeer recent een etymologie voorgesteld. Wanneer die juist is, dan is dit een Keltische naam van belang. In de Brits-Keltische talen bestaat een woord *hel* en in het Cornisch betekent dat zelfs 'riviermonding'. Het Welse *hel* betekent 'rivierweide, moeras' en in dezelfde taal bestaat er ook een afleiding *heledd*. De betekenis daarvan is 'zoutmoeras dat bij vloed onder water staat', en ook 'zoutwinplaats'. In dit verband is het interessant dat er uit de late ijzertijd in het gebied van de oude Maasmonding duidelijke aanwijzingen zijn voor zoutwinning door de lokale bevolking. Deze activiteit werd echter in de Romeinse tijd gestaakt.

Van belang is dat deze Britse woorden teruggaan op een oudere vorm **sel-*. Dat woord is Indo-europees en leverde ook in andere talen woorden op met betekenissen als 'moeras, natte grond, vijver' en dergelijke. In het Germaans komt het woord echter niet voor. De klankverandering van **s* naar *h* is typisch Brits en vond (gedeeltelijk) ook in het laat-Gallisch plaats, maar niet in het Iers. Deze verandering vond plaats vanaf de eerste eeuw na Christus. Voor *Helinium* betekent dit, dat die naam in de eerste eeuw nog Keltisch was èn deelnam aan Keltische klankontwikkelingen. We moeten daaruit concluderen dat de naam geen los Keltisch element in een vreemde taal was (dus een leenwoord), maar dat de gebruikers ervan een Keltische taal spraken.

Lauri is op de kaart van Peutinger de naam voor het huidige Woerden. Herkomst en betekenis van de naam *Lauri* zijn onduidelijk, maar misschien moeten we gewoon aan Latijn *laurus* 'laurier, lauwerkrans' denken. Als meer officiële naam van het fort wordt *castellum Laurum* aangenomen.

In Woerden werd uit de Romeinse tijd een compleet dorp teruggevonden, met wegen, een kade aan de Rijn en de resten van een schip. In 1988 werd een altaar met inscriptie opgegraven, daterend uit het eerste kwart van de derde eeuw. Resten van de Romeinse weg ten westen van Woerden werden in 1996 opgegraven bij Bodegraven. Opmerkelijk is dat ook na het vertrek van de Romeinen deze nederzetting ononderbroken bewoond bleef.

Levefano (TP) is de Romeinse naam van het fort (*castellum*) dat bij Wijk bij Duurstede werd opgegraven. Wijk bij Duurstede (U) ligt op het punt waar de Oude Rijn naar het noordwesten stroomt en de Lek zich aftakt. De naam *Levefanum* is een mengsel van Gallisch en Latijn. Het tweede deel (*fanum*) is namelijk het Latijnse woord voor 'heiligdom', terwijl *leve-* de Keltische vorm is van PIE **pleu-* 'stromen'. De naam betekent 'heiligdom aan de stroom'. Een andere interpretatie wil dat *leve-* vergeleken moet worden met Latijn *levis* 'glad, rimpelloos'. Ook in dat geval wordt dus gedacht aan een naam voor de rivier(en).

De voorkeur voor PIE **pleu-* wordt ingegeven door het feit dat deze vorm ook in andere riviernamen in de Nederlanden (en elders) voorkomt. De Keltische vorm zonder *p* vinden we mogelijk ook in de naam voor een (nu vergraven) zijriviertje van de Schelde in

Gent, namelijk de *Lieve*. Ook het *Levendaal*, nu een straatnaam in Leiden, gaat hier misschien op terug, evenals de naam van de *Leuvehaven* in Rotterdam (die is genoemd naar een oude kreek, de *Leuve*). De Germaanse vorm vinden we terug in namen als *Vlie*, *Vlije*, *Vliet* en in de werkwoorden *vlieten* en *vloeien*.

In de Romeinse tijd vinden we de naam *Flevo* (dus de Germaanse vorm). Mogelijk sloeg die op de huidige *Vliestroom*, de verbinding tussen de Noordzee en de Waddenzee tussen de eilanden Vlieland (let op de naam) en Terschelling. In de Romeinse tijd was het huidige IJsselmeer een meer in centraal-Nederland, met twee riviervormige openingen naar de Noordzee. Zowel het meer zelf als de noordelijke uitlaat werden in die tijd waarschijnlijk *Flevo* genoemd. De westelijke uitlaat is de voorloper van het huidige IJ. Van deze stroom kennen we de oude naam niet, en archeologen spreken wel van het 'Oer-IJ'. (De naam *IJ* komt van een ouder *Ie* en is een dialectvariant van de waternaam *Aa*. De betekenis is dus gewoon 'water'.)

Dicht bij de monding van dit Oer-IJ in de Noordzee, maar nog juist aan de binnenkant (de landzijde) van de duinen waar nu Velsen ligt, lag een groot Romeins castellum. Ook hiervan wordt aangenomen dat het *Flevum* heette. Wat archeologen hier aantroffen zijn eigenlijk twee legerkampen die met enige tussentijd na elkaar werden aangelegd. Dat gebeurde respectievelijk in het jaar 16 (of 15?) na Christus, en mogelijk rond 39 na Christus, toen de Oude Rijn nog niet als rijksgrens was vastgesteld en de Romeinen nog poogden ook het noorden van Nederland te onderwerpen. Beide forten beschikten over een verdedigbare zeehaven voor de Romeinse vloot.

Een verband met de plaatsnaam *Velsen* lijkt er niet te zijn. De etymologie daarvan is onzeker, maar de oudste vormen luiden *Felison* (achtste eeuw) en *Vel(l)esan* (tweede helft tiende eeuw). Mogelijk moeten we de naam vergelijken met het Duitse *Fels* (< Oudhoogduits *felisa*) 'rots(wand)' en denken aan steile duinen. (Vergelijk ook Noors *fjell* 'rots(wand), berg'.

Lugduno (TP) moet de oude naam zijn voor de zogenaamde *Brittenburg*, het Romeinse fort dat bij Katwijk aan de monding van de Rijn lag. Tegenwoordig liggen de ruïnes hiervan enkele honderden meters uit de kust, maar in de zeventiende en de achttiende eeuw vielen zij bij extreem laag tij nog enkele keren droog. Daar bestaan uitvoerige beschrijvingen en tekeningen van. Enige jaren geleden hebben onderwater-archeologen van de Rijksdienst voor het Oud-heidkundig Bodemonderzoek (ROB, gevestigd in Amersfoort) de ruïnes opnieuw bestudeerd en in kaart gebracht, maar dit onderzoek is helaas nog niet gepubliceerd.

De naam *Lugdunom* is Keltisch en betekent 'versterking van *Lug(us)*'. Lug is een bekende Keltische godheid die over een groot gebied werd vereerd en die ook nog als held optreedt in oude Ierse verhalen. De etymologie van de naam is onbekend. *Lugdunom* moet bij de Kelten een populaire plaatsnaam zijn geweest, want we vinden hem vaak terug. Onder andere de Franse steden *Lyon*, *Loudon* en *Laon* heetten oorspronkelijk zo. In Noord-Engeland lag een ongeïdentificeerd *Lugudunum*, en ook het Poolse *Legnica / Liegnitz* is een oud *Lugidunum*.

Vaak wordt ook het Nederlandse Leiden in dit rijtje opgevoerd, maar dat is niet juist. Rond het Nederlandse Lugdunum ontstond al vroeg verwarring, en de combinatie van de Bataafse mythe met het ontstaan van de universiteit van Leiden in 1574 leidde ertoe dat Leiden de Latijnse naam *Lugdunum Batavorum* adopteerde. Deze identificatie is echter onjuist want *Leiden* is een veel jongere Germaanse plaatsnaam die zoveel betekent als 'aan de waterloop'. Uit het feit dat het toch nauwelijks mogelijk is een boek over deze materie op te slaan waarin Leiden niet in het rijtje Lyon, Laon, enz. wordt genoemd, blijkt wel hoe invloedrijk de Bataafse mythe nog steeds is. De oudste archeologische vondsten uit Leiden dateren uit het begin van de twaalfde eeuw.

De Belgische keltoloog Claude Sterckx heeft voorgesteld dat in Wallonië de Keltische godennaam *Lug* misschien wel werd vervangen door het vrijwel gelijk klinkende Franse *loup* 'wolf'. In Namen staat een *Église Saint-Loup* (officieel Saint-Ignace, tussen 1621 en 1645 gebouwd door de Jezuïeten), en dat zou in die visie dus niet een 'wolvenkerk' zijn, maar een gekerstende versie van een ouder heiligdom voor Lug. De vraag is dan natuurlijk of er inderdaad een dergelijk heiligdom was. Het antwoord daarop moet vanuit de archeologie komen. (De heilige Remaclus, die in de vroege middeleeuwen grote delen van de Ardennen kerstende, gaat in afbeeldingen bijna steeds vergezeld van een wolf. Het beest zelf kwam tot vrij recent nog in het wild voor, ook in Nederland.)

Matilone (TP) was waarschijnlijk de naam van de Romeinse nederzetting bij Roomburg, een wijk aan de rand van Leiden (bij Zoeterwoude; ZH). De betekenis van deze naam is onbekend.

Misschien mogen we denken aan een verband met de Keltische persoonsnaam *Ma[ti]lius Duri[s]es* uit Keulen (mits de aanvulling correct is), en de plaatsnaam *Matiliacus* voor het huidige *Mettlach* aan de Saar, ten zuiden van Trier. *Matilo* zou dan een persoonsnaam zijn, en Matilone zou 'bij Matilo' kunnen betekenen. Het eerste lid van de naam is wellicht in al deze gevallen het Keltische *matis* 'goed'.

De naam *Roomburg*, oorspronkelijk de naam van een polder, komt al in de twaalfde eeuw voor als *Rodenburg*- 'rode burcht'. Dat zou erop kunnen duiden dat toen deze Germaanse naam werd gegeven, er op deze plek nog steeds ruïnes van Romeinse bakstenen gebouwen zichtbaar waren. De naam betekent dus niet 'Romeinse (Roomse) burcht', zoals de moderne vorm zou doen vermoeden. Daaruit blijkt dan weer hoe wezenlijk het is om bij de verklaring van plaatsnamen niet alleen uit te gaan van moderne vormen.

In 1996 werden bij Roomburg en langs de Vliet bij Leidschendam opnieuw delen gevonden van de 'gracht van Corbulo' (zie boven bij *Flenio*). Bij deze opgravingen bleek dat zich bij Matilo een Romeinse haven moet hebben bevonden.

Mosa is de naam waaronder de Romeinen de Maas leerden kennen. Zoals we al zagen is de huidige naam *Maas* een regelmatige Germaanse ontwikkeling uit dit *Mŏsa*. Ook de Franse vorm *Meuse* gaat terug op deze oudere vorm, die bewaard bleef in de naam van de *Moezel* (Frans *Moselle* < Latijn *Mosella* 'Maasje'). De vroegste Germaanse vorm komt voor op een Romeins altaar uit Keulen dat is gewijd aan de *Matres Masanae*, de 'moeders van de gewijde Maas'.

De namen van de meeste grotere rivieren zijn extreem oud. Zo oud zelfs, dat ze vaak niet uit het Indo-europees te verklaren zijn. Waar dat wel het geval is, blijft steeds de mogelijkheid bestaan dat de naam toch voor-Indo-europees is, maar in een later stadium zowel qua vorm als qua betekenis aan de nieuwe taalsituatie werd aangepast. Een mogelijk voorbeeld daarvan is de ook de naam van de Maas. Die kan in het Keltisch zijn aangepast aan een woord *mŏsa* < PIE *meud-* 'schrik, afschrikwekkend voorwerp'. In de nog levende Keltische talen vinden we woorden die hiervan zijn afgeleid met betekenissen als 'stinkend', 'vuil' en 'modder'. De vraag blijft dus open of we in dat geval bij de Maas moeten denken aan een rivier die woest en afschrikwekkend is, wat voor de bovenloop zou kunnen gelden, of aan de modderrivier die zij als regenrivier vooral in haar benedenloop is. Gezien de nabijheid van de Moezel, verdient wellicht de eerste interpretatie de voorkeur.

Nigropullo (TP) is Latijn en betekent 'zwarte kip'. Het is de Romeinse naam voor het plaatsje Zwammerdam (ZH) aan de Oude Rijn, waar tussen 1971 en 1974 een zestal goed bewaarde inheemse platbodemschuiten uit de Romeinse tijd werd teruggevonden. Vergelijkbare vrachtschepen werden onder andere gevonden in Alblasserdam (ZH), Druten (G), Woerden (ZH) en De Meern (U). In België kwamen uit een Romeins haventje bij Pommeroeul (H), niet ver van Bergen / Mons eveneens vijf schepen tevoorschijn.

De betekenis van de naam 'zwarte kip' ontgaat ons, maar uit het eerder besproken *Blatobulgium* ('bloemzak') blijkt dat dergelijke namen niet onmogelijk zijn. In de loop van de vierde eeuw werd de versterking Nigropullo door de Romeinen definitief opgegeven.

Ook hier is de moderne naam van de plaats interessant. Zwammerdam heette in de twaalfde eeuw nog *Svadeburg* (1165), *Swathenburg* (1204) en dat betekent 'burcht aan de grens' (*zwade*, *zwet* is een oud Nederlands woord voor grens). Dit zou eventueel een latere (?), Germaanse vertaling kunnen zijn van een meer officiële Romeinse aanduiding, waarbij de bedoelde grens dan natuurlijk de grens van het Romeinse rijk langs de Oude Rijn is. Maar in die latere tijd kan ook de grens tussen Holland en Utrecht zijn bedoeld. Het element *dam* is pas later aan de naam toegevoegd, toen de Hollanders hier een dam in de Rijn legden. Om de Utrechters te pesten…

Pernaco (TP) vinden we in het 'reisboek van Antoninus' als *Perniciacum*. Twee plaatsen komen in aanmerking: Braives en Baudecet, beide in de provincie Namen en aan de weg van

Tongeren naar Bavay. In beide plaatsen zijn resten gevonden van Romeinse wegstations, en Baudecet lag zelfs aan een kruising van wegen. In beide plaatsen zijn ook resten van Gallo-Romeinse nederzettingen teruggevonden. Gezien de opgegeven afstanden is Braives echter de beste kandidaat om het oude Perniciacum te zijn. (Baudecet zullen we echter later nog terugzien.)

De interpretatie van de naam is problematisch. Voor de hand ligt 'het landgoed van *Pernicus*', maar dat levert dan wel een verder onbekende persoonsnaam op. Misschien is het een variant van de soldatennaam *Perennis* die elders in een inscriptie voorkomt.

Rhēnus was de Romeinse naam voor de Rijn. Hij is ontleend aan een Keltische vorm **rēnos* uit PIE **rei-no-s* 'zich haasten, vlieden, stromen'. Ons *Rijn* is de Germaanse afleiding van deze zelfde PIE naam, die in het Proto-Germaans **rīna* was. De riviernaam in het Nederlands (en het Duits: *der Rhein*) is wat de vorm betreft dus rechtstreeks vanuit het Indo-europees via het Germaans ontwikkeld. Alleen het afwijkende woordgeslacht duidt op een beïnvloeding vanuit het Keltisch (of het Latijn?), riviernamen zijn in het Germaans meestal vrouwelijk. In het Keltisch bleef het woord bewaard in het Oudierse *rían* dat zowel een poëtisch woord is voor 'zee' of 'oceaan', maar ook 'route, pad' en 'manier (van doen), (zijns)toestand' kan betekenen.

Tablis (TP) ligt net als *Caspingio* en *Grinnibus* op de problematische 'zuidelijke route' door het Nederlandse rivierengebied. Over het precieze verloop van deze route tussen Forum Hadriani en Nijmegen bestaat geen zekerheid.

Een vindplaats die wellicht in aanmerking komt, is Maasdam in de Hoekse Waard (westelijk van Dordrecht; ZH). Daar ligt een oude rivierarm - de Binnenbedijkte Maas - en werd in 1993 een dijk ontdekt die zou zijn aangelegd tussen 70 en 110 na Christus. Op die dijk liep een brede verharde weg, en bovendien werden in de omgeving diverse vondsten uit de Romeinse tijd gedaan, waaronder een graf uit de derde eeuw. Verder wijzen sporen uit de midden ijzertijd ook op bewoning in de vierde eeuw voor Christus. In 1997 werd in Westmaas, enkele kilometers westelijk van Maasdam en aan het andere uiteinde van de oude Binnenbedijkte Maas, een gave glazen armband gevonden die dateert uit de tweede of eerste eeuw voor Christus. Dergelijke armbanden zijn kenmerkend voor het oostelijke rivierengebied (rond Nijmegen) en komen ook elders in Zuid- en Midden-Nederland voor, maar zijn juist in West-Nederland erg zeldzaam.

De exacte omstandigheden van deze vondsten zijn echter nog onduidelijk, en hoewel de afstanden aardig lijken te kloppen met die op de kaart van Peutinger, kan het voorlopig slechts een suggestie zijn om Maasdam te identificeren met het Tablis van de kaart. Een serieus probleem hierbij is ook dat op de kaart de route steeds ten noorden van de Maas blijft, terwijl de dijk uit de Romeinse tijd op de zuidelijke rivieroever lijkt te hebben gelegen.

Een ouder voorstel is dat Tablis mogelijk bij Dubbeldam (ZH) lag, een plaatsje dat zuidoostelijk tegen Dordrecht aan ligt en niet erg ver van Maasdam verwijderd is. Verder is ook de omgeving van Mijnsheerenland (ZH), enkele kilometers ten westen van Maasdam, al eens genoemd als mogelijke lokatie. Wat Dubbeldam aantrekkelijk maakt, is dat deze naam zou kunnen teruggaan op *Tablis*. De plaats is genoemd naar een rivier de *Dubbel* waarvoor we een Germaanse vorm *thōbbl- uit een ouder *tābl- kunnen voorstellen. Indien deze etymologie juist is, hoeft het oude Tablis natuurlijk nog niet op de plaats van het huidige Dubbeldam te hebben gelegen, wel aan het nu verdwenen riviertje de Dubbel.

Over de betekenis van de naam *Tablis* valt weinig zinnigs op te merken. Wel kunnen we nog melden dat ook Ptolemaeus in de tweede eeuw na Christus deze naam al kende. Hij had echter de topografie van ons land niet helemaal begrepen en lijkt deze naam te gebruiken voor de Scheldemonding. De vorm die hij gaf luidt (in Griekse letters) *Taboúla* (met een variant *Taboúda*, die op een schrijffout zal berusten; in beide gevallen klinkt de *ou* als Nederlands *oe*). Dat *Tabula* echt een oude(re) naam is voor de Schelde wordt niet langer aangenomen. Een ontwikkeling van *Tabul-* naar *Tabl-* is alleen goed denkbaar met een (Germaans) accent op de eerste lettergreep van het woord. Het is dan de vraag of het Griekse accentteken op de *oú* ook een oudere (Keltische) accentuering aangeeft. Mocht dat zo zijn, dan kunnen we ook hier een geval van gegermaniseerd Keltisch veronderstellen. Zonder etymologie blijft dit echter giswerk en de accenttekens in de Griekse spellingen bij Ptolemaeus zijn hoogst onbetrouwbaar.

Teudurum: *Tudderen* (N-L). De oude naam komt zowel voor bij Ptolemaeus (in het Grieks: *Teuderion*) als in het 'reisboek van Antoninus'. Er is wel voorgesteld dat we hier net zo'n verkorting hebben als bij *Atuaca* (zie hierboven). In dat geval kunnen we voor de etymologie uitgaan van *teuto-durom 'volks-marktplaats'. Het woord *touto-* / *teuto-* 'volk' komt in veel Gallische namen voor (denk aan de god *Toutatis* uit de Asterixverhalen). In het Germaans bestond dit woord ook, en de woorden *Duits* en *diets* 'volks' zijn eruit ontstaan.

Anders dan bij *Atuaca* vormt het accent hier geen bezwaar tegen het uitvallen van de lettergreep en voor de betekenis verdient deze interpretatie zeker de voorkeur. Er bestaat echter nog een andere mogelijke verklaring. In een inscriptie uit Trier wordt namelijk een gebied van de *Teucoriatii* genoemd. Wanneer we die naam mogen vergelijken, en de interpretatie *teu-corio- (met Gallisch *corio-* 'leger') juist is, dan kunnen we dus ook *Teudurum* opvatten als *teu-duro- ofwel '*teu*-marktplaats'.

Een bezwaar is dat daarbij de betekenis van *teu-* onduidelijk blijft. Mogelijk hebben we hier PIE *tu-, *teu- 'zwellen' (vergelijk het Latijnse woord *tumor* 'gezwel') dat in een aantal talen ook voorkomt in woorden met betekenissen als 'boos worden' of 'machtig; kracht' (een ontwikkeling die we ook zagen bij de naam van de dappere Belgae). In het Nederlands zijn de woorden *dij*, *duim* en *duizend* hiervan afgeleid, maar in het Keltisch lijkt het niet voor te komen.

In het geval van **teuto-durom* zou de naam dus volledig Keltisch zijn, en wanneer de juiste etymologie **teu-durom* is, is hij in elk geval Indo-europees. In beide gevallen werd hij niet beïnvloed door de Germaanse klankverandering.

Turnaco (TP) staat voor een ouder *Turnacum* en is het moderne *Doornik / Tournai* (H). Zowel de Franse als de Nederlandse naam van deze stad gaan terug op de Gallo-Romeinse vorm, waarvan de betekenis en de herkomst onbekend zijn. Vergelijkbaar zijn de plaatsnaam *Turones* 'Tours' en de daarvan afgeleide vormen.

Waarschijnlijk werd deze plaats al in de late ijzertijd bewoond. De Romeinse stad ontstond rond het midden van de eerste eeuw na Christus, waarna de bebouwing zich uitbreidde over beide oevers van de Schelde. Belangrijk was hier de winning en het verhandelen van de lokale kalksteen, die in het Scheldebekken als bouwmateriaal werd gebruikt. Bij de invallen van de Chauken in 172-174 werd de stad geplunderd en in de derde eeuw raakte de stad totaal verwoest. Toch bestond tot in de vierde eeuw in Doornik een staatsatelier (*gynaeceum*) waar wollen stoffen werden geproduceerd.

Traiectum is de Romeinse naam voor zowel *Utrecht* als *Maastricht*. De naam komt van het Latijnse *traiectus* 'oversteekplaats, overvaart, veer', en duidt dus op een plaats waar de Rijn kon worden overgestoken. Het huidige *Utrecht* zelf ontstond als een vroegmiddeleeuwse burgerlijke nederzetting buiten (*uut* ofwel 'uit') de Romeinse versterking die deze oversteekplaats bewaakt had. Ook andere plaatsnamen op *-tricht* gaan terug op dit Latijnse *traiectum*. Zo was Maastricht *Traiectum ad Mosam* 'oversteekplaats bij de Maas'.

Het element *-drecht* in bijvoorbeeld Dordrecht en Barendrecht (ZH) betekent 'vaart, waterloop'. Het is verwant met *drift* (o.a. een grachtje in Utrecht) en het werkwoord (voort)*drijven*.

Vada(m) wordt genoemd in de Historiën van Tacitus, een van de belangrijkste bronnen voor de geschiedenis van het Romeinse Rijk in de tweede helft van de eerste eeuw na Christus. De plaats wordt algemeen geïdentificeerd met het moderne Wadenoijen (G). Het element *-oijen* in die latere naam komt van *ooi* dat 'door water omspoelde plaats' betekent, en langs rivieren vooral 'nat, moerassig weiland'. Het komt vaak voor in plaatsnamen, ook in bijvoorbeeld Schiermonnik-*oog* en *ei*-land. *Vada* wordt beschouwd als verwant aan *wad*, *Wadden(zee)* en aan het werkwoord *waden* (de Romeinse letter V staat voor de klank van de Nederlandse w). De betekenis zal dan 'doorwaadbaar' of 'doorwaadbare plek' zijn. Oude verwanten van dit woord lijken verder alleen in het Latijn voor te komen (*vadere* 'gaan, schrijden' en *vadum* 'doorwaadbare plek, ondiepte, wad') en in de Germaanse talen.

Vahalis is de naam die Tacitus geeft voor de *Waal*. Bij Julius Caesar vinden we ook een vorm *Vacalus*, maar van de passage waarin die naam voorkomt wordt de echtheid bestreden. Een andere klassieke auteur schrijft echter *Vachalis*, zodat we toch met Caesars vorm moeten rekenen. Op enkele altaren in het Rijnland vinden we wijdingen aan de *Matres Vacallinehae* (ook: *Matribus [V]acallineis*) en het ligt voor de hand dat we deze namen met elkaar in verband moeten brengen.

Germaanse etymologieën gaan uit van een verband met *wankel(en)*, en laten de naam dus betrekking hebben op het kronkelen van de rivier. De *n* moet dan al erg vroeg verloren zijn gegaan en daar zijn geen parallellen voor. De herkomst van de naam is op deze manier dus niet duidelijk.

In het Nederlands komt *waal* ook voor als zelfstandig naamwoord. Het is een variant van het bekendere *wiel* 'binnendijkse plas als resultaat van een dijkdoorbraak'. Een vorm *weel* bestaat eveneens. Van deze drie vormen wordt aangenomen dat *weel* de meest archaïsche is. De vorm met *-aa-* is het gevolg van de Westgermaanse verandering van lange $*\bar{e}$ in lange $*\bar{a}$ en de vorm *wiel* is van Friese oorsprong. De oudste betekenis is '(draai)kolk'. Om een verband met de riviernaam aan te nemen, moeten we veronderstellen dat de Westgermaanse klinker-verandering al heeft plaatsgevonden in de oudste vorm *Vac(h)alis*. Wanneer we aannemen dat deze klankverandering in de eerste eeuw na Christus nog niet was voltooid (zie de bespreking van de godennaam *Magusanus* in het volgende hoofdstuk) dan zou *Waal* daar dus een erg vroeg voorbeeld van zijn.

Virovino (TP) is onbekend. Misschien is het een verschrijving voor *Viroviacum*, een naam die we in het Romeinse 'reisboek van Antoninus' aantreffen. Deze laatste naam is geïdentificeerd met *Wervik* in West-Vlaanderen, dat hierboven al bij *Blariaco* werd besproken.

Vodgoriacum (TP: Vogo Dorgiaco): *Waudrez*(-Lez-Binche) in Henegouwen, tussen Bergen / Mons en Charleroi (H). De plaats lag op de noordelijke route die de kaart van Peutinger aangeeft van Cassel naar Keulen.

In de moderne Franse naam zien we de Germaanse verandering van *o* naar *a*. Bij die verandering is niet alleen de klank aan het Germaans aangepast, maar werd ook een poging ondernomen om in het Germaans een nieuwe betekenis te geven. We kunnen dat zien in een vermelding van de naam die dateert uit 779 (maar die we alleen kennen uit een afschrift uit 1191): *in walderiego* (in het Frans ontwikkelde de combinatie *-ald-* zich tot *-aud-*). Het is onduidelijk of daarbij werd gedacht aan de persoonsnaam *Walter* of aan het woord dat we in het Duits nog kennen als *Wald*, Nederlands *woud*.

110

Enkele andere namen

Naast deze plaatsnamen die uit de Romeinse tijd zijn overgeleverd, zijn er nog andere waarvoor met redelijke zekerheid een Keltische oorsprong kan worden aangenomen. Plaatsnamen met een Germaanse etymologie zijn hier minder interessant omdat zij veel meer aan de algemene verwachting voldoen. Het land is tegenwoordig immers Germaans-sprekend en we zoeken toch vooral informatie over de periode (en de taal) die daaraan voorafging. Het probleem met reconstructies van later overgeleverde namen is dat zij niet erg nauwkeurig te dateren zijn. Maar namen met een Keltische etymologie moeten toch tenminste tot in de Romeinse tijd terugreiken. Namen met een Germaanse etymologie kunnen ook jonger zijn (en zijn dat heel vaak ook inderdaad).

Zo lijkt het erg aannemelijk dat *Doeveren* (NB, aan de Oude Maas) teruggaat op een Gallisch *dubro-* 'water'. De naam is daarmee identiek aan die van de Engelse kustplaats *Dover*. Ook bij Pommeroeul (H) bevinden zich twee plaatsjes met de namen *Dour* en *Douvrain*, en een *Douvrin* ligt bij Lens in Frans-Vlaanderen.

Diessen (NB) is waarschijnlijk genoemd naar het riviertje de *Dieze*. Uit de Romeinse tijd kennen we onder andere een god *Hercules Deusoniensis* die hiermee in verband lijkt te staan (< *deues-on-*). Deze Hercules bespreken we verderop nog uitvoeriger, maar de bijnaam lijkt Keltisch te zijn. Het PIE *dheues-* betekent zoiets als 'ongecontroleerd, heftig bewegen' (zoals van rook- of stofwolken, water of de wind). Verwante woorden zijn onder meer Oudiers *dásacht* 'woede, razernij, paniek', Oudiers *duí* 'dwaas, onwetende', Oudiers *doé* 'traag, sloom' en Galloromeins *dusius* 'onreine geest, nacht-merrie' (glos: *daemon immundus, incubus*). Germaanse verwanten bestaan eveneens, met in het Nederlands bijvoorbeeld *dwaas*, *duizelen* en *duizelig*. In andere Indo-europese talen zijn ook woorden voor 'ademen' of 'hijgen' afgeleid van PIE *dheues-* en met die betekenis wordt ook Nederlands *dier* hiermee in verband gebracht (maar de betekenis kan dan ook zijn 'redeloos wezen'). Ook de riviernaam (en de daarvan afgeleide plaatsnaam) *Duizel* (NB) wordt in dit verband geplaatst en vormt dus een parallel van Dieze en Diessen.

Het suffix *-on-* in *deues-on-* betekent zoveel als 'heilig, gewijd' en wordt verderop afzonderlijk besproken. Daarop vooruitlopend, kan hier worden geconcludeerd dat de (bij)naam *Deusoniensis* een Keltische vorm is. Een iets andere betekenisontwikkeling van PIE *dheues-* heeft geleid tot woorden als Nederlands *duister*. In het Keltisch zien we deze zelfde ontwikkeling in Middeliers *donn* 'donkere kleur, bruin', Middelwels *dwn* 'bruin, duister' en in de Gallische persoonsnaam *Donnos* ('de donkerharige'?).

Weer een ander element *dēwo-* (< *deiwo-*) wordt zelf geïnterpretereerd als 'god(de-lijk)' en wordt ook verondersteld in de plaatsnaam *Diest* (Vl-B) en in de riviernaam *Dieve* (< *deuia* 'de heilige') bij Leuven. In al deze gevallen zou dus de Germaanse klankverschuiving niet hebben plaatsgevonden, en de Germaanse ontwikkeling van *ei > *ī pas laat (vergelijk *Rhemus, Rijn)*. Vergelijkbaar zijn waarschijnlijk ook de riviernamen *Dijver* (in Brugge (W-Vl); < *Divera*, in 1292 < *divara 'de goddelijke') en *Devere* (België), en de plaatsnaam *Diever* (D; < *Devere*, 1298, uit een oudere riviernaam?). Deze etymologieën zijn echter noch helemaal duidelijk noch algemeen geaccepteerd.

Aardenburg in Zeeuws-Vlaanderen heette vroeger *Rodenburg*. Dat betekende waarschijnlijk 'burcht aan de rivier de *Rodana*'. Aardenburg ontstond in de tweede eeuw als een fort in de Romeinse kustverdediging tegen de invallende Chauken en Saksen. Rond 273 werd het verwoest. *Rodana* kwam als riviernaam in Keltische streken vaker voor, is echter mogelijk voor-Indo-europees; de bekendste is wel de *Rhône* in Frankrijk. Ook de plaatsnaam *Ronse* (O-Vl; *Renaix* in het Frans) komt mogelijk van *Rodanacio*. De plaats ligt aan een riviertje de *Ronne* (< *Rodana*). In de buurt van Coo (Lux) - met zijn toeristische watervallen - vinden we nog een plaatsje *Roanne* dat ligt aan het *Le Roannai*, een klein zijriviertje van de Amblève. Ook deze namen zijn vergelijkbaar.

Het valt natuurlijk op dat bijna al deze namen teruggaan op riviernamen. Er is al vaker op gewezen dat riviernamen erg stabiel zijn, en meestal dus ook heel oud. Het probleem is dan ook dat deze namen weliswaar Keltisch of Germaans zouden kunnen zijn, maar evenzogoed ook ouder Indo-europees. Aangenomen dat de oorsprong Keltisch is (wat dus niet vaststaat), zou de etymologie als volgt kunnen zijn: *(p)ro-dā-nV- (de hoofdletter V staat voor een onbekende klinker) 'voort-vloeiend'.

Nog een mooie Keltische riviernaam in de Ardennen is die van de *Amblève* (*Amel* in het Duits). De oudste vermeldingen van deze naam dateren uit de middeleeuwen en luiden *Amblau(i)am*. Hiervoor kunnen we een Gallische vorm *ambi-leua reconstrueren, die dan zoiets betekent als 'de rondstromende', dus slingerende rivier. (De naam vertoont dan de Westgermaanse verandering van lange *ē in lange *ā, in dit geval later weer ongedaan gemaakt door de -i- in de volgende lettergreep: zogenaamde i-Umlaut.)

Waar de Amblève uitstroomt in de Ourthe, ligt *Comblain*(-au-Pont; L). Ook deze naam lijkt Keltisch, en de betekenis is zoiets als 'samenvloeiing van rivieren'. Het eerste deel is *con- 'samen', het tweede (*blani-) lijkt dan zoveel als 'rivier' te betekenen. In dezelfde omgeving komt de plaatsnaam *Comblain* nog twee maal voor, en identiek zijn *Koblenz* aan de samenvloeiing van Rijn en Moezel en *Koblenz* oostelijk van Basel in Zwitserland. Opmerkelijk is ook dat de Keltische plaatsnaam voor Koblenz in het Rijnland *Condate* was, wat 'samenvloeiing' betekent (vergelijk de vaker voorkomende Franse plaatsnamen *Condé* en *Condes*). Blijkbaar had de plaats zowel een formele (officiële) als een informele naam, en is de informele vorm blijven voortbestaan. In het Latijn werd de naam vervolgens vertaald in *Confluentes* 'samenstroming'. Een westelijker gelegen *Condate* vinden we in *Kontich*, juist ten zuiden van Antwerpen, dat in de negende eeuw nog *Condatu* heette. Opmerkelijk is dan natuurlijk weer dat bij

Kontich zowel een kleine versterking als een nogal raadselachtige cultusplaats uit de late ijzertijd werden ontdekt.

Een Gallisch woord dat aan de basis van verschillende plaatsnamen in België en het zuiden van Nederland ligt, is *brogilos* 'bosje, struikgewas'. Onder andere *Breugel* (NB; in 1288 nog *Brogele*), *Brielle* (ZH), *Brielen* (W-Vl), (Grote en Kleine) *Brogel* (B-L) en *Bruil* (G) gaan hierop terug. Het woord werd echter als *brogilus* geleend in het vulgair Latijn, en deze namen kunnen dus ook nog na de Romeinse tijd op basis van dat woord zijn gevormd.

In het oosten van de provincie Noord-Brabant en in de aangrenzende delen van Vlaanderen komt een aantal malen in plaatsnamen het element *mortel* voor. Voorbeelden zijn *Biesmoorter* (A en N-L), *Biezenmortel* (NB), *Breemortel* (NB), *Mortel* (NB en N-L), het natuurgebied *De Mortelen* (NB), *Mortsel* (A; < *Mortensella*, 1158), *Regenmortel* (Vl-B), en *Schimmert* (N-L; uit ouder *Schinmortera*, 1152). Dit element, dat zoveel lijkt de betekenen als 'natte, slappe grond', lijkt in het westen van Noord-Brabant een tegenhanger te hebben in *martel*, met als varianten ook *marter* en *mertel*. Dit element komt als toponiem voor in onder andere de gemeentes Roosendaal, Kruisland, Wouw en Oud-Gastel. Princenhage bij Breda heette in de middeleeuwen *Mertersem* (1233, tot ongeveer 1500, daarna Hage). Er is wel verondersteld dat deze laatste dezelfde plaatsnaam is als het *Martras* dat al wordt vermeld in het begin van de negende eeuw. De juistheid van deze identificatie is echter niet zeker, en een andere moderne kandidaat voor het oude Martras is het gehucht *Martwijk* bij Kerkdriel (G).

Als verklaring voor deze wisseling is wel betoogd dat *mortel* (met een *o*) de oude vorm is waarin de voor-Germaanse klinker is bewaard, terwijl de westelijke vorm de Germaanse klinkerwisseling onderging en daardoor een *a* kreeg. Wanneer deze interpretatie juist is, dan zou dat betekenen dat het Germaans hier juist vanuit het westen (dus vanaf de kust?) binnendrong en de hogere zandgronden van de Kempen pas bereikt werden toen de klankverschuiving niet langer werkzaam was. Ook enkele andere dialectvarianten tussen het westen en het oosten van Noord-Brabant zouden hierop kunnen wijzen.

d. Goden en persoonsnamen

Vervolgens bekijken we nog een aantal namen van goden en (historische) personen. Dat twee categorieën worden samen genomen, heeft vooral een praktische reden. Beide soorten namen komen namelijk vaak samen voor wanneer in een wij-inscriptie op een altaar staat aan welke god(in) en door wie dat altaar werd opgedragen.

Nehalennia en de handel

De bekendste godin die in de Romeinse tijd in Nederland werd vereerd, is *Nehalennia*. Twee tempels aan de oevers van de oude Scheldemonding waren aan haar gewijd. Deze zijn nu onder water verdwenen, maar van de verdronken tempelterreinen komen een groot aantal inscripties op altaren die bijna allemaal door Zeeuwse vissers in hun netten naar boven zijn gehaald. En om maar meteen met haar naam te beginnen, die is nog steeds niet overtuigend verklaard.

Vanuit de taalkunde is tot op heden bij alle pogingen tot interpretatie aangenomen dat de naam *Nehalennia* Germaans is. Nog steeds is de meest gangbare verklaring 'de naderbij komende' of 'de tegemoet komende', maar slechts weinigen zijn daar echt tevreden over. Opvallend is ook, dat archeologen die zich met de godsdienst van de Kelten bezighouden, Nehalennia zonder nadere uitleg vaak als een Keltische godin beschouwen. Uit die hoek is echter nog nooit een voorstel gedaan tot een verklaring van de naam. Wel is - als alternatief voor de zojuist genoemde verklaring - voorgesteld om in het begin van de naam PIE *nei-* 'leiden, voeren' te zien, en de naam te vertalen als 'leidster, stuurvrouw'. De enige Westeuropese taal waarin dit PIE *nei-* verwanten heeft is echter het Iers, zodat met deze etymologie de naam daarmee zeker niet Germaans zal zijn (en waarschijnlijk Keltisch). De betekenis in het Iers is echter 'strijder, held', en ook dit voorstel voor een etymologie blijft hoogst twijfelachtig.

In verband met de nieuwe etymologie voor *Helinium* ('kustmoeras; riviermonding', en zie verder hierboven) is voorzichtig geopperd dat de naam een laat-Gallisch *halēn* 'zout' (< Gallisch *sal-eino-*) zou kunnen bevatten, maar dan blijft het voorvoegsel (als het dat is) *ne-* onverklaard. Vooralsnog biedt ook dit dus geen uitkomst; het blijft onduidelijk wat de naam *Nehalennia* betekent en in welke taal we hem moeten plaatsen.

Uit de afbeeldingen en de teksten op de altaren blijkt dat Nehalennia een weldadige godin is. Zij lijkt vooral te zijn aangeroepen voor een veilige overtocht over zee ten behoeve van kooplui en hun handelswaar. Haar altaren komen zoals gezegd van twee plaatsen. De vroegst bekende vindplaats ligt tegenwoordig net buiten de kust bij Domburg op Walcheren, de andere werd begin jaren zeventig ontdekt op de zandbank Colijnsplaat, juist ten noorden van Noord-Beveland. In Domburg was het een zware storm die in 1647 resten van de tempel aan land spoelde. Deze vondsten trokken toen veel aandacht en werden al snel gepubliceerd.

De tempel op Colijnsplaat werd ontdekt nadat een visser altaren in zijn netten vond. Beide tempels zullen niet veel langer dan tot het midden van de derde eeuw hebben gefunctioneerd, en werden waarschijnlijk al vrij snel daarna door de zee verwoest. We mogen aannemen dat de meeste altaren werden gewijd tussen ongeveer 190 en 230 na Christus. Twee altaren van Colijnsplaat zijn gedateerd in 223 en in 227. Onduidelijk is of deze tempel op de noordelijke of op de zuidelijke oever van de toenmalige Scheldemonding stond. In het eerste geval stond er dus aan elke kant van de monding een tempel, in het tweede stonden beide tempels op de zuidelijke oever.

Op één van de altaren is een (vermoedelijke) plaatsnaam aangetroffen die mogelijk de naam is van de plaats waar de tempel op Colijnsplaat heeft gestaan. Deze naam wordt gelezen als *Ganuenta*. Daarin zou een gegermaniseerde vorm van het Keltische woord voor 'mond' kunnen schuilgaan (in de betekenis van 'monding'). In het Gallisch was dat *genu-* en het woord komt bijvoorbeeld ook voor in de oude naam van Genève, *Genaua*. In het Oudiers vinden we *giun* 'mond'. Het woord is verwant met Latijn *gĕna* 'wang', met Grieks *génus* 'kin', en ook met Nederlands *kin*. De *e* in dit woord was kort. Maar wanneer we aannemen dat die bij de overgang van het woord in het Germaanse werd verlengd, is de Westgermaanse vervanging van lange *e* door lange *a* hier denkbaar (we zullen later zien dat dit vaker voorkwam).

Ganuenta zou kunnen staan voor (een ouder) **Genu-venta* 'plaats aan de monding'. De ontlening moet dan hebben plaatsgevonden nadat de Germaanse klankverschuiving zijn werk had gedaan (zodat de *g* niet meer tot *k* werd) en de Westgermaanse klinkerverandering nog niet. Het element **gan-* (< Gallisch *genu-*) lijkt in meer plaatsnamen voor te komen, bijvoorbeeld in *Gennep* (N-L; in 949 *Ganipi*) aan de monding van de Niers in de Maas, en wellicht ook in *Gent* (O-Vl; in 819 *Ganda*) aan de samenvloeiing van Leie en Schelde. De oorsprong en betekenis van het tweede deel van de naam (**venta*?) zijn duister. Het komt ook voor in plaatsnamen in Brittannië en in Gallië, maar is vrijwel zeker voor-Keltisch. De betekenis lijkt zoiets te zijn geweest als 'woonplaats', misschien 'marktplaats', maar dat is giswerk.

In een persoonsnaam vinden we het eerste element van deze plaatsnaam mogelijk terug bij een Kannenefaat die de naam *Gannascus* droeg.

De verbinding van de plaatsnaam *Gent* met het woord voor 'mond(ing)' zoals hierboven gegeven, is gebruikelijk. Zeker is deze verklaring echter bepaald niet en mogelijk moeten we hier eerder denken aan een afleiding van PIE **gʰn̥nd-* (het teken *n̥* staat voor een 'syllabische' *n*). De oorspronkelijke betekenis hiervan is '(aan)pakken', grijpen' en het woord leeft voort in diverse Indo-europese talen. In de Germaanse talen veranderde de betekenis nogal en in het Nederlands gaan *gissen* ('een betekenis/antwoord krijgen') en ver*geten* hierop terug. Een Engelse verwant is *to beget* 'gewinnen, krijgen (vooral van het vaderschap)'. In het Keltisch ligt PIE **gʰn̥nd-* aan de basis van woorden met betekenissen als 'plaatsen, ordenen, een plaats hebben/vinden (in)'. Voorbeelden zijn Oudiers *ro-geinn* 'een plek vinden in' en Wels *gannaf* 'besloten/opgenomen in mij'. Deze betekenissen passen uiteraard uitstekend bij het Oostvlaamse Gent, dat oorspronkelijk vrijwel geheel werd omsloten door een meander van de Schelde. Of we de plaatsnaam hiermee als Keltisch of als Germaans moeten beschouwen, blijft onduidelijk. De betekenisontwikkeling lijkt echter op Keltisch te wijzen.

De meeste van de *dedicanten* (mensen die een altaar opdroegen) aan Nehalennia hebben Romeinse namen, maar toch zijn er uitzonderingen met inheemse namen. Opvallend is daarbij dat die namen meestal niet (of slecht) te interpreteren zijn. Duidelijk Keltisch zijn in Domburg in elk geval de namen van *Ianuarinus Ambacthius* (*ambactos* 'volgeling, dienaar'), van *Sextus Nertomarius Nertonus* (*Nerto-marus* 'grote kracht'; van *nerto-* 'kracht'), en van *Caius Exomnianus Verus* (*Exomnos* = 'de onbevreesde'). Duidelijk Germaanse namen lijken in Domburg niet voor te komen.

De persoonsnaam *Exomnos* (vaker in de vorm *Exobnus*) komt in Gallië vrij vaak voor, en we vinden hem ook op een grafsteen in Aarlen / Arlon (Lux) en (vermoedelijk) op een wij-inscriptie uit St-Mard niet ver daarvandaan. Het woord bestaat ook elders in het Keltisch, zowel in het Oudiers (*essamuin* 'dapper, onbevreesd') als in het Wels (*eofn* < Middelwels *ehofn*, met dezelfde betekenis). Ook van Colijnsplaat komt een altaar dat is gewijd door een *Exomnius Isaurici filius* (Exomnius de zoon van Isauricus). Hij zou zelfs de vader kunnen zijn van de Caius Exomnianus Verus uit Domburg.

Uniek is dan weer de *Dea Exomna*, de 'onbevreesde godin', op een altaar dat bij baggerwerk werd gevonden bij Alem (G). Het is de enige keer dat deze naam voor een god(in) wordt gebruikt. Opmerkelijk is hier ook dat de plaatsnaam *Alem* kan zijn ontstaan uit Germaans **Alha-haim* 'woonplaats bij een (heidens) heiligdom'.

Op Colijnsplaat werden een groot aantal altaren gevonden. Hier komen wel dedicanten met Germaanse namen voor, maar zij zijn veruit in de minderheid. Slechts twee namen zijn met redelijke zekerheid Germaans: *Ahucconis* en *Andanhianius*. Keltisch is de *Marcus Exgingius Agricola* die we al eerder bespraken en die afkomstig was van de *Treveri*. Een stamgenoot van hem was *Caius Gatullinius Seggo* met een eveneens als Keltisch beschouwde naam. Dan is er een altaar dat waarschijnlijk werd gewijd door drie mannen die allemaal een Keltische naam droegen: *Aes[ilus(?)] Iuni Silviserus Manchissa* ('Aesilus (?; of Aestivus?) de zoon van Junius, Silviserus, en Manchissa'). Het derde altaar dat een Keltische naam bevat, werd gewijd door een schipper (of reder) uit het land van de Sequani: *Vegisonius Martinus*.

Net als Marcus Exgingius kwamen nog twee andere dedicanten uit Trier. Anderen kwamen uit Keulen, van het stamgebied van de Gallische *Veliocasses* (aan de Seine-monding, rond Rouen), en uit *Britannia*. Verschillende van deze mensen maken zich kenbaar als schipper (of reder?; het Latijnse woord is *nauta*) of handelaar (*nĕgōtiātor*). Waar de aard van de handel wordt genoemd, zijn twee soorten interessant omdat zij lokale produkten zouden kunnen betreffen: zout en vissaus. Verder komt ook een handelaar in aardewerk voor. Uit deze opsomming blijkt wel dat we niet zomaar mogen aannemen dat hier namen van 'inheemse' bewoners worden aangetroffen, maar dat is misschien ook wel tekenend voor de situatie in het hele Romeinse rijk.

Dat zoutwinning aan de kust al in de ijzertijd plaatsvond, zagen we al eerder. De naam *Helinium* voor de oude Maasmonding zou daar zelfs naar kunnen verwijzen. Zout was een belangrijk produkt voor het conserveren van voedsel. Vissaus was een Romeinse lekkernij. Het was een dikke brij waarin allerlei zeedieren waren verwerkt en die met kruiden op smaak werd gebracht. De saus moest gisten alvorens hij gereed was, waardoor de produktie behoorlijk zal hebben gestonken. Behalve in de fijne keuken werd vissaus ook gebruikt als medicijn. De meest gangbare naam voor deze saus was *allec* (ook *hallec*), maar ook *garum* en andere benamingen komen voor.

Aardenburg zal één van de produktiecentra voor vissaus zijn geweest. Daar werd namelijk een scherf gevonden van een groot voorraadvat (een *dolium*) met het opschrift ALIIC XI S[emis], 'elf-en-een-halve amfoor *allec*'. Dat is ongeveer 300 liter. (In het Latijnse schrijfschrift van die tijd, dus niet in de officiële opschriften, staat II voor een *e*.) Een vergelijk-bare scherf die in Nederweert (N-L) werd gevonden, meldt: GARVM XXVII [sextarii], ofwel '(ruim) veertien liter *garum*'. Toch mogen we niet aannemen dat de produktie van deze vissauzen in Zeeland plaatsvond op een werkelijk industriële schaal. Dat was wel het geval op enkele plaatsen aan de kust van Bretagne en er zijn aanwijzingen voor dat ook deze Bretonse vissaus via de Nederlandse delta en de Rijn in de richting van Keulen en Trier werd verhandeld.

Naast Nehalennia werd in Domburg ook een godin *Burorina* vereerd. Het altaar voor Burorina werd kort voor 1771 ontdekt in het dorp Domburg, waar het toen in gebruik was als gevel-steen in een huis. De exacte herkomst is dus onbekend. Ook voor deze naam is tot nog toe geen etymologie gevonden. Verder is uit Westkapelle, net ten zuiden van Domburg aan de kust, een altaar afkomstig dat is gewijd aan *Hercules Magusanus*. Het is natuurlijk niet onwaarschijnlijk dat al deze altaren afkomstig zijn uit dezelfde tempel.

De god van Empel

Het combineren van Romeinse godennamen met inheemse namen was een wijd verbreid gebruik in het Romeinse rijk. Zo werden goden aan elkaar gelijkgesteld of met elkaar verbon-den en de religieuze systemen met elkaar verzoend. Tacitus beschreef dit fenomeen als *interpretatio Romana* ('Romeinse interpretatie') maar het initiatief lijkt veel meer van de onderworpen volkeren te zijn uitgegaan dan van de Romeinen zelf. Het resultaat is vaak een dubbele naam: een Romeinse naam, gevolgd door een inheemse. In onze streken lijkt de inheemse naam vaak een 'bijnaam' te zijn. Mogelijk zegt dat iets over de inheemse godsdienst voor de komst van de Romeinen.

Een voorbeeld is *Hercules Magusanus*, een god die vooral bij de Bataven een bijzonde-re verering lijkt te hebben gekend en die we vinden in inscripties die grotendeels uit het rivierengebied stammen, ongeveer van Bonn tot aan de kust. In een aantal van die inscripties staat de naam voluit, en de tekst begint dan bijna standaard met HERCVLI MAGVSANO ... 'Aan Hercules Magusanus ...'. Daarnaast verschijnt de naam regelmatig sterk afgekort (vaak als MAG, maar soms ook als M) op kleine gebruiksvoorwerpen en sieraden die aan de god werden geofferd. Tot voor kort ging iedereen ervan uit dat de naam *Magusanus* Germaans was, zonder dat er een echt bevredigende etymologie bestond.

Dat veranderde met de ontdekking van de inheems-Romeinse tempel bij Empel (NB; gem. 's-Hertogenbosch). In 1990 werd daar een verzilverd bronzen plaatje gevonden, met daarop de volgende tekst:

HERCVLI
MAGVSEN[o]
IVLIVS GEN
IALIS VETER[anus]
LEG. X G.P.F.
V.S.L.L.M.

'Aan *Hercules Magusenus* heeft Julius Genialis, veteraan van het tiende legioen, het dubbele, loyale en trouwe, zijn gelofte ingelost, graag, met genoegen en met reden.'

Het bijzondere hiervan is de *e* in de voorlaatste lettergreep van de bijnaam. *Magusenus* is namelijk - in tegenstelling tot de vorm met een *a* - volmaakt doorzichtig als *magu-senos, een samenvoeging van 'jong' (**măgu-*) en 'oud' (*sĕnos*). De betekenis zal zoiets zijn als 'die in de kracht van zijn jeugd over de wijsheid van de ouderdom beschikt'. Beide delen van de samenstelling komen zowel voor in het Germaans als in het Keltisch. Wat dat betreft zou de naam dus nog steeds Germaans kunnen zijn, al is deze vorm van samenstelling in het Germaans niet erg gangbaar. Het feit dat we overal, behalve in Empel, de ondoorzichtige vorm met een *a* in de voorlaatste lettergreep vinden, dient echter een verklaring te krijgen.

Die verklaring is mogelijk wanneer we aannemen dat de naam oorspronkelijk Keltisch was en in het Germaans werd overgenomen. Dat zal dan zijn gebeurd nadat het Germaanse accent op de eerste lettergreep was komen te liggen, waardoor in *Magusénos* het accent op de voorlaatste lettergreep vreemd was. Nu worden klinkers onder het accent, ook wanneer zij - zoals hier het geval is - etymologisch kort zijn, altijd wat langer uitgesproken dan ongeaccentueerde klinkers. Germaanse oren zullen dus zoiets hebben gehoord als 'maguseenos' (met de lange *ee* van *zee*), waarna dit leenwoord meedeed aan de Westgermaanse ontwikkeling van lange *e* naar lange *a*. In de tijd van de inscripties (de late eerste en de tweede eeuw) was deze verandering nog bezig, en de werkelijke uitspraak was waarschijnlijk zoals de klinker in

118

Nederlands *melk*, maar dan lang (vergelijk het Franse *frêle* of *bête*). Het Latijnse alfabet had daar geen letter voor en moest kiezen uit A of E.

Dat vrijwel alle inscripties een A laten zien, komt waarschijnlijk ook omdat er nog meer godennamen waren die uitgingen op *-ana* (vrouwelijk) of *-anus* (mannelijk). De schrijvers zullen dit dus als de 'normale' uitgang voor een godennaam hebben beschouwd. Voor de interpretatie van de naam is verder belangrijk dat *Măgusĕnos* in het archaïsch Wels als persoonsnaam kon optreden. In een laat zesde-eeuwse inscriptie uit Wales staat de naam MAVOHEN[ni], die rechtstreeks op de vorm *Măgusĕnos* teruggaat. In het Keltisch was 'jong (en) oud' dus blijkbaar een acceptabele combinatie voor een persoonsnaam, die we misschien met 'vroegwijs' zouden mogen vertalen. Overigens kon ook in het Latijn van de middeleeuwen nog van iemand worden gezegd dat hij een *puĕr sĕnex* was, een jongeman met de wijsheid van een oudere, ofwel een vroegwijs ventje.

Hercules Magusanus komt voor op nog enkele andere monumenten in Nederland (en ook daarbuiten). Een altaar dat oorspronkelijk wellicht uit Empel afkomstig is, werd al in 1679 gevonden in het gehucht Ruimel bij St Michielsgestel (NB). Deze vindplaats ligt maar een paar kilometer ten zuiden van Empel. De tempel werd in de loop van de vierde eeuw door de Romeinen gesloopt, en het ligt voor de hand dat de resten elders weer als bouwmateriaal werden gebruikt. Ook in het nabijgelegen Kessel aan de Maas zijn versierde bouwfragmenten gevonden die uit Empel afkomstig lijken te zijn. Het overgrote deel van deze Romeinse vindplaats is echter verloren gegaan bij het baggeren naar grind in de Maasbedding.

Het altaar uit Ruimel is wellicht het oudste dat aan Hercules Magusanus is gewijd. Het vermeldt de godennaam bij wijze van uitzondering als *Magusano Herculi* ... ('aan Magusanus Hercules ...'), dus met de inheemse naam eerst. De dedicant noemt zichzelf als *Fla(v)us Vihirmatis filius summus magistratus Civitatis Batavorum*: 'Flavus, zoon van Vihirmas, opperste magistraat van de *civitas* (de stam, het stamgebied) van de Bataven'.

Uit de rijke offergaven die in Empel werden teruggevonden, uit het feit dat er waarschijnlijk ook een muntslag was gevestigd, en uit het feit dat de hoogste magistraat van de Bataven hier een altaar wijdde, wordt geconcludeerd dat deze tempel van Empel erg belangrijk moet zijn geweest. Archeologen vonden ook aanwijzingen voor een inheems heiligdom dat op deze zelfde plaats was gelegen voordat de tempel werd gebouwd. Zo zijn er een aantal zaken die aangeven dat de Eburonen hier een belangrijk heiligdom hadden, dat later door de Bataven werd overgenomen en waar de Romeinen een relatief grote stenen tempel bouwden. Magusanus zou dan ook een van oorsprong Eburoonse god kunnen zijn. Die zou dan samen met het heiligdom door de Bataven zijn overgenomen toen zij de macht in het noorden van het Eburoonse gebied overnamen. Vrijwel alle vermeldingen van Hercules Magusanus die we kennen, staan op de een of andere manier in verband met de Bataven.

Andere altaren voor Hercules Magusanus uit Nederland komen uit de buurt van Houten (U) en van een niet precies bekende vindplaats in de Over-Betuwe. Op dit laatstgenoemde altaar wordt Hercules Magusanus genoemd samen met een godin *Haeva*. In België kennen we alleen een bronzen armband uit Tongeren met de inscriptie HER[culi] M[agusano]: '(gewijd) aan Hercules Magusanus'.

De naam *Haeva* is wel gelijkgesteld met *Hebe*, in de Griekse mythologie de vrouw van Hercules. De aantrekkelijkheid hiervan schuilt onder andere in het feit dat het betreffende altaar werd gewijd door een echtpaar. Anderzijds is het verleidelijk deze naam te vergelijken met die van de godin *Caiva* die wordt genoemd in een inscriptie uit Pelm in de buurt van Trier. In dat geval is de etymologie van de naam onbekend, maar hebben we in de Over-Betuwe een gegermaniseerde vorm van de naam uit Trier.

Interessant is dan weer dat in het heiligdom van Pelm ook fragmenten zijn gevonden van een stenen beeld van Hercules. Ook hij werd daar dus vereerd. Mogelijk zijn dus wel degelijk in de inheemse gedachtenwereld de namen *Caiva* en *Hebe* aan elkaar gelijk gesteld.

De tempel bij Empel lag op een oud zandduin (een 'donk') aan de samenvloeiing van Dieze en Maas. De naam van de Dieze bespraken we hiervoor al. In 260 na Christus, in een tijd dat het Romeinse rijk in een ernstige crisis verkeerde, riep de generaal Posthumus zichzelf uit tot 'keizer van de Gallische provincies'. Hij regeerde als zodanig tot 269 en liet in die periode eigen munten slaan. Op die munten staat een tempeltje afgebeeld, met daaromheen het opschrift *Hercules Deusoniensis*. Wanneer de suggestie dat Posthumus uit de streek van de huidige Kempen afkomstig was juist is (de bronnen beschrijven hem als een Galliër), dan zal dit de 'Hercules van de (gewijde) Dieze' kunnen zijn. Misschien zijn dan ook de *Hercules Magusenus* van Empel en de *Hercules Deusoniensis* op de munten van Posthumus dezelfde godheid.

Van -*on*- en -*an*-

We zagen al dat diverse godennamen uitgaan op -*ana*, -*anus*. In het Keltisch bestaat er een uitgang -*on*- die zoiets betekent als 'heilig, gewijd'. We vinden hem in godennamen als *Ep-on-a* (die met paarden is geassocieerd), *Matr-on-a* ('gewijde moeder'), *Map-on-os* ('gewijde zoon') en dergelijke meer. En zojuist zagen we ook al *Deus-on-iensis*. De Germaanse tegenhanger van deze uitgang zou volgens de klankwetten -*an*- moeten zijn, en het zou dus heel goed ditzelfde -*an*- kunnen zijn dat in diverse godennamen voorkomt. Dat dit niet altijd zo hoeft te zijn, bleek overigens al uit *Magusanus*.

Onduidelijk blijft dan ook nog of het Germaans dit -*an*- heeft geërfd uit het PIE, of dat het een ontlening uit het Keltisch is. Beide zijn in principe mogelijk, maar ontlening lijkt op het eerste gezicht waarschijnlijker. Een voorbeeld van een naam hiermee als goed Gallisch kan worden geïnterpreteerd, is die van een andere vorm van Hercules: *Hercules Saxanus*. Deze god werd vooral vereerd in de steengroeven in de Eifel en in de (Franse) Ardennen. Bij gebrek aan een betere etymologie werd de naam tot nog toe steeds in verband gebracht met Latijn *saxum* 'rots'. Die betekenis zal bij de gebruikers van de naam ook zeker als een dubbelzinnigheid hebben meegespeeld. Aangezien het patroon in dergelijke namen echter steeds een combinatie van een Latijnse plus een inheemse naam laat zien, ligt deze verklaring hier niet echt voor de hand.

In een laat-Gallische inscriptie, die in 1983 bij Larzac in Zuid-Frankrijk werd ontdekt, komt de godennaam *Adsagsona* voor. Die bevat dus de Gallische uitgang *-on-a* ('godin') en wordt verder vergeleken met de (middeleeuwse) Welse juridische term *assach* (< *ad-sag-s*) 'iemand in ere herstellen op basis van de eed van driehonderd mannen'. Hierop voortbouwend kunnen we *Hercules Saxanus* opvatten als de germanisering (en romanisering) van een Gallische *sag-s-on-os*, een 'gewijde bemiddelaar'. In Nederland of België komt deze naam niet voor, maar in de Koninklijke Musea voor Kunst en Geschiedenis in Brussel bevindt zich wel een fraai altaar uit het Franse deel van de Ardennen (dept. Meurthe-et-Moselle) dat aan deze god werd gewijd door een *centurio* ('honderdman') van het tiende legioen en diens manschappen. Doordat het altaar is gedateerd, weten we dat zij dit deden terwijl hun legioen in Nijmegen was gelegerd.

Een andere godin van wie we de naam op deze manier kunnen interpreteren, is *Hludana*. Zij komt voor op diverse altaren in het Rijnland en in Nederland, en eenmaal wordt haar naam geschreven met een D met een dwarsstreepje door de rechtopstaande lijn (Ð). Dat vreemde teken staat hier waarschijnlijk voor een klank als de Engelse *th*. Nu werd al aangenomen dat de naam *Hludana* samenhangt met het Griekse woord *klutós* 'beroemd, bekend' (en met Nederlands *luid*), maar de precieze etymologie was nog onduidelijk. Ook hier zou de oorsprong weer Keltisch kunnen zijn, en wel *klut-on-a* 'beroemde godin', of misschien ook 'gewijde (aan)horende' want PIE *klut-* heeft ook met 'horen' te maken (de betekenis ontwikkelde zich dus van 'veel gehoord' naar 'bekend, beroemd').

Overgenomen in het Germaans zou dit na klankverschuiving en klinkerwisseling *chluthana* hebben opgeleverd, wat we dan in een Latijnse spelling vinden als *Hludana*. Opmerkelijk aan deze naam is verder dat één van de altaren voor Hludana werd gevonden in de terp van Beetgum bij Menaldemadeel, en dus in Friesland. Het altaar was (daar?) opgericht door de opzichter van de pachters van de visserij.

Mercurius

De Romeinse god Mercurius treedt ook vaak op in een *interpretatio Romana*. Een voorbeeld hiervan is de *Deo Mercurius Eriausius* op een altaarfragment dat werd gevonden bij Ubbergen, net buiten Nijmegen. De eerste letter van de bijnaam is hier gedeeltelijk beschadigd, waardoor er twijfel over bestaat of we niet *Friausius* moeten lezen. Dat levert echter geen enkel aanknopingspunt voor een interpretatie, terwijl *Eriausius* probleemloos Gallisch is: *eri-aus-io-*. Daarin staat *eri-* voor een ouder *peri-* dat we bijvoorbeeld uit het Grieks kennen en 'rondom' betekent (vergelijk ook woorden als *periferie* in het Nederlands). *Aus-io-* betekent 'met oren', zodat het geheel 'met rondom oren' betekent, ofwel 'die overal oren heeft'.

Dergelijke alhorende goden zijn vrij algemeen, en in Gallië zijn zelfs altaren gevonden waarop menselijke oren binnen een lauwerkrans zijn afgebeeld. Daarbij past 'alhorendheid' ook wel bij Mercurius, die onder andere de god was van de rondreizende kooplieden en gold als bemiddelaar tussen de mensen en de goden. Het Gallische woord *aus-* 'oor' is verwant aan Nederlands *oor* (en Latijn *auris* < *ausis*), en komt ook voor in de Gallische vrouwennaam *Su-ausia* 'met mooie oren'. Opmerkelijk is natuurlijk ook de globale overeenkomst in betekenis met de zojuist besproken naam *Hludana*.

In Horn (Nl-L), tegenover Roermond aan de Maas, zijn twee altaren aangetroffen die daar waren ingemetseld in de muur van de kerk. Zij kwamen tevoorschijn toen dat gebouw in 1838 werd afgebroken en stammen waarschijnlijk uit Melenborg (gem. Haelen, N-L). Daar duidt Romeinse vondstmateriaal op het bestaan van een tempel.

Wanneer deze twee altaren uit Horn inderdaad oorspronkelijk afkomstig zijn uit een tempel in de gemeente Haelen, dan zijn nog twee andere toponiemen in deze regio interessant. Haelen ligt aan het riviertje de Neer, dat iets noordelijker bij de plaats Neer uitstroomt in de Maas. De riviernaam *Neer* is wel in verband gebracht met de riviernamen *Nida*, *Nidda* en *Nied* in Duitsland, *Nidd* in Engeland en *Neath* in Wales (*Nedd* in het Wels). Een oudere vorm van Neer zou dan *Nedere* moeten zijn geweest. Deze namen zijn allemaal te herleiden tot een Keltisch *nidā*, waarvan de precieze herkomst en betekenis onduidelijk zijn. Vroeger werd wel gedacht aan een betekenis 'de glanzende, schitterende'. Tegenwoordig zoekt men het verband eerder met een PIE woord voor 'stromen, vloeien' (*neid-* / *nid-*; vergelijk Sanskrit *nēdati* '(hij) stroomt). Verder bevindt zich bij Haelen ook het *Leudal*, tegenwoordig een natuurgebied. Het element *leu-* laat zich in deze reeks van associaties wellicht in verband brengen met het al eerder besproken PIE *pleu-* 'stromen'. Het verlies van de *p-* duidt dan opnieuw op een Keltische klankontwikkeling.

Eén van de twee altaren uit Horn is gewijd aan *Mercurius Arvernus*. Deze naam komt voor in nog een aantal inscripties uit het Duitse Rijnland, en we zagen al dat hij misschien gewoon 'de Mercurius bij de elzenbomen (of: op de natte grond)' kan betekenen. Wanneer we toch 'Mercurius van de Arverni' willen vertalen, dan blijft onduidelijk waarom deze stamgod uit de Auvergne in het Rijnland werd aanbeden.

Op een altaar uit de buurt van Miltenberg aan de Main staat de opmerkelijke aanduiding *Mercurio Arvernorigi* ... 'aan Mercurius, de Arverno-koning'. Wat daarmee precies wordt bedoeld, is niet duidelijk, maar onder de Bataven lijkt het niet ongewoon te zijn geweest om een aanvoerder *rēx* 'koning' te noemen. Het al eerder besproken altaar dat in Nijmegen werd opgericht door Blesio de zoon van Burgio, is gewijd aan *Mercurius Rex sive Fortuna* 'Mercurius (de) koning, of(wel?) Fortuna'. Fortuna was de Romeinse godin van het noodlot en het (goede) geluk.

Op het altaar uit Horn is Mercurius afgebeeld met aan zijn voeten een bok. Dat dier wordt traditioneel met hem in verband gebracht en in enkele inscripties uit Bonn wordt hij ook zo genoemd: *(Deus) Mercurius Gebrinius*. Het Gallische **gabros* betekent 'geit' en de bijnaam **gabrinios* zal dus zoiets als 'met of van de geit' betekenen. Dat de inscripties steeds een vorm met een *e* geven, is verklaard als een effect van het Gallische accent op de voorlaatste lettergreep, mogelijk versterkt doordat onder dat accent een *i* staat. Helemaal onomstreden is deze etymologie niet, maar het is wel veruit de beste die naar voren is gebracht.

Een ander dier dat vaak samen met Mercurius werd afgebeeld, is de haan. Uit het Rijnland zijn ook enkele haantjes bekend van pijpaarde (een wit soort aardewerk, zoals van Goudse pijpen). Bij Bonn en in het dorp Born-Buchten (Nl-L) zijn twee bronzen haantjes gevonden, ingelegd met gekleurde glaspasta. Beide beeldjes zijn vrijwel identiek, maar het Zuidlimburgse exemplaar draagt op de voet een inscriptie die zegt dat het is gewijd aan de godin *Arcanua*. Dezelfde naam komt ook - maar nu als *Arkanua* - voor op een klein wijplaatje dat eveneens in Born-Buchten werd gevonden. Ook deze naam is onweerlegbaar Keltisch en betekent 'verkondiger, zanger'. In het Oudiers kennen we *ar-cain* 'zingt, draagt voor', terwijl in het Middelwels het woord *argan* de heel specifieke betekenis heeft van 'het zingen van een klaagzang (voor een overledene)'.

Mars

Het andere altaar dat in 1838 tevoorschijn kwam uit de kerk in Horn bevindt zich nu in het Limburgs Museum in Venlo. De inscriptie vermeldt *Mars Halamardus*, met in de bijnaam opnieuw een 'gestreepte D' (Đ) die staat voor een *th*-achtige klank. De volledige tekst luidt:

> MARTI   (of: MART⊦ ?)
> HALAMARĐ[I
> SACRVM
> T. DOMIT. VINDEX
> C. LEG. XX VV
> V.S.L.M.

'Aan Mars Halamardus gewijd, door Titus Domitius Vindex, honderdman (*centurio*) van het Legio XX Valeria Victrix. Als inlossing van [zijn] gelofte, graag en met reden.'

De naam *Halamardus* lijkt zonder meer Germaans, maar de betekenis ervan blijft duister. Het meest gangbare voorstel voor een etymologie is 'mannen-moordenaar' en vergelijkt met het Oudnoorse *halr* 'man', en een Germaans *marthus 'moord'. Deze verklaring is al ruim een eeuw oud en ook al vaak bekritiseerd. Zij kan onmogelijk juist zijn. Het woord voor 'man' zou in dit stadium van het Germaans nog *haleth moeten zijn, en de vorm *marthus voor 'moord' bestond helemaal niet. Daarmee blijft de naam onverklaard, want ook een Keltische etymologie laat zich hier niet meteen bedenken.

Een Mars die wel weer een eenduidig Keltische (bij)naam heeft, is de *Mars Iovantucarus* uit het gebied van de Treveri. Zijn bijnaam (*iovanto-caros) betekent 'die jongeren liefheeft'. Hij werd speciaal vereerd door ouders ten behoeve van hun kleine kinderen. De naam *Lenus Mars* wordt algemeen beschouwd als een variant van dezelfde *Mars Iovantucarus* (en er bestaat ook een *Apollo Iovantucarus*).

In België werd een inscriptie voor *Lenus Mars* gevonden op een bronzen wij-plaatje uit St-Mard bij Virton (Lux; ten zuidwesten van Aarlen / Arlon). De tekst daarvan luidt als volgt:

LENO MARTI
EXSOBIN(ii) NOVIC(ius)   (of: EXSOBIN(o))
ET EXPECTATUS
V.S.L.M.

Hier zijn verschillende interpretaties mogelijk:
1. 'Aan Lenus Mars, (door) Exsobinius Novicius en Exsobinius Expectatus ...' (Waarbij we dus *Exsobin* inderdaad met *-ii* aanvullen tot een meervoud.)
2. 'Aan Lenus Mars, (door) Exsobinius Novicius en Expectatus ...' (Wanneer we *Exsobino* lezen, dus als enkelvoud.)
3. 'Aan Lenus Mars Exsobinius, (door) Novicius en Expectatus ...' (Waarbij *Exsobin* bij de naam van de god wordt genomen: 'aan de beschermende Mars, zonder vrees, ...'.)
In elk geval deze derde interpretatie gaat ervan uit dat de naam *Exsobin-* een variant is van *Exomnos / Exobnos* 'onbevreesd'. Helemaal zeker is dat natuurlijk niet.

Dan is er ook nog *Mars Camulus*, die eveneens vaker voorkomt. Een altaar voor hem werd gevonden in Aarlen / Arlon en in Kruishoutem (O-Vl) werd recent de bronzen voet gevonden van een beeldje dat was gewijd aan *Mars Camulus*. Deze vondst maakt deel uit van een hele groep godenbeeldjes (en fragmenten daarvan) die daar sinds 1985 zijn ontdekt. *Camulos* is Gallisch en komt ook voor in de Gallische persoonsnamen zoals *Andecamulos*, en in de naam *Camulogenus* in een inscriptie uit Nevers. De meest gangbare interpretatie is om het te vergelijken met Oudiers *cumal* 'bediende, slaaf' en het te vertalen als 'dienaar'. (De persoons-namen betekenen dan 'zeer gedienstige' en 'uit een dienaar geboren'.)

Vanwege de verbinding met de oorlogsgod Mars is echter ook wel naar een meer krijgshaftige verklaring gezocht, waarbij men uitkomt bij PIE **kem-* 'breken, vechten'. *Camulos* wordt dan opgevat als de naam van een Keltische oorlogsgod, die de tegenhanger was van de Romeinse Mars. Voor deze interpretatie bestaan echter geen (taalkundige) parallellen binnen het Keltisch, wat natuurlijk problematisch is. In Groot-Brittannië kwam ook de plaatsnaam *Camulodunum* voor.

Ook de god *Intarabus*, die in twee inscripties uit Noville bij Bastenaken / Bastogne (Lux) wordt vereerd, wordt elders wel in verband gebracht met Mars. Hij lijkt speciaal in het gebied van de Treveri thuis te horen en hoewel zijn naam Keltisch aandoet, is er geen etymologie bekend. De spelling varieert en op één van de altaren uit Noville heet hij *Deus Entarabus*. Hij wordt daar genoemd samen met een god *Ollodagos* 'de al-goede', wiens naam wel degelijk Keltisch is (Gallisch *ollo-* 'alles, helemaal' + Gallisch *dago-* 'goed'). In de tweede inscriptie staat *Deus Intarabus* en daar draagt de dedicant een Gallische naam: *Ategniomarus* 'die een groots nageslacht heeft'.

Germaanse namen

Tot nog toe lag het accent op goden en personen met Keltische namen. Germaanse namen komen echter ook voor, al zijn die vaak veel minder doorzichtig. In België is de enige duidelijk Germaanse godennaam *Vihansa*, die wordt verklaard als **Vih-ansuz* 'strijd-godin'. De vergelijking is met het Oudhoogduitse *wîg* 'strijd' (en *wîgan* 'strijden') en Gotisch *weihan* 'strijden', en het Germaanse woord **ans-* voor '(strijd)goden'. Een andere mogelijkheid is om het eerste deel van de naam te vergelijken met een ander Gotisch woord *weihan*, dat 'wijden' betekent (en daar ook mee verwant is). In dat geval betekent de naam 'gewijde godin'. Het bronsplaatje waarop deze naam staat, werd gevonden in Hoeselt (B-L), ten noorden van Tongeren.

Een Germaanse bijnaam van Mars is *Thingsus*. Die lijkt voor te komen op twee altaren die werden gewijd door soldaten van de Frisii die in Schotland waren gelegerd aan de muur van Hadrianus (één inscriptie is slecht leesbaar). Deze naam wordt in verband gebracht met het Oudnoorse woord *thing*, Nederlands (ge)*ding* voor 'rechtszitting, rechtszaak'. De oudste betekenis lijkt echter zoiets als 'besloten (ruimte)' en dat maakt de interpretatie van de godennaam wat lastig. (We weten immers niet wanneer dit woord zijn specifiek juridische betekenis kreeg.)

Een naam die in het Rijnland vaker voorkomt, en die in Nederland werd gevonden op een altaar uit Hemmen (G) in de Betuwe, is die van de godin *Vagdavercustis*. Mogelijk is dit een samenvoeging van twee namen, *Vagda* en *Vercustis*. De betekenis van het eerste deel is tamelijk onzeker, maar wordt of met 'roem' of met 'beweging' in verband gebracht. Het tweede deel is echter overduidelijk. Het staat voor Germaans *wĕra-kustus* dat 'manhaftigheid, deugd' betekent. Overigens heeft ook dit woord een parallel in het Keltisch, waar de vorm *vĭro-gustus* de Ierse persoonsnaam *Fergus* opleverde.

Er komen in Nederland nog wel enkele godennamen voor die er Germaans uitzien, maar in de meeste gevallen is daarvoor tot op heden geen overtuigende etymologie gevonden die de hele naam verklaart. In andere gevallen die wel herkenbaar Germaans zijn, zoals *-vercustis*, blijkt regelmatig ook een Keltische etymologie nabij te liggen.

Runen

Bijzonder zijn de vondsten van de Bergakker, gelegen tussen Kapel-Avezaath en Kerk-Avezaath ten westen van Tiel (G) en niet ver van het *Vada* (Wadenoijen) van Tacitus. Hier bevond zich in de tweede en derde eeuw een heiligdom en er zijn archeologische aanwijzingen dat er een tempel(tje) stond. In 1950 werd op de Bergakker een altaar gevonden dat is gewijd DEAE HVRSTRGE, 'aan de godin *Hurstrga*'. Deze naam is eenduidig Germaans en het eerste deel ervan (*hurst-*) leeft voort in Nederlands *horst* 'met kreupelhout begroeide hoogte'. Uiteraard sluit dat prachtig aan bij de huidige naam *berg*akker.

Opmerkelijk is dat op deze zelfde lokatie in 1996 een runeninscriptie werd ontdekt die dateert uit de periode rond of kort na 400. Het runenschrift werd door Germanen in de eerste of tweede eeuw na Christus ontwikkeld, vrijwel zeker geïnspireerd door het Latijnse alfabet. Runeninscripties uit Nederland en België zijn tamelijk zeldzaam en een exemplaar uit het begin van de vijfde eeuw is extreem vroeg. Dit alles maakt de runeninscriptie van de Bergakker bijzonder.

De inscriptie staat op een stukje metalen beslag van een zwaardschede van nog geen tien centimeter lang. Dit object maakte deel uit van een groep metalen voorwerpen waarvoor twee interpretaties naar voren zijn gebracht. Het kan gaan om de voorraad van een rondtrekkende smid, of het is een zogenaamd offerdepot van voorwerpen die hier aan de goden werden geofferd. Een probleem is dat we niet weten of de oudere Romeinse tempel van de Bergakker hier rond 400 nog stond en of de lokatie nog als cultusplaats functioneerde. Deze onzekerheid heeft consequenties voor de interpretatie van de runentekst, want die blijkt op zichzelf niet helemaal duidelijk te zijn.

Om te beginnen komt in de korte inscriptie een teken voor dat nergens elders in runeninscripties voorkomt. Het moet een klinker zijn, en wel een *e* of een *u* (de andere klinkers komen elders in de inscriptie voor). Verder opent de korte inscriptie met een naam waarin onduidelijk is of we de derde letter moeten lezen als een *l* of als een *þ* (een klank als de Engelse *th*). Met Tineke Looijenga - die de inscriptie publiceerde - kies ik hier (tamelijk willekeurig) voor een *l*. In combinatie met haar interpretatie van het onbekende teken als een *e*, resulteert dit in de volgende transcriptie:

haleþewas:ann:kesjam:logens

(De dubbele punten staan in de inscriptie en scheiden steeds twee woorden, de

letters *wa* in het eerste woord zijn aan elkaar geschreven.)

Looijenga interpreteert dit zinnetje als: 'Van Halethewa, hij geeft de zwaardvechters zwaarden'. Zij ziet hierin een soort aanbeveling of een reclamekreet die de maker op zijn produkt heeft gekrast. *Halethewa* wordt dan dus begrepen als de smid die hier om de een of andere reden zijn voorraad metaal achterliet en nooit meer ophaalde. Arend Quack, een andere runenkenner, doet in feite alles waar een keuzemogelijkheid bestaat anders dan Looijenga en komt tot een vertaling als 'Van Hathuas, hij schenkt aan de kiezenden de vlam (= het zwaard)'. Wanneer we hier voor 'de kiezenden' mogen denken aan zij die de keuzen - het lot - in het leven bepalen, en dus aan de goden, dan wijst deze interpretatie op een offerdepot.

Beide interpretaties leveren echter detailproblemen op. Vooreerst moeten we concluderen dat de lezing van het onbekende teken als *e* de voorkeur heeft. Wanneer het laatste woord inderdaad 'vlam' betekent (het is dan verwant met Nederlands *laaien*) dan had dit in deze positie in het Proto-Germaans de uitgang *-*inz*, wat *-uns* hier beduidend minder waarschijnlijk maakt dan *-ens*. Dat 'vlam' een metafoor kan zijn voor 'zwaard' is niet verbazingwekkend voor wie enigszins is vertrouwd met de vroegmiddeleeuwse poëzie in Keltische en Germaanse talen. De uitgang is meervoud en we moeten dus 'de zwaarden' lezen. Vervolgens moeten we ook *kesjam* lezen, en niet *kusjam* zoals Quack voorstelt. In beide gevallen zou hij echter ook nog het probleem hebben dat 'kiezen' stamt van een Proto-Germaans **keus-* en dat in een andere - vrijwel even oude - runeninscriptie dit woord nog verschijnt met *-eu-*. Helaas vervalt hiermee ook de eventuele verwijzing naar de goden in deze korte tekst.

Het woord *kesja* komt in het Germaans voor (bijvoorbeeld in het Oudnoors met de betekenissen 'werpspeer' en 'hellebaard') en wordt wel beschouwd als een oud Keltisch leenwoord in het Germaans. Looijenga suggereert dat dit woord in deze Laatromeinse context kan zijn beïnvloed door het Latijnse werkwoord *caedere* (*cecīdi*, *caesum*) 'vellen, hakken, houwen, slachten'. Als globale vertaling geeft zij dus 'zwaardvechters' ('zij die een *kesja* gebruiken').

Het is natuurlijk opmerkelijk dat we hier in een verder overduidelijk Germaanse inscriptie een Keltisch leenwoord hebben dat qua betekenis ook nog eens sterk Romeins lijkt beïnvloed. Waarom Quack de naam *Hal/puþewas* in zijn vertaling verkort tot *Haþuas* is onduidelijk. Wanneer zijn transcriptie met *þ* juist is, hebben we hier natuurlijk de Germaanse variant van het Keltische *catu-* 'strijd'. Net als in Keltische persoonsnamen, kwam dit woord ook vaak in Germaanse persoonsnamen voor. Ook hier is ontlening van het Germaans uit het Keltisch niet uitgesloten.

Dea Sandraudiga

We zagen al enkele keren eerder dat van oorsprong Keltische namen in het Germaans werden overgenomen en ons in een gegermaniseerde vorm zijn overgeleverd. *Magusanus* is daarvan een goed voorbeeld, waar alleen deze overstap van Keltisch naar Germaans de overgeleverde vormen volledig kan verklaren. Een vergelijkbaar geval, maar wel wat speculatiever, is de naam *Dea Sandraudiga*.

Deze naam komt maar één keer voor, op een altaar dat in 1812 werd gevonden bij de aanleg van de weg van Breda naar Antwerpen. Het veld waarin het altaar werd gevonden heet *Tiggelakker*, wat erop wijst dat daar bij het ploegen vaak aardewerkfragmenten werden gevonden (*tiggel, tegel* < Latijn *tēgūla* 'dakpan'). De akker ligt tussen Rijsbergen en Zundert, en het ligt dan ook voor de hand om de namen *Sandraudiga* en *Zundert* met elkaar in verband te brengen. Dat lukt echter niet, omdat binnen het Germaans de klinkers *a* en *u* in deze twee namen niet met elkaar in overeenstemming zijn te brengen. De conclusie was dan ook, dat deze overeenkomst toevallig moet zijn.

Ook over de betekenis van *Sandraudiga* heeft lang onduidelijkheid bestaan, maar die lijkt nu opgelost door de naam te ontleden als Germaans **sand-raud-iga* 'roodzandige'. De naam heeft dan betrekking op de ijzerhoudende bodem aan de oevers van het riviertje de Aa of Weerijs, dat langs de vindplaats stroomt. Omdat het woord *zand* buiten het Germaans geen verwanten heeft, en dus geen Indo-europees erfwoord zal zijn, lijkt het verhaal hiermee af: de naam is puur Germaans. Afgeleide vormen van het woord voor 'rood' hebben in verschillende Germaanse talen ook de betekenis 'ijzeroer, ijzererts', en ook die bijbetekenis zou in deze omgeving dus goed passen.

Er is echter meer. Na de ontdekking van het altaar werd de vindplaats in 1842 opgegraven. Daarbij werd vastgesteld dat op de Tiggelakker een inheems-Romeinse tempel moet hebben gestaan. De meest verrassende ontdekking was een omgevallen kolom van brokken ijzererts. Die kolom werd door kalk bij elkaar gehouden, en de opgraver vermoedde dat het wel eens het 'godenbeeld' van het heiligdom zou kunnen zijn geweest. Het beeld van de godin was dus een 'paal van ijzererts' geweest. Uit opgravingen van andere tempels en heiligdommen uit de late ijzertijd is bekend dat houten palen daar vaak een rol speelden, maar een 'ijzeren paal' is elders nooit aangetroffen.

Nu bestaat er een PIE woord *spondha- dat 'spaander, wig, plank, paal' betekent (Nederlands *spaan(der)* is verwant). In het Keltisch werd *sp- aan het begin van een woord tot *sf-. Wanneer we aannemen dat dit woord aan de oorsprong van *Sandraudiga* ligt, dan zou deze naam dus eerst in het Keltisch *sfondroud- 'rode paal' (of 'paal van ijzererts') geweest kunnen zijn. Het Germaans kende de combinatie *sf* niet aan het begin van een woord. Toen sprekers van het Germaans deze naam overnamen, zullen zij die combinatie dan ook hebben vereenvoudigd tot een enkele *s*. Dat leverde als extra voordeel op dat het eerste deel van de naam in hun taal *sand-* werd, en daarmee opnieuw betekenisvol was.

De naam voor de plaats van de tempel was mogelijk afgeleid van die voor de godin. Hierin veranderde de klinker misschien niet, omdat plaatsnamen nu eenmaal vast zijn en niet altijd met de taalveranderingen meedoen - vooral niet wanneer de betekenis is losgeraakt van de functie als plaatsnaam. Op die manier ontstond dan een plaatsnaam met *sond- die zonder veel problemen het moderne *Zundert* kan hebben opgeleverd. Ook hier lijkt dus de veronderstelling van een oudere Keltische naam de problemen die het Germaans biedt te kunnen oplossen.

e. De inscriptie van Baudecet

Bekijken we tot slot nog de enige tekst die in de Nederlanden werd gevonden en waarvan wordt vermoed dat hij in het Gallisch zou kunnen zijn. Het betreft een recente ontdekking, gedaan in 1989 bij het plaatsje Baudecet (N, bij Gembloux) waar in de Romeinse tijd een wegstation lag langs de weg van Bavais naar Keulen. De weg werd er gekruist door een andere weg, die van Namen naar het noorden liep (misschien naar Rumst, zuidelijk van Antwerpen aan de Rupel). Er werd onder andere een tempel gevonden, en op het terrein van die tempel werd de tekst ontdekt. Die is geschreven op - of eigenlijk gekrast in - een klein plaatje van goudblik dat daarna werd opgerold, in twee helften geknipt en in een offerkuil gegooid. Dat was een tamelijk gebruikelijke methode om een wens of een vervloeking bij de goden te bezorgen. Het voorwerp dateert waarschijnlijk uit het midden van de tweede eeuw na Christus.

Het stukje goudblik meet ruim vier bij een kleine vijf centimeter, en de tekst is omgeven door een ingekraste lijst in de vorm van een gebouwtje. De eerste tekstregel staat 'in het dak' (de tempelfries) van dat gebouwtje en is misschien de afkorting van een inleidende formule. De hele tekst luidt als volgt:

1.	E[.]IMO
2.	SDET IVTSABAVTIO
3.	RVFI DVO ESIALA
4.	TARATN ÐANOV
5.	OIB FONT MEM
6.	MIÐR • MARMAR
7.	EVI IABO • VIII • MV
8.	MVLCOI CARBRV • X •

(De punten op halve regelhoogte staan ook in de inscriptie en lijken de scheiding tussen twee woorden aan te geven. Doordat het plaatje was doorgeknipt, zijn van boven naar beneden een reeks letters beschadigd en dus extra moeilijk leesbaar. De regelnummers zijn toegevoegd om gemakkelijk te kunnen verwijzen.)

Het is duidelijk dat dit geen Latijn is. Germaans lijkt de tekst ook niet, en het ligt voor de hand te veronderstellen dat dit Gallisch is - eventueel een dialect dat we nog niet kenden. We hebben immers geen andere Gallische teksten die zo noordelijk gevonden zijn. Maar ook met onze kennis van het zuidelijker Gallisch en de overige Keltische talen laat deze tekst zich niet zomaar ontcijferen, en een volledige vertaling is al helemaal uitgesloten. Daar komt natuurlijk bij dat het gaat om een erg recente vondst. Het onderzoek is nog maar net begonnen en in de eerste publikaties van de tekst zijn nog allerlei vragen onopgelost gebleven. Verder is er tenminste één belangrijke specialist op het gebied van het Gallisch die meent dat dit *geen* Keltisch is.

Deze afwijkende mening is van niemand minder dan Pierre-Yves Lambert, een autoriteit op het gebied van het Gallisch en redacteur van het belangrijke corpus *Recueil des Inscriptions Gauloises* (RIG) dat sinds 1985 in afleveringen verschijnt. Vlak voordat mijn tekst definitief drukklaar moest worden gemaakt, kreeg ik van dr Lambert inzage in de tekst die hij over de inscriptie van Baudecet heeft geschreven voor het eerstvolgende deel van RIG (waarvoor uiteraard mijn hartelijke dank). De inscriptie verschijnt hierin onder het nummer L-104 in het hoofdstuk over 'teksten op metalen dragers anders dan lood'. Pierre-Yves Lambert is van mening dat deze inscriptie moet worden geïnterpreteerd in de context van vergelijkbare teksten die een verband houden met de mysteriecultus van Orpheus. In zijn optiek is de tekst grotendeels gesteld in (zeer matig tot slecht) Grieks, geschreven met Latijnse letters. De hier volgende beschrijving kwam tot stand voordat ik de interpretatie van Lambert kende. Zonder deze geheel te wijzigen, voegde ik daarna op een aantal punten Lamberts suggesties toe.

Het zal duidelijk zijn dat waar in eerste instantie de woordjes 'mogelijk' en 'misschien' al onvermijdelijk in elke zin terugkwamen, mijn hele interpretatie nu nog meer op losse schroeven staat. Hoewel met de nieuwe interpretatie van Pierre-Yves Lambert een belangrijke potentiële bron van informatie over het (Noord-)Gallisch verliezen, moet gezegd dat zijn plaatsing van deze inscriptie in de context van de oriëntaalse mysterieculten behoorlijk overtuigend is.

Zoals gezegd staat de eerste regel op het plaatje apart van de rest van de tekst. Misschien is het een afgekorte formule, maar het is ook mogelijk dat -*imo* de uitgang is van de persoonsvorm van een werkwoord ('ik ...'). In regel 2 en 3 werden in eerste instantie de vormen *eso* en *esana* gelezen, Gallisch voor respectievelijk 'dit' en 'deze'. In de nieuwe lezing ten behoeve van het RIG zijn beide verdwenen. Het is van belang dat deze twee aanwijzende voornaamwoorden de meest 'zekere' Keltische elementen in de hele tekst waren.

De rest van regel 2 werd gelezen als *et iutrabautio* en vormde een probleem. *Et* zou eventueel het Latijnse woord voor 'en' kunnen zijn. Het Gallisch had hiervoor misschien **eti* (in teksten kennen we alleen de langere vorm *etic*, vergelijkbaar met Latijn *atque*) en gesuggereerd werd dat de -*i* daarvan was weggevallen door de *i*- aan het begin van het volgende woord. *Iutrabauti*- werd in deze interpretatie gehouden voor de mogelijke naam van de god aan wie de tekst is gericht. Deze naam (als het dat is) werd door sommigen voor Germaans gehouden, terwijl ook is voorgesteld dat het misschien niet één naam is, maar een opeenvolging van twee namen: *Iutra* en *Bautio* (vergelijk ook *Vagda-vercustis* hierboven). Nog een andere mogelijkheid is dat de naam verband houdt met de godennaam *Intarabus* die we hierboven bespraken. We moeten dan wel aannemen dat het begin slordig is geschreven (IV voor IN), en dat de tweede lettergreep is weggevallen (door het accent op de voorlaatste lettergreep). We houden dan een uitgang -*autio* over die voorlopig nog onverklaard blijft, maar die niet *per se* on-Keltisch hoeft te zijn. Lambert interpreteert deze regel als een verwijzing naar oriëntaalse goden, met onder meer de bekende *Sabaoth* (hier als SABAVT).

In de derde regel staat misschien nog een naam in de datief (ditmaal met een uitgang -*i*; verschillende woordklassen krijgen verschillende uitgangen): *Ruti* (de nieuwe lezing heeft RVFI). Het volgende woordje wordt gelezen als DVO, maar de middelste letter is bij het doorknippen van het plaatje grotendeels verloren gegaan en kan ook een E zijn geweest (eventueel geschreven als II). Van *duo* weten we niet wat het hier zou moeten betekenen, maar *deo* (voor Gallisch **dēuo(s)* 'god(delijk)') zou misschien passen.

Bij TARAIN in regel 4 - waar nu TARATN wordt gelezen door Lambert - was tot voor kort iedereen het erover eens dat dit een schrijffout is voor TARANI. Het is dan de datief van **Taranus*, de naam van de god van de donder en de Gallische tegenhanger van de Romeinse Jupiter. Deze naam was blijkbaar ook het gewone woord voor 'donder': het Oudierse *torann* en het Welse *taran* hebben die betekenis nog steeds. Natuurlijk is het niet erg gewenst om steeds maar een schrijffout aan te nemen wanneer we anders niet begrijpen wat de betekenis zou kunnen zijn. We moeten er van uitgaan dat wij degenen zijn die het niet begrijpen en niet de 'schuld' van ons onbegrip leggen bij de maker van de inscriptie. Bij de interpretatie van Lambert is dit extra problematisch, daar hij lijkt aan te nemen dat de schrijver hier op het gehoor en blijkbaar zonder veel begrip probeerde om Griekse woorden weer te geven in Latijnse letters. De parallellen die hij aanhaalt zijn echter behoorlijk overtuigend.

De rest van regel 4 bleef volledig onduidelijk. Er is wel voorgesteld BANOV te lezen, waarna kan worden aangeknoopt bij Gallisch *bano- 'vrouw' of Gallisch *banno- 'punt, spits'. Lambert leest hier als enige een 'gestreepte D' die hij interpreteert als schrijfwijze voor een Griekse *thèta* (Θ).

Voor de volgende regel (5) is voorgesteld om die volledig als Latijn te lezen, en wel met een drietal afkortingen: *dib(us) font(is) mem(oria)* 'om de goden van de bron te gedenken'. Er waren een bron en een stroompje in de buurt van de vindplaats van de tekst, dus deze interpretatie lijkt zinvol. Maar we moeten dan wel DIB lezen, in plaats van het in eerste instantie getranscribeerde DIR aan het begin van de regel. Lambert transcribeert OIB, wat hij vervolgens interpreteert als *ibo*. Hij leest de hele regel als *ibo fontem memoriae* 'ik zal naar de fontein (de bron) van het geheugen gaan'. Deze regel staat letterlijk en figuurlijk centraal in Lamberts interpretatie van deze tekst in de context van de Orfische mysteriecultus.

De rest van de tekst is nog onduidelijker dan het eerste deel al is. De D in MIDR lijkt een streepje door de opstaande lijn te hebben. We vinden die 'gestreepte D' (Đ) ook in het Gallische woord voor maand *mids* (geschreven als MIÐ) en er is ook een Gallische naam voor een maand *riuros* bekend. MIÐR zou dus 'de maand *riuros*' kunnen betekenen. Lambert zoekt het in een andere richting en leest MIÐR als Grieks *Mithra*, de naam van een oorspronkelijk Iraanse god rond welke in het Romeinse rijk een belangrijke mysteriecultus bestond. Tussen de R en de volgende M staat een punt die misschien twee woorden scheidt, maar die scheiding wordt niet overal in de tekst op deze manier aangegeven. Door een iets grotere ruimte dan normaal na de M is het onduidelijk of we *marmar* moeten lezen, of *m armar*. DE enige interpretatie is hier die van Lambert, die vergelijkt met de Griekse (Orfische) godennaam *marmarauooth, marmarei*.

Regel 7 en 8 zijn eveneens geheel onduidelijk. In regel 7 herkennen we alleen het Romeinse cijfer VIII 'acht'. Dat het aan elke kant is afgegrensd met een punt, was bij Romeinse cijfers normaal. Het geheel van regel 6-7 zou een datum kunnen aangeven, met een aantal afkortingen die we vooralsnog niet kunnen oplossen. In regel 8 staat ook de laatste X tussen twee punten, en het is hier onduidelijk of we weer een cijfer moeten lezen ('tien') of dat de X toch bij het voorafgaande woord hoort. Het lijkt logisch in deze laatste regel de naam van de dedicant te verwachten, en er is voorgesteld om als zodanig *Carbrux* te lezen. De voor de hand liggende etymologie is dan van *Karo-brog-s* uit ouder *Karo-mrog-s*, Keltisch voor 'die zijn land liefheeft'. *Carbru* kan echter ook op zichzelf staan. We mogen dan misschien vergelijken met de Oudierse persoonsnaam *Cairbre, Coirpre* (? < **Karebrō-*).

De uitgang *-oi* (van *Mulcoi*) kan die van de locatief zijn, de naamval die het zich bevinden op een plaats aangeeft ('in ...'). Als dat juist is, lijkt *Mulco-* dus een plaatsnaam te zijn. Misschien staan vanaf regel 6 dus de datum, de plaats en de dedicant van de inscriptie genoemd.

Voor Lambert zijn de twee laatste regels volkomen duister, met uitzondering van MVMVLCOI dat hij herkent uit vergelijkbare documenten die verband houden met oriëntaalse mysterieculten. Een betekenis geeft hij niet. Voor de details verwijs ik graag naar Lamberts bijdrage over deze tekst in het *Recueil des Inscriptions Gauloises*. Het zal duidelijk zijn dat over de inscriptie uit Baudecet het laatste woord nog niet is gezegd.

Het zal hiermee duidelijk zijn dat we weliswaar in veel gevallen kunnen beslissen of een woord Keltisch of Germaans is, maar dat het lezen van de schaarse teksten uit deze vroege periode ons nog voor grote problemen stelt. Voor de interpretatie van deze tekst uit Baudecet komt daar nog bij dat hij op allerlei punten wel Keltisch lijkt, maar toch ook weer afwijkt van wat we elders uit Gallië kennen. Het is natuurlijk mogelijk dat het hier gaat om een onbekend dialect. Verder was het Latijn de normale schrijftaal in het Romeinse rijk. Gallisch werd alleen voor speciale gelegenheden op schrift gesteld. Het zal dan ook niet vreemd zijn dat de schrijver zich soms onzeker voelde over de juiste spelling van woorden die hij al sprekend dagelijks gebruikte. Bedenk maar hoe moeilijk het al is om een dialect van het Nederlands op een begrijpelijke manier te schrijven. Toch moeten we in principe bij onze interpretaties uitgaan van de teksten zoals die ons zijn overgeleverd, en mogen we pas 'fouten' veronderstellen wanneer het echt niet anders kan (en we liefst ook de oorzaak van die 'fout' kunnen begrijpen).

IV. Ter afsluiting

Van Indo-europees naar Germaans

Dat er gedurende de behandelde periode in de loop van de tijd en van noord naar zuid (en van oost naar west) sprake was van germanisering van de Nederlanden hebben we gezien. Deze germanisering werd voorafgegaan door een keltisering die juist vanuit het zuiden was gekomen en die mogelijk het hele gebied heeft bestreken. Schematisch samengevat ziet de vroegst achterhaalbare taalgeschiedenis van de Lage Landen er dan als volgt uit:

1. *Indo-europees*: Al in de bronstijd werd er in de Nederlanden een Indo-europese taal gesproken. Mogelijk was deze gearriveerd met de eerste landbouwers die zich in onze streken vestigden. Over deze taal hebben we verder geen directe informatie, maar aangenomen mag worden dat in elk geval de namen van de grote rivieren al uit deze periode kunnen stammen (voorzover juist deze namen al niet ouder zijn). Ook een archaïsche en later onveranderd gebleven naam als *Pleumoxii* zou hier zijn oorsprong kunnen hebben.

  Daarnaast mogen wij niet vergeten dat er ook een voor-Indo-europese taal (of talen) is geweest waarvan in latere talen leenwoorden zijn overgebleven. Het is volstrekt onbekend hoe lang deze niet-Indo-europese taal (of talen) is blijven voortleven naast het 'nieuwe' Indo-europees.

2. *Keltisch*: Keltisering vond plaats in de late Hallstatt en in de La Tène-periode, vooral in het begin daarvan. Dit is de periode waarin ook de invloeden van de materiële cultuur uit het Alpengebied, en later vanuit het midden-Rijngebied en Oost-Frankrijk het grootst is. Vrijwel alle grotere vorstengraven met geïmporteerde grafgiften dateren uit deze tijd, en het ligt voor de hand dat met de invloed van deze prestigieuze materiële cultuur niet alleen ideologische inzichten maar ook taal werd overgenomen.

  De materiële - dus archeologische - aanwijzingen voor deze invloed zijn vooral gevonden ten zuiden van de grote rivieren, met echter noordelijke uitlopers tot in Drenthe. Op basis van de (schaarse) overgeleverde namen kan echter worden verondersteld dat in taalkundig opzicht het hele gebied tot aan de Noordzee werd gekeltiseerd. Mogelijk was deze keltisering in het noorden niet volledig.

3. *Germaans*: De germanisering begon waarschijnlijk in de late La Tène-periode (ongeveer 150-100 voor Christus, of in Noord-Nederland al een eeuw eerder?). Een mogelijke indicatie vormt de oversteek van (delen van) de Belgae naar Zuid-Engeland. Deze zou dan hebben plaatsgevonden onder 'Germaanse' druk, al weten we niet wat dat precies zou moeten

134

betekenen. In elk geval is duidelijk dat vanaf het midden van de La Tène-periode de materiële (en waarschijnlijk ook ideologische) invloed vanuit het zuiden afneemt.

Voorzover zij archeologisch waarneembaar zijn, nemen in deze periode de statusver- schillen af en gaat de samenleving meer overeenkomsten vertonen met het patroon ten oosten en noordoosten van onze streken. Uit de stamnamen lijkt af te leiden dat deze ontwikkeling gepaard ging met een geleidelijk toenemende invloed van het Germaans. Die invloed trad het eerst op in het noordoosten van Nederland.

De komst van de Romeinen lijkt deze germanisering tijdelijk te hebben doorkruist. De in het rijk ingelijfde gebieden werden geromaniseerd, in het zuiden sterker dan in het noordelij- ke gebied binnen het Romeinse rijk. In het noordoosten van Nederland - het zogenaamde 'Vrije Germanië' - ging de germanisering waarschijnlijk onverminderd verder. De bronnen zijn hier echter aanmerkelijk schaarser dan binnen het rijk. Langs de westkust handhaafde het Keltisch zich tot in de vroege middeleeuwen. In het zuiden en zuidoosten (Wallonië) was de Romeinse invloed sterker en lijkt die het Gallisch te hebben gesteund (vergelijkbaar met de situatie in de Eifel en rond Trier).

De Bataven en Kannenefaten die zich vooral direct ten zuiden van de Romeinse grens vestigden, waren waarschijnlijk in hun herkomstgebied in Duitsland al gegermaniseerd. Dat lijkt althans de meest voor de hand liggende verklaring voor de germaniserende invloed die zij hadden op inheemse namen (als *Magusenos*) en voor de gemengd Keltisch-Germaanse naam van de Kannenefaten. Mogelijk was deze germanisering zeer recent en waren zij nog tweetalig.

Het tussengebied direct achter de Romeinse rijksgrens werd vooral in de vierde eeuw een vrijwel geheel gemilitariseerd gebied. Van enkele streken (zoals de zandgronden van de Kempen) wordt zelfs aangenomen dat zij sterk ontvolkt raakten. Ook elders nam de inheemse bevolking in aantal af en lieten de Romeinen stammen van noord naar zuid de grens overtrek- ken. Deze nieuwkomers fungeerden als een soort buffer (een menselijk schild) in de grensver- dediging. Deze politiek zal de germanisering van het binnenland een handje hebben geholpen.

Mogelijk werkte dit langs twee wegen ten gunste van het Germaans: er kwamen niet alleen Germaans-taligen naar het zuiden, maar door de positie die het (zelf terugtredende) Romeinse gezag hen verleende, stegen zij ook in aanzien bij de lokale bevolking. Hierdoor werd het gemakkelijker - en wellicht ook aantrekkelijk - voor de inheemse bevolking om ook zelf elementen van de Germaanse cultuur over te nemen, zowel materieel als immaterieel.

Na het wegvallen van het Romeinse gezag zet de germanisering in volle kracht door. Er was nu niets meer om de stammen uit Centraal en Noord-Nederland tegen te houden. Onder de verzamelnaam *Franken* drongen zij door tot in Noord-Frankrijk (het 'Franken-rijk'), waar zij uiteindelijk de machtsbasis legden voor de opkomst van de Merovingische vorsten, de voorgangers van Karel de Grote. De taal van deze Franken was Germaans en vormde een directe voorloper van het huidige Nederlands.

In de kustgebieden van Noord- en Zuid-Holland, Zeeland en Vlaanderen bleef tot in zevende eeuw het Keltisch een rol spelen. De Germaanse invloeden die tot de uiteindelijke germanisering leidden, lijken hier vooral van over zee te zijn gekomen. Oude plaatsnamen en de Vlaamse en Nederlandse kustdialecten laten voldoende sporen van dit Keltisch zien om de conclusie te rechtvaardigen dat het hier ging om een zeer nauwe variant van het Gallisch en het Brits.

De keltisering in de midden ijzertijd lijkt niet overal gelijkmatig te zijn doorgedrongen. Dat verklaart waarom sommige oudere namen niet deelnamen aan Keltische klankveranderingen. In sommige gevallen zal de naam onveranderd zijn gebleven omdat iedereen hem nu eenmaal op de bestaande manier kende. In andere gevallen arriveerde het Keltisch mogelijk te laat en was de klankwet niet langer werkzaam. Omdat we de voorgaande taal niet kennen, valt hier in detail weinig zinnigs over te zeggen.

Hetzelfde geldt waarschijnlijk voor de germanisering. Het is natuurlijk ondenkbaar dat een persoon, laat staan een groep personen, van de ene dag op de andere overschakelt van Keltisch op Germaans. Daarnaast werkte een proces waarbij het er om gaat of een bepaalde klankverandering wel of niet door een groep sprekers als 'modieus' of prestigieus wordt overgenomen. Beide processen werkten naast en door elkaar, maar door het grote gebrek aan bronnen kunnen wij niet of nauwelijks achterhalen hoe dat precies in zijn werk ging. Voorbeelden zoals het al dan niet veranderen van de korte *$\breve{o}$ in een korte *$\breve{a}$ (*Mosa* > *Maas*), of van de lange *$\bar{e}$ in een lange *$\bar{a}$ (*Magusenos* > *Magusanus*) tonen in feite niet veel meer dan veranderingen in de uitspraak van losse namen. Wat daar achter schuil gaat, is het feit dat de bevolking een andere taal had aangenomen (dus met een andere grammatica, woordenschat, enzovoorts).

Wanneer het mogelijk zou zijn deze veranderingen te dateren, zouden wij daarmee ook een idee kunnen krijgen van de periode waarin deze wisseling van taal zich voltrok. Daarbij zou dan ook de datering voor het verandering van *s naar h in het Gallisch van groot belang zijn. Een globale datering hiervoor is 'in de eerste eeuwen na Christus'. *Helinium* onderging deze verandering, terwijl in *Magusanus* de s bewaard bleef.

Voor een systematische afweging van dergelijke verschillen is het nodig dat elke inscriptie en elke in een tekst overgeleverde naam zo nauwkeurig mogelijk wordt gedateerd. Dit dient dan uiteraard te gebeuren op historische en archeologische gronden, en niet op taalkundige. Dat zou immers tot een cirkelredenering leiden. Om de materie niet al te ingewikkeld te maken, maar ook omdat dit dateringswerk nog volledig in de kinderschoenen staat (voorzover het al mogelijk is), is daar in dit boek nauwelijks rekening mee gehouden. De conclusies zijn dan ook erg globaal.

Nog een ander probleem is dat we eigenlijk nauwelijks weten hoe stammen en personen in deze periode aan hun naam kwamen. We zagen dat stamverbanden in de loop der tijd uit elkaar vielen en dat andere groepen opkwamen, maar het is onbekend hoe een groep haar naam kreeg. Zo kan het nogal wat uitmaken of de namen die wij kennen door de mensen van de groep zelf werd gekozen, of dat anderen hen die naam gaven. Zeker in dat laatste geval is het natuurlijk mogelijk dat een Germaans-sprekende groep in onze bronnen een Keltische naam draagt, of omgekeerd.

Bij persoonsnamen is dit probleem nog groter, om dat te zien hoeven we maar om ons heen te kijken. Joeri, Ingeborg, Kevin en Hilde kunnen allemaal Nederlander of Vlaming zijn en het zou zeker dwaas zijn om op basis van hun namen te veronderstellen dat zij Russisch, Zweeds, Engels (of Iers) en Duits spreken. Toch zijn ook hier wel wat regels te ontdekken en zijn de uitzonderingen duidelijk. De kans dat Nazım en Zülbiye Turks spreken is groot, en van iemand die in Nederland woont en Farnoosh heet mag worden aangenomen dat zij Iraans spreekt.

Het wordt echter nog gecompliceerder wanneer we bedenken dat het in meertalige situaties niet ongebruikelijk is dat een persoon 'gewoon' verschillende namen draagt in verschillende talen. Dit is bijvoorbeeld niet uitzonderlijk in Zuid-Afrika, waar een man binnen zijn familiekring een naam in het Zulu kan hebben, voor de burgerlijke stand een naam in het Engels, en voor zijn baas en collega's op het werk een naam in het (Zuid-)Afrikaans.

We mogen dan ook niet zonder meer op basis van zijn naam concluderen dat Ambiorix een Keltische taal sprak, en ook de Keltische naam van zijn stam - de Eburonen - geeft die garantie niet. Wat telt is enerzijds de hoeveelheid en het onderlinge verband tussen deze namen, en anderzijds het gegeven dat wij toch tenminste in een aantal gevallen kunnen zien dat Keltische (of Germaanse) klankveranderingen plaatsvonden. Vooral dat laatste kan alleen het geval zijn geweest in een omgeving waarin die taal ook als omgangstaal in gebruik was.

Verantwoording

Twee verwijten vallen de wetenschapper regelmatig ten deel: dat zijn (of haar) werk 'droog' is, en dat hij zich niet uitspreekt maar juist om de hete brij blijft heendraaien. Van beide was ik mij tijdens het schrijven van dit boek bewust.

Het eerste verwijt lijkt mij niet terecht, of in elk geval niet nodig. Wie wetenschap bedrijft, beoefent een vak als elk ander. Dat heeft altijd een eentonige routine, die dus 'droog' is, maar geeft ook voldoening wanneer een produkt naar tevredenheid kan worden afgerond. Wie een afgemonteerde fiets koopt, wordt door de fietsenmaker niet lastiggevallen met de complexiteiten van het spaken van een wiel. Zo moet naar mijn mening wie wetenschappelijk werk aan een breed publiek presenteert evenmin het gehele maakproces aan de lezer voorleggen. Als droog ervaren wetenschap is dus vooral verkeerd gepresenteerde wetenschap. Maar daar staat natuurlijk wel tegenover dat van de lezer ook belangstelling verwacht mag worden. En liefst een actieve bereidheid om 'mee te denken'.

Daarmee raken we aan het tweede verwijt. Wetenschap speelt zich af op de grens van wat bekend en van wat nog onbekend is. In tegenstelling tot de fietsenmaker, die vooraf weet hoe zijn fiets er gaat uitzien, begint de wetenschapper aan een constructie waarvan hij het uiteindelijke resultaat niet kent. In die zin lijkt hij meer op een ontwerper of een architect. Dat betekent dat het produkt vaak nog niet (of eigenlijk nooit) 'af' is. Wanneer zich nieuwe feiten voordoen, of wanneer een andere interpretatie van bekende feiten toch tot betere resultaten (b)lijkt te leiden, verandert ook de eindconclusie. Wetenschap bestaat bij de gratie van deze onzekerheid.

In de historische wetenschappen komt daar nog bij dat we leven in het bewustzijn dat we heel erg veel niet weten, en vrijwel zeker ook nooit zullen weten. Het beeld dat de wetenschap van het verleden kan geven, berust op een aantal (soms angstwekkend weinig) 'feiten' die ons uit dat verleden zijn overgeleverd en waarvan de interpretatie algemeen is geaccepteerd. Soms ontdekken we nieuwe feiten, maar vaker is het twijfel aan die geaccepteerde interpretatie die het beeld van het verleden drastisch kan wijzigen. Een belangrijke factor daarbij is dat we het verleden steeds weer bekijken vanuit ons eigen heden. Juist in die zin is het verleden dat we beschrijven ook steeds *ons* verleden.

Van een fietsenmaker verwachten we met recht dat hij een wiel levert dat rond is, en niet een beetje rond, of mogelijk, of misschien. Zo zouden we van een wetenschapper (en zeker van een historisch wetenschapper) juist moeten verlangen dat hij zijn uitspraken nuanceert. Hij zou namelijk het vak niet verstaan wanneer hij zijn conclusies voor zekerheden verslijt.

In dit boek heb ik geprobeerd een balans te vinden. Het onderwerp is complex en het feitenmateriaal is schaars en vaak lastig te interpreteren. De lezer zou onrecht worden aangedaan wanneer dat niet werd duidelijk gemaakt. Maar daarmee leek het mij niet nodig elke veronderstelling die ik opschreef uitgebreid met alle pro's en contra's te becommentariëren. Alleen waar de interpretatie erg onzeker is, of waar de onzekerheid van belang is voor het geheel, werd geprobeerd een idee te geven van de verschillende mogelijkheden die het materiaal biedt.

Doordat werd besloten dit boek geen voetnoten mee te geven, heb ik niet kunnen aangeven welke interpretaties ik uit de bestaande literatuur overnam, en welke van mijzelf zijn. Het materiaal is echter tamelijk beperkt en vakgenoten zullen waarschijnlijk weinig moeite hebben het algemeen gangbare of eerder voorgestelde van het nieuwe te onderscheiden.

Voor enkele nieuwe interpretaties en etymologieën ben ik dank verschuldigd aan prof.dr Peter Schrijver (Munchen), met wie ik samen mijn eerste schreden op de weg naar het Keltisch en de historisch vergelijkende taalwetenschap zette. Het betreft dan vooral de namen *Kannenefaten*, *Helinium*, en (Mercurius) *Eriausius*. (Voor de details, zie zijn artikelen 'De etymologie van de naam Cannenefaten', *Amsterdamer Beiträge zur älteren Germanistik* 41 (1995), 13-22; en 'Welsh *heledd*, *hêl*, Cornish **heyl*, "Latin" *Helinium*, Dutch *hel-*, *zeelt*', *Nowele* 26 (augustus 1995), 31-42.) De etymologie voor Eriausius bedachten wij samen en verschijnt hier voor het eerst in druk. Het is ook Peter Schrijver die mij opmerkzaam maakte op het mogelijke etymologische verband tussen *Tablis* en *Dubbel*(dam) en die mij behoedde voor een aantal taalkundige uitglijders en al te ver gaande speculaties. Over het lange stand-houden van het Keltisch aan de noordzeekusten - tot in de vroege middeleeuwen - schreef Peter Schrijver een mooi en overtuigend artikel dat pas verscheen toen het manuscript voor dit boek vrijwel was afgesloten en dat ik dus niet in het gehele betoog heb kunnen verwerken ('The Celtic contribution to the development of the North Sea Germanic vowel system, with special reference to Coastal Dutch', *Nowele* 35 (mei 1999), 3-47).

Mijn ideeën over Magusanus zette ik eerder uiteen in het boek dat onder redactie van Nico Roymans en Ton Derks verscheen over *De tempel van Empel* (zie literatuurlijst). Een meer gedetailleerde presentatie verschijnt in de engelstalige publicatie over deze tempel, die al geruime tijd in voorbereiding is. Voor details over *Sandraudiga* kan de lezer terecht bij mijn artikel 'From a "red post" to Sandraudiga and Zundert', *Oudheidkundige Mededelingen uit h et Rijksmuseum van Oudheden te Leiden* 75 (1995), 131-136. Ideeën die hier voor het eerst verschijnen, zijn onder andere mijn etymologieën voor *Arcanua*, *Chatti* en *Waal*, de suggestie over Keltisch *-on-* versus Germaans *-an-*, en de (erg speculatieve) suggestie voor een verband tussen de plaatsnaam *Grinnibus* met Gallisch **agrinia* 'sleedoorn'. Ook grotendeels voor mijn rekening is de suggestie dat ook de *Frisii* (en dus ook noordelijk Nederland) wel eens Keltische wortels zouden kunnen hebben.

Getracht is om de besproken inscripties zoveel mogelijk met eigen ogen te zien. Dit is mij niet in alle gevallen gelukt, maar wel is daarbij duidelijk geworden dat dergelijke 'autopsie' eigenlijk noodzakelijk is voor een goede interpretatie. In enkele gevallen heeft het geleid tot een nieuwe (eigen) lezing van de tekst. Ook bleek hieruit overduidelijk de grote behoefte aan een nieuwe editie van de in Nederland gevonden inscripties (en dan liefst alle, dus niet alleen de Latijnse).

Het zal duidelijk zijn dat niet alle hier voorgestelde etymologieën even zeker zijn. Sommige zijn al generaties lang algemeen geaccepteerd, andere verschijnen hier voor het eerst als een (soms erg speculatieve) mogelijkheid. Waar het in dit boek vooral om gaat, is het totaalbeeld van de vroegst achterhaalbare taalsituatie in de Lage Landen. Voor dat beeld acht ik mij als auteur dan ook volledig verantwoordelijk; de afzonderlijke argumenten dienen in die context te worden beoordeeld.

Literatuur

Een boek als dit, over de taal in de Lage Landen in de late ijzertijd en ten tijde van de Romeinen, bestond niet eerder. Wel hebben specialisten zich met detailkwesties beziggehouden en hebben de Lage Landen deel uitgemaakt van grotere studies die zich concentreerden op het Rijnland of op het zogenaamde 'Noordwestblok'. Het volgende overzicht is geen volledige lijst van alle boeken en artikelen die voor dit boek werden geraadpleegd. De bedoeling is een leidraad te bieden voor wie verder wil speuren.

Nadat het manuscript voor dit boek was voltooid, verschenen in België een boek over het ontstaan van de taalgrens en een uitvoerig artikel over de taalkundige situatie in de hier behandelde periode. Het boek is een uitgave van het Davidsfonds (Danny Lamarcq & Marc Rogge (red.), *De taalgrens; van de oude tot de nieuwe Belgen*. Leuven, 1996). Het heeft veel kritiek gekregen, maar vormt wel een aardige - zij het wat eenzijdige - inleiding in de materie. Het artikel (met de omvang van een boekje) is een gedegen taalkundige interpretatie van de beschikbare bronnen: J. Loicq & J.-H. Michel, 'Esquisse d'une histoire linguistique de la Belgique dans l'antiquité', *Bulletin de la Commission royale de Toponymie et de Dialectologie* 67 (1996), 229-380. Afgezien van enkele details, gaf geen van beide publikaties aanleiding mijn ideeën te herzien.

Vrijwel alle literatuur over de vroegst achterhaalbare taalsituatie in de Nederlanden is erg specialistisch en maar weinig ervan verscheen in het Nederlands. Belangrijk is het werk van Leo Weisgerber (vooral zijn *Rhenania Germano-Celtica*. Bonn, 1969) en het oudere boek van Siegfried Gutenbrunner, *Die germanischen Götternamen der antiken Inschriften* (Halle, 1936). Het bekendste boek over het 'Noordwestblok' is dat van Rolf Hachmann, Georg Kossack en Hans Kuhn, *Völker zwischen Germanen und Kelten* (Neumünster, 1962). Voor een modernere visie op Germanen en het Germaans is de congresbundel *Germanenprobleme in heutiger Sicht* nuttig (uitgegeven door Heinrich Beck; Berlijn, New York, 1986). Daarin wordt ook het 'Noordwestblok' kritisch besproken. Onmisbaar is tenslotte ook Helmut Birkhan, *Germanen und Kelten bis zum Ausgang der Römerzeit* (Wenen, 1970) dat een zee aan materiaal en welafgewogen ideeën bevat.

Een artikel dat wel in het Nederlands verscheen, maar vrij weinig aanhang vond, is dat van Maurits Gysseling: 'De vroegste geschiedenis van het Nederlands: een naamkundige benadering', in *Naamkunde* 2 (1970), blz. 157-180. Gysseling introduceerde voor de 'Noordwestblok'-taal zoals hij die zag de naam 'Belgisch'. De meeste Nederlandstalige studies (overwegend van Belgische auteurs) concentreren zich op de germanisering en het ontstaan van de Nederlands-Franse taalgrens. De recentere literatuur daarover is te vinden via het artikel van Luc Van Durme, 'Taaltoestanden en -grenzen in de Nederlanden van de prehistorie tot de vroege middeleeuwen, een poging tot rekonstruktie', in *Acta Archaeologica Lovaniensia* 33 (1994), blz. 25-36. Hierover verder ook Luc Van Durme en Marc Rogge, 'Het Romeinse wegennet en de romanizering resp. germanizering van noordelijk Henegouwen en zuidelijk Oost-Vlaanderen', in: Marc Lodewijckx (ed.), *Archaeological and Historical Aspects of West-European Societies. Album amicorum André van Doorselaer* (Leuven, 1996), blz. 145-152.

Een eerder pleidooi om de mogelijke aanwezigheid van Keltisch in Nederland niet uit het oog te verliezen, raakte ook tamelijk vergeten: A. Weijnen, 'Praegermaanse elementen van de Nederlandse toponiemen en hydroniemen', *Tilliburgis. Publikaties van de R.K. Leergangen* 4 ('s-Hertogenbosch, 1958). Het is vooral interessant door het vele materiaal dat Weijnen aandraagt. Het idee over de plaatsnaam-elementen 'mortel / martel' vond ik eveneens bij Weijnen, in zijn boekje over *De dialecten van Noord-Brabant* (tweede bijgewerkte uitgave, 's-Hertogenbosch, 1987, blz. 69-70).

Op archeologisch gebied is er gelukkig in het Nederlands wel volop keuze. Een goede algemene inleiding is bijvoorbeeld *Pre- & protohistorie van de Lage Landen*, onder redactie van J.H.F. Bloemers en T. van Dorp (Open Universiteit; Houten, 1991). Ondanks de titel beperkt dit boek zich tot Nederland. Voor België kan men terecht bij S.J. De Laet, *Prehistorische culturen in het zuiden der Lage Landen* (Wetteren, 1979). Voor de heuvelforten zie P.P Bonenfant e.a., *Keltische versterkingen in Wallonië: Bérismenil, Châtelet, Cugnon, Étalle*, uitgegeven door de Nationale Dienst voor Opgravingen in Brussel (1988).

Specifiek over de Germanen geeft Malcolm Todd, *De Germanen* (Bussum, 1976) een goede inleiding, en over de Kelten vormt het boek van Simon James, *Ontdek de wereld van de Kelten* (Haarlem, 1994) een uitstekend werk. Voor een breder archeologisch perspectief is ook J. Capenberghs (red.), *Gisteren voorbij. Een archeologische kijk op de geschiedenis van de oudste tijden* (Leuven-Apeldoorn, 1991) nuttig. Het bevat een hoofdstuk over 'De ijzertijd in Europa' van Hans Taillieu. Zeer leesbaar en prachtig geïllustreerd is tenslotte het meer populaire *De Kelten; Europa in de IJzertijd*, dat in 1995 verscheen in de Time-Life serie 'Oude beschavingen'. In dit laatste boek wordt overigens ook 'Germaans' archeologisch materiaal besproken.

De problematiek van Kelten en Keltisch in Nederland wordt in een meer archeologisch perspectief dan hier besproken in Jurjen Fennema, Jojanne Jiskoot & Lauran Toorians, *Kelten in Nederland?* (Amsterdam, 1993), oorspronkelijk de gids bij een tentoonstelling die van 23 april tot en met 11 juni 1993 te zien was in het Allard Pierson Museum in Amsterdam. Een uitgebreidere tweede editie van dit boekje verschijn in 2000 bij Uitgeverij de Keltische Draak in Utrecht. Veel specialistischer, strikt archeologisch (maar vanuit een sterk antropologische benadering), en vrijwel volledig toegespitst op het gebied van de Belgae zijn Nico Roymans, *Tribal Societies in Northern Gaul; an antropological perspective* (Amsterdam, 1990) en Ton

Derks, *Gods, Temples and Ritual Practices. The transformation of religious ideas and values in Roman Gaul* (Amsterdam, 1998). Specifiek over de ijzertijd in Vlaanderen en in (zuidelijk) Nederland zijn er twee artikelen van respectievelijk Guy De Mulder en Peter W. van den Broeke in de bundel Lauran Toorians (red.), *Kelten en de Nederlanden van prehistorie tot heden* (Leuven, 1998).

Voor de Romeinse periode in Nederland is nog steeds W.A. van Es, *De Romeinen in Nederland* (Haarlem, 1981) het uitvoerigst. Voor België zijn er A. Wankenne, *La Belgique au temps de Rome* (Namen, 1979), en het rijk geïllustreerde boek van M.E. Mariën, *Belgica antiqua. De stempel van Rome* (Antwerpen, 1980). Helder en nuttig zijn verder ook A. van Doorselaer, 'De Romeinen in de Nederlanden', het eerste hoofdstuk in deel 1 van de *Algemene Geschiedenis der Nederlanden* (Haarlem, 1981; en zie daarin ook M. Gysseling, 'Germanisering en taalgrens'), en het themanummer 'Romeins België en Nederland' van het tijdschrift *Hermeneus* (mei 1980; gelijktijdig ook verschenen als afzonderlijk boekje).

De Romeinen aan de grens vormen een tamelijk populair onderwerp en zeer recent verscheen van Tilmann Bechert en Willem J.H. Willems, *De Romeinse rijksgrens tussen Moezel en Noordzee* (Utrecht, 1995), terwijl dezelfde Bechert eerder *De Romeinen tussen Rijn en Maas* (Dieren, 1983) publiceerde. Ook recent is *De tempel van Empel. Een Hercules-heiligdom in het woongebied van de Bataven*, onder redactie van Nico Roymans en Ton Derks ('s-Hertogenbosch, 1994). Speciaal over de Bataven gaat het boekje van Hans Teiler, *De opstand der 'Batavieren'* (Verloren Verleden dl 1; Hilversum, 1998).

Voor de situatie direct na de Romeinse periode vormt H. Anthonie Heidinga en Gertrudis A.M. Offenberg, *Op zoek naar de vijfde eeuw. De Franken tussen Rijn en Maas* (Amsterdam, 1992) een uitstekende inleiding. Een wat grotere periode bestrijken D.P. Blok, *De Franken in Nederland* (Haarlem, 1979), en Edward James, *De Franken* (Baarn, 1990).

De inscripties uit Nederland werden gepubliceerd door A.W. Byvanck, *Excerpta Romana. De bronnen der Romeinsche geschiedenis van Nederland*, deel II (Den Haag, 1935). Dit boek bevat ook de voor Nederland relevante inscripties die elders zijn gevonden. Voor België is er Albert Deman & Marie-Thérèse Raepsaet-Charlier, *Les inscriptions Latines de Belgique* (Brussel, 1985; een tweede, aangevulde editie staat op stapel en zal volgens plan in 2000 verschijnen). Later gevonden inscripties werden apart gepubliceerd in diverse tijdschriften. De altaren van Colijnsplaat worden uitvoerig besproken in de tentoonstellingscatalogus *Deae Nehalenniae* (Middelburg, 1971). De (mogelijk Germaanse) inscriptie uit Heerlen is te vinden in de *Berichten van de Rijksdienst voor Oudheidkundig Bodemonderzoek* voor 1960/'61 (met dank aan de heren Stuart en Jamar die mij hierop wezen), en de tekst uit Baudecet in *Latomus* 52 (1993). Een nuttige inleiding op de kaart van Peutinger biedt P. Stuart, *De Tabula Peutingeriana* (in twee deeltjes, de kaart + commentaar; Nijmegen, 1991). De Gallische

144

inscripties worden gepubliceerd in *Recueil des Inscriptions Gauloises* (RIG), waarvan sinds 1985 al verschillende delen verschenen (uitgegeven in Parijs).

De runeninscriptie van Tiel-Bergakker is gepubliceerd in het proefschrift van J.H. Looijenga, *Runes around the North Sea and on the Continent AD 150-700; texts & contexts* (Groningen, 1997). De interpretatie van Arend Quak verscheen in het artikel 'De uitbreiding van het runenschrift' in *Spiegel historiael* 33 (1998, nr.4), 165-168.

Over de talen is de literatuur dan weer erg specialistisch en voor de leek vaak moeilijk toegankelijk. Het meest leesbaar (voor wie het Frans beheerst) is nog het nieuwste boek over het Gallisch door Pierre-Yves Lambert (*La langue Gauloise.* Parijs, 1994). Voor het Keltisch algemeen is Henry Lewis & Holger Pedersen, *A Concise Comparative Celtic Grammar* (Göttingen, 1961) het naslagwerk. Voor recentere inzichten - inclusief literatuurverwijzingen - is erg nuttig: Kim McCone, *Towards a Relative Chronology of Ancient and Medieval Celtic Sound Change* (Maynooth Studies in Celtic Linguistics I. Maynooth, 1996). Globale inleidingen zijn verder te vinden in het themanummer 'De Kelten' van het tijdschrift *Spiegel historiael* (maart/ april 1993) en in het boekje (annex tentoonstellingsgids) *Kelten en keltologen. Inleidingen over de Keltische talen en hun letterkunde* (onder red. van Kees Veelenturf. Amsterdam, 1993). In dit laatste boekje staan de middeleeuwse en moderne Keltische talen en hun literaire tradities centraal. Een heldere inleiding over het Kelt-iberisch werd in het Nederlands geschreven door Peter Schrijver, 'Keltisch in Spanje', in: R.H.F. Hofman, B. Smelik en K. Jongeling (red.), *Kelten van Spanje tot Ierland* (Utrecht, 1996), blz. 19-33.

Voor het Germaans gebruikte ik vooral Paolo Ramat, *Einführung in das Germanische* (Tübingen, 1981). Hij schreef ook *Das Friesische. Eine sprachliche und kulturgeschichtliche Einführung* (Innsbruck, 1976). Toegankelijker, maar vooral over de na-Romeinse situatie, is Orrin W. Robinson, *Old English and its closest Relatives. A survey of the earliest Germanic languages* (Londen, 1992). Voor het Indo-europees is de beste inleiding dan weer wel in het Nederlands: R.S.P. Beekes, *Vergelijkende taalwetenschap. Een inleiding in de vergelijkende Indo-europese taalwetenschap* (Utrecht, 1990). Een ingewikkelde materie, maar dit boek bevat een leesbare inleiding op het vakgebied en een kort hoofdstukje 'Van Proto-indo-europees naar Nederlands' (blz. 192-197).

De archeologie van de Indo-europese talen, dus de discussie over de herkomst van de sprekers en hun verbreiding, is volop in beweging. Tamelijk recent verschenen twee uitvoerige studies (beide door archeologen geschreven) in het Engels waarin de visies nogal haaks op elkaar staan: Colin Renfrew, *Archaeology and Language. The puzzle of Indo-European origins* (Londen, 1987) en J.P. Mallory, *In Search of the Indo-Europeans. Language, archaeology and myth* (Londen, 1989). Beide boeken zijn van belang.

Naast de gebruikelijke (etymologische) woordenboeken zijn de volgende naslagwerken belangrijk: Voor de Germaanse namen naast het al genoemde boek van Gutenbrunner ook M. Schönfeld, *Wörterbuch der altgermanischen Personen- und Völkernamen* (Heidelberg, 1965). De Keltische woorden uit klassieke bronnen zijn in drie lijvige delen verzameld door Alfred Holder, *Alt-Celtischer Sprachschatz* (Leipzig, 1896-1914; herdrukt in Graz, 1961-1962). Oude vormen van plaatsnamen zijn (met etymologieën) bij elkaar gebracht door Maurits Gysseling in het *Toponymisch woordenboek van België, Nederland, Luxemburg, Noord-Frankrijk en West-Duitsland (vóór 1226)* (Brussel, 1961). Verder is op dit gebied ook het kleinere *Woordenboek der Noord- en Zuid-Nederlandse plaatsnamen* van Jan de Vries (Utrecht, 1962) nog steeds erg nuttig. Recenter is Gerald van Berkel & Kees Samplonius, *Nederlandse plaatsnamen. De herkomst en betekenis van onze plaatsnamen* (Utrecht, 1995), dat zich echter beperkt tot Nederland en uitsluitend plaatsnamen in strikte zin behandeld (en dus bijvoorbeeld geen riviernamen). Ook alleen voor Nederland, en (in de meeste gevallen) zonder etymologieën, maar met een schat aan verwijzingen, is R.E. Künzel, D.P. Blok & J.M. Verhoeff, *Lexicon van Nederlandse toponymen tot 1200* (Amsterdam, 1988). Voor Keltische plaatsnamen is daarnaast ook A.L.F. Rivet & Colin Smith, *The Place-Names of Roman Britain* (Londen, 1979) erg nuttig.

Over de Bataafse mythe en het ontstaan van het historisch besef in Nederland bestaat er een uiterst leesbaar boek: Auke van der Woud, *De Bataafse hut. Verschuivingen in het beeld van de geschiedenis (1750-1850)* (Amsterdam, 1990). Een eerder artikel over de Bataafse mythe dat erg informatief is, is van I. Schöffer, 'The Batavian Myth during the sixteenth and seventeenth centuries', in: J.S. Bromley & E.H. Kossmann (eds.), *Britain and the Netherlands* V (Den Haag, 1975), blz. 78-101 (en herdrukt in: P.A.M. Geurts & A.E.M. Janssen, *Geschiedschrijving in Nederland. Studies over de historiografie van de Nieuwe Tijd* II (Den Haag, 1981), blz. 85-109).

Register

Opgenomen zijn de namen en woorden die in dit boek worden besproken. Bij de moderne plaatsnamen is in België en Nederland steeds de afkorting voor de provincie toegevoegd, bij andere namen is alleen het land vermeld. Woorden uit vreemde talen die in de tekst als voorbeeld dienen zijn (op enkele termen na) niet opgenomen, evenmin als gereconstrueerde vormen.

MÉMOIRES DE LA SOCIÉTÉ BELGE D'ETUDES CELTIQUES
(NOUVEAUX PRIX 2014)

1. **Malgorzata ANDRALOJC. "The Phenomenon of Dog Burials in the Prehistoric Times in the Area of Middle Europe."**
1993, 127 p., 8 cartes/kaarten/maps, ISBN 2-87285-029-5,   15 €

2. **Nathalie STALMANS. "Les affrontements des calendes d'été dans les légendes celtiques."**
1995, 105 p., ISBN 2-87285-037-6,   14 €

4. **Claude STERCKX. "Les dieux protéens des Celtes et des Indo-Européens."**
1994, 201 p., ISBN 2-87285-048-1,   20 €

5. **Jacques-Henri MICHEL - Claude STERCKX (eds). "César, l'homme et l'oeuvre. Mythe et réalité. Mélanges présentés à Michel Nuyens."**
1997, 64 p., ISBN 2-87285-057-0,   12 €.

6. **Claude STERCKX. "Dieux d'eau: Apollons celtes et gaulois."**
1996, 186 p., ISBN 2-87285-050-3,   19 €.

8. **Claude STERCKX. "Sangliers Père & Fils. Dieux, rites et mythes celtes du porc et du sanglier."**
1998, 196 p., ISBN 0-87285-059-7,   20 €.

9 - 10 - 20. **Jean DEGAVRE. "Lexique gaulois. Recueil de mots attestés, transmis ou restitués et de leurs interprétations".**
262 + 259 + 41 p., ISBN 2-87285-061-9/-099-6. (cf. N°20)   43 €

11. **Fabio P. BARBIERI. "Gods of the West: I. Indiges."**
1999, 143 p., 2-87285-070-8,   16 €

12. **Claude STERCKX. "Des dieux et des oiseaux. Réflexions sur l'ornithomorphisme de quelques dieux celtes."**
2000, 128 p., ISBN 2-87285-071-6,   15 €

13. **Lauran TOORIANS. "Keltisch en Germaans in de Nederlanden: taal in Nederland en in België gedurende de Late IJzertijd en de Romeinse periode."**
2000, 156 p., ISBN 2-87285-075-9,   17 €

15. **Claude STERCKX. "Le fils parfait et ses frères animaux. Lugus, Pan et les Draupadeya"**
2002, 60 p., ISBN 2-87285-087-2,   12 €

17. **Marco V. GARCIA QUINTELA (+ Felipe CRIADO BOADO, Francisco J. GONZALEZ GARCIA, César PARCERO OUBINA, Manuel SANTOS ESTEVEZ). "Souveraineté et sanctuaires dans l'Espagne celtique."**
2003, 102 p., 13 fig., ISBN 2-87285-092-9,   14 €

18. **Gaël HILY. "L'autre monde celte ou la source de vie."**
2003, 102 p., ISBN 2-87285-093-7,   16 €

19. **Frédéric BLAIVE. "Recherches sur la Rome archaïque." 2004. (Épuisé. Cf n° 30).**

20. **Jean DEGAVRE. "Lexique gaulois. Recueil de mots attestés, transmis ou restitués et de leurs interprétations. Tome III: supplément."**
2004, 48 p., (voir Mémoire 9)

21. **Marco V. GARCIA QUINTELA. "El reyezuelo, el cuervo y el dios celtico Lug."**
2005, 86 p., 13 pl., ISBN 2-87285-105-4,   13 €

22 - 24. **Claude STERCKX. "Taranis, Sucellos et quelques autres."**
2006, 680 p., ISBN 2-87285-104-6,   50 €

25. **Daniel GRICOURT + Dominique Hollard. "Les saints jumeaux héritiers des Dioscures celtes."**
2006, 126 p., ISBN 2-87285-107-0,   15 €

26. **Bernard ROBREAU. "Les divinités des Celtes. Définition et position."**
2006, 100 p., ISBN 2-87285-111-9,   16 €

27. **Ashwin E. GOHIL. "Ancient Celtic and Non-Celtic Place-Names of Northern Continental Europe."**
2006, 300 p., ISBN 2-87285-112-7,   26 €

28. **Greta ANTHOONS & Herman CLERINX (eds). "The Grand 'Celtic' Story? Proceedings of the conference held in Brussels on 19 November 2005. With contributions by Simon James, Raimund Karl, Lauran Toorians, Claude Sterckx, Nico Roymans."**

2007, 92 p., ISBN 2-87285-117-8,   13 €

29. Michel DAVOUST. "Chronologies mythiques d'Irlande et de Galles."
2008, 110 p., ISBN 2-87285-119-4,   15 €

30. Frédéric BLAIVE, "Recherches sur la Rome archaïque."
(2ᵉ édition revue et augmentée), 2009, 204 p., ISBN2-87285-124-0,   20 €

31. Erwan LE PIPEC, "Approche de la variation dans le breton de Malguénac."
2010, 32 p., ISBN 2-87285-130-5,   11 €

32. Jacques LACROIX, "Le celtique _dēvo-_ et les eaux sacrées."
2011, 112 p., ISBN 2-87285-133-X,   14 €

33. Claude STERCKX. "Histoire, langues et cultures des Celtes."
2011, 164 p., ISBN 2-87285-134-8,   17 €

34. Thomas JACQUEMIN. "Étude critique des premières origines prêtées aux tribus celto-belges."
2011, 104 p., ISBN 2-87285-138-0,   14 €

35. Léo SCARAVELLA. "L'arbre et le serpent. Symboles et mythes dans l'art et la religion celtiques."
2013, 242 p., ISBN 2-87285-151-8   21 €

36. Claude STERCKX. "Histoire brève de la musique celte. Des origines au vingtième siècle".
2013, 112 p., ISBN 2-87285-113-5, (Vente on-line sur lulu.com 16€ + 5 € de frais de port)   15 €

Hors série / Buiten reeks :

Claude STERCKX. "Essai de dictionnaire des dieux, héros, mythes et légendes celtes".

        fasc. 1 (1998) 158 p. ISBN 2-87285-06   17 €

        fasc. 2 (2000) 116 p. ISBN 2-87285-077-5   14 €

        fasc. 3 (2005) 122 p. ISBN 2-87285-102-X   15 €

Les mémoires sont disponibles à la vente en ligne sur Internet aux adresses suivantes :

- www.sbec.be
- www.lulu.com

Courriel : secretaire.edition@sbec.be

Les Mémoires, correspondent à des études scientifiques originales que leur longueur ou les spécificités de leur mise en page signale pour une édition séparée, peuvent être commandés de la même façon et aux mêmes conditions qu' Ollodagos.On peut obtenir des exemplaires par virement au compte de la SBEC Une réduction de 20% est accordée aux membres de la SBEC.

Paiements au compte de la S.B.E.C. 068-2231909-63
IBAN : BE40-0682-2319-0963- Bic (code Swift) GKCCBEBB Frais de port en sus : Belgique 10% ; étranger 20%.

Als u een boek wil bestellen, schrijft u het bedrag over op rekening 068-2231909-63 van het BGKS, Pierre-Curielaan 21, 1050 Brussel. IBAN-code voor het buitenland: BE40-0682-2319-0963 (Bic-code Swift: GKCCBEBB). De prijs wordt verhoogd met 10 % verzendingskosten voor België, en 20 % voor het buitenland. Leden van het BGKS krijgen 20 % korting op de boekenprijs.

To order a book please transfer the amount to bank account no 068-2231909-63 of the SBEC, 21 Avenue Pierre-Curie, 1050 Brussels. IBAN-code: BE40-0682-2319-0963 (Bic-code Swift: GKCCBEBB). For shipping within Belgium: add 10 % of the total amount. For shipping outside Belgium: add 20 % of the total amount. Members of the Society receive a discount of 20 % on the list price.

www.ingramcontent.com/pod-product-compliance
Lightning Source LLC
Chambersburg PA
CBHW081507290326
41931CB00041B/3229